컴퓨터 @ 인터넷 활용

한대문 · 이정호 공저

光文閣
www.kwangmoonkag.co.kr

책 머리에 ……

먼저 시중에 출간되어 있는 컴퓨터와 인터넷 활용 관련 교양 서적들이 크게 컴퓨터 기본 지식, 한글워드, MS-파워포인트, MS-엑셀 등의 분량으로 책 한권, 인터넷 기본 지식, 멀티미디어, 포토샵 등의 분량으로 책 한 권, 인터넷 기본 지식, 홈페이지, 웹에디터 사용법 등의 분량으로 책 한 권이 대다수이다.

저자들이 본서의 집필을 계획하게 된 것은 대학에 갓 입학한 '두리번' 이라는 현실 가능한 주인공이 교양 과목 수준에서 앞서 언급한 내용들을 폭넓게, 쉽게, 유익하게 배우기에 필요한 한 권으로 된 책이 없을까? 하는 생각에서 출발하였다. 그리고 스스로 부족함을 너무나 잘 알고 있기에 부끄러움을 무릅쓰고 '시작이 반이다' 라는 신념으로 용기를 내어 시도하게 되었다. 이러한 쑥스럽고 미흡한 점에 대해서 독자 여러분들과 집필 과정에서 일일이 열거하지 못한 인터넷과 참고 문헌의 존경하는 저자들께도 정중히 양해의 말씀을 드리고자 한다.

이 책의 전체 내용은 크게 컴퓨터 활용과 인터넷 활용 분야로 구성되어 있다. 컴퓨터 활용 분야는 컴퓨터 기초, 운영체제와 윈도우 XP, 한글 2002 활용, 파워포인트 2002 활용, 엑셀 2002 활용 등 학업 생활에서나 취업을 위해서도 필수적으로 갖춰야 할 교양 컴퓨터의 기초 내용으로 구성되어 있다. 또 인터넷활용 분야는 인터넷과 정보 검색, 멀티미디어와 포토샵, HTML, 나모 웹에디터 등의 내용으로 구성되어 있다.

요즘과 같이 출판계 사정이 어려움에도 불구하고 선뜻 출간을 맡아주신 광문각 박정태 사장님과 편집부 여러분의 노고에 감사드리며, 특히 항상 든든한 힘이 되어주시는 김영렬 교수님, 동양대학교 경영관광학부와 백석대학교 정보통신학부 교수님들께도 진심으로 감사를 드린다. 또한 집필하는 동안 사랑하는 가족, 지인들과 많은 시간 함께 하지 못한 미안함을 전하며 이 책을 바친다.

향후 본서의 미흡한 부분은 여러분들의 충고를 겸허하게 받아들여 계속 개정을 통해 보완해 나갈 것이다.

2007년 2월

새로운 항해를 꿈꾸며, 한대문 · 이정호 씀

제1장 컴퓨터의 기초

1. 컴퓨터의 개요
2. 컴퓨터의 구성요소
3. 컴퓨터의 활용 분야

1. 컴퓨터의 개요

21세기 디지털(Digital) 시대를 살아갈 수 있도록 허락해 준 것은 바로 컴퓨터(Computer)라는 녀석이다. 그러나 21세기를 살고 있는 '두리번'은 아직도 컴퓨터라고 하면 왠지 낯설게 느껴지고 기계적인 딱딱한 느낌이 들어 불편하기만 하다. 반면 같이 학교에 입학한 '두리번'의 친구들에게는 그 무엇보다 친숙하고 모든 일을 진행함에 가장 우선적으로 필요한 것이 바로 컴퓨터라고 답한다. 하긴 '두리번'은 대학 합격증을 학교에 와서 직접 수령하고 대학에 합격되었음을 게시판을 통해 확인하였다. 그러나 '두리번'의 가장 단짝이었던 '까칠소녀'까지도 인터넷이 연결된 컴퓨터를 통해 학교 홈페이지에서 합격증을 온라인으로 받았다고 했다.

'두리번'도 안다. 이제는 컴퓨터가 바탕이 되어 사회의 모든 것들이 발전하고 있다고 해도 과언이 아니라는 것을! 대학에서도 컴퓨터를 바탕으로 학문을 연구하는 공대에서만 필요한 것이 아니라 디자인을 취급하는 학과(부)에서도, 문서를 보관하고 관리하기 위해서도, 새로운 기술을 적용하기 위한 수학적 계산을 위해서도 컴퓨터는 다른 어떠한 장비들보다 먼저 필요하게 된다.

흔히 말하는 디지털(Digital)이라 함은 'DIGITIZATION'이라는 수학적 용어에서 나온 개념이다. 우리는 수학에서 진수(眞數)를 배웠을 것이다. 정상적인 사람의 경우 손가락의 합이 열개라 가지고 있는 손가락 수에 익숙한 10가지 상태(state)의 10진수가 눈에 익숙한 편이다. 즉 0에서 9까지 하나의 자리수로 표현 할 수 있는 상태수가 모두 10개임을 의미한다. 같은 방법으로 5진수라 함은 하나의 자리수로 표현 할 수 있는 상태수가 모두 5개, 3진수라 함은 하나의 자리수로 표현할 수 있는 상태수가 모두 3개가 된다. 그렇다면 2진수라는 것은? 그렇다. 하나의 자리수로 표현할 수 있는 상태가 '0'과 '1' 즉, 두 가지 상태를 가지게 됨을 알 수 있다. 수학적 측면에서 디지털이라 함은 2가지 상태가 생김을 의미하는 것으로 '0'이라는 상태 하나와 '1'이라는 상태 하나를 가지게 된다. 이러한 두 가지 상태로 표현할 수 있는 '흑과 백', '높음과 낮음', 'YES와 NO' 등의 상태를 '디지털'이라 한다.

컴퓨터를 이용한 디지털이라는 개념을 학문적 도입함으로써 대량 정보들에 대한 자유로운 입·출력이 가능하게 되었고 매체의 종류에 상관없이 저장이 원활하게 되었다.

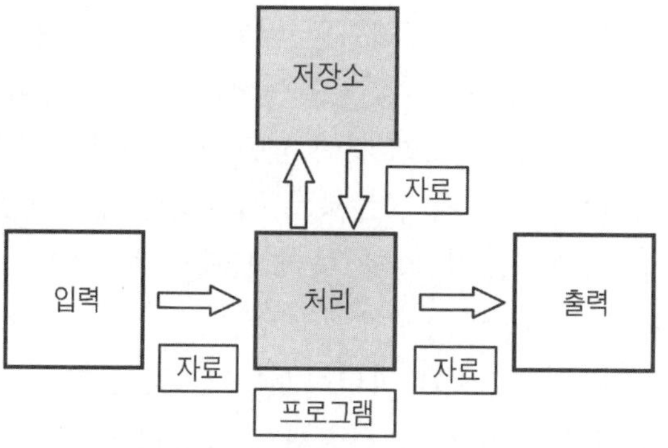

[그림 1-1] 컴퓨터의 동작원리

[그림 1-1]은 컴퓨터의 동작원리를 알기 쉽게 그려 놓은 것이다. 화살표의 방향으로 디지털 데이터가 이동하게 된다. 입력 부분에 사용되는 하드웨어로는 키보드, 마우스, 스캐너 등이 있다. 입력 데이터를 받은 컴퓨터는 CPU를 이용하여 연산처리하고 이를 다시 디스켓이나 종이로 인쇄하기 위한 프린터로 옮기게 된다. 자료의 흐름을 유심히 보면 화살표의 방향으로만 자료가 움직인다는 것을 알 수 있다. 즉, 데이터는 키보드와 같은 입력 장치를 통해서만 컴퓨터 내부와 연결되고 출력된 데이터의 경우에는 다시 컴퓨터 내부로 들어오지 못한다는 것을 알 수 있다. 물론 데이터를 보관하기 위해 플로피 디스켓이나 혹은 플래쉬 메모리 등을 사용하는 경우가 있다. 이 경우엔 데이터를 저장소에 '저장'한다고 말하게 된다.

이러한 컴퓨터의 시작은 ENIAC (Electronic Numerical Integrator and Calculator) 이라는 근대적 전자식 컴퓨터의 도입으로 가능하게 되었다.

폰 노이만은 컴퓨터를 '자동 계산 시스템'으로 정의하였다. 이것이 오늘날의 '컴퓨터' 혹은 '컴퓨터 시스템'인 것이다. 이외에도 컴퓨터를 전자계산기, EDPS (Electronic Data Processing System) 또는 ADPS(Automatic Data Processing System) 라고 하기도 하였으나 오늘날의 개념과는 사뭇 거리가 멀다.

2. 컴퓨터의 구성요소

"왜 컴퓨터를 만들었을까?"

인류는 불을 발견하고 수레바퀴를 개발하여 산업혁명의 중심이 되었던 증기기관을 만들어내기까지 무려 1만년이라는 시간을 보내야 했다. 우연한 발견과 필요에 의한 개발은 생활의 모습을 다양화 시키고 질적 향상을 가져왔다. 이에 비해 1947년에 발명된 반도체 물질을 이용한 트랜지스터는 인류 역사상 가장 혁신적인 변화를 이루었다.

[그림 1-2] 세계 최초의 컴퓨터 애니악(ENIAC)

1944년에 만들어진 "Harvard Mark I"은 미국의 하버드 대학교 물리학 교수인 에이큰(Howard Aiken : 1900-1973)에 의해 1937년 IBM사의 지원으로 범용적인 전기기계식(electromechanical) 컴퓨터를 설계·제작하였다.

초기에는 이러한 컴퓨터를 "자동순차제어계산기(Automatic Sequence Controlled Calculator)"라고 불렀으나 "Harvard Mark I"라고 명칭을 바꾸었으며 72개의 톱니바퀴와 3,000개의 릴레이(relay), 1,000 마력의 모터를 사용하여 23자리(digit)의 10진수 계산을 수 초 이내에 할 수 있었다. 연산의 제어는 천공된 종이 테이프를 사용하였다.

MARK I 이 개발된 이후, 전자부품만을 사용하여 만든 세계 최초의 컴퓨터인 애니악(ENIAC)이 미국의 펜실베니아 대학교의 에커트 박사(Dr. J. Presper Eckert)와 모클리 박사(Dr. John W. Mauchly)에 의하여 1946년에 완성되었다. ENIAC은 주요부품으로 18,800개의 진공관과 1,500개의 릴레이, 그 밖에도 많은 부품들이 사용되었으며, 소비전력 150Kw, 무게 30톤, 설치면적은 약 140㎡나 되는 거대한 장치였다. 성능면에서 보면, 기억용량은 100여 자로 한정되었으나 가감산은 매초 5,000번, 승산은 360번, 제산은 170번 정도로 탁상계산기로 20분 정도 걸리는 것을 10초 이내에 처리할 수 있는 능력을 가졌다. 그러나 프로그램은 6,000개에 달하는 스위치와 배선반에 의존하였으므로 비능률적이었다.

이러한 단점을 해결하는 방안으로 제안된 것이 프로그램을 미리 기억시키는 방법을 수학교수로 있던 헝가리 태생의 미국인 폰 노이만(John von neumann : 1905-1957) 박사가 1945년에 발표한 그의 논문은 프로그램 내장개념(stored program concept)으로 이 폰 노이만의 논문은 그 후 오늘날까지 디지털 컴퓨터의 발전에 지대한 영향을 끼친 전자계산기의 기본사상이 되었다.

[그림 1-3] 컴퓨터의 기능

초기에는 계산을 목표로 한 컴퓨터가 필요하였다. 흔히 전자계산기라고 생각하면 될 것이다. 빠른 연산 수행을 목적으로 컴퓨터는 필요에 의해 만들어졌다. 그러나 현재 컴퓨터는 자료 또는 정보에 대한 수집, 문서편집, 처리, 검색, 기계 제어 등을 효율적으로 수행하고 인간의 논리적 사고까지 대신한다. 컴퓨터의 근본적인 기능은 원시 자료(source data)를 가공 처리하여 새로운 정보를 만드는 것이다.

참고

- ❑ 데이터 : 현실 세계의 단순한 관찰이나 측정을 통해 얻어진 사실(fact).
- ❑ 정보 : 일정한 약속에 따라 인간이 자료를 정리, 가공하여 얻은 일종의 지식.

2-1. 하드웨어

하드웨어라 함은 전자회로 및 각종 장치로 이루어진 기계의 부분으로 입력장치, 기억장치, 연산장치, 제어장치, 출력장치로 구성된 기계적 구성을 말한다. 이 중에서 제어장치, 주기억장치, 연산장치를 중앙처리장치 즉 CPU(Central Processing Unit)라 부른다.

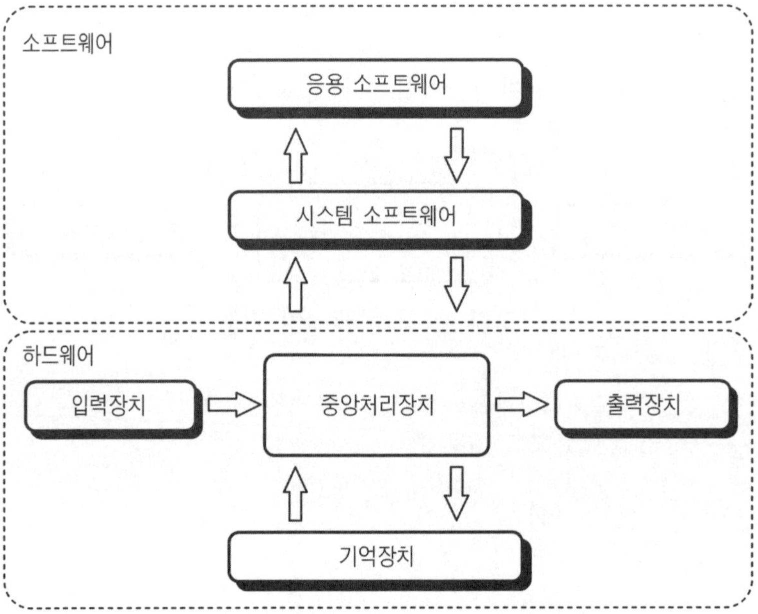

[그림 1-4] 컴퓨터 시스템 구성도

(1) 중앙처리장치

컴퓨터의 가장 핵심적인 장치로 데이터를 처리하고 각 장치들을 제어하는 기능을 하는 장치이다. 중앙처리장치는 연산장치, 제어장치 및 레지스터로 구성된다. 중앙처리장치는 복잡한 회로로 구성되어 있으며 입력 자료를 미리 저장된 프로그램 명령어로 처리하게 된다.

1 연산장치(ALU : Arithmetic and Logic Unit)

연산장치의 기능은 기억장치에 기억된 자료를 이용하여 산술·논리·쉬프트 연산을 수행한 후 다시 기억 장치로 결과를 돌려보낸다.

구성요소		기 능
내부장치	가산기(Adder)	산술 연산을 수행하는 장치
	보수기 (Complementer)	뺄셈을 수행할 때 사용하는 장치로 1의 보수 또는 2의 보수 방식 사용
	쉬프트(Shifter)	나눗셈과 곱셈을 수행할 때 사용하는 장치로 비트를 오른쪽이나 왼쪽으로 이동
레지스터	누산기 (Accumulator)	연산의 중간 결과를 저장
	데이터 레지스터 (Data Register)	연산에 사용할 데이터를 저장하는 장치
	상태 레지스터 (Status Register)	연산 실행 결과로 나타나는 양수와 음수, 자리올림, 오버플로의 상태를 기억하는 장치

[표 1-1] 연산장치의 구성 요소와 기능

참고

- 보수 : 컴퓨터 내부에는 뺄셈을 위한 감산 장치가 없어서 '보수'를 이용하여 감산을 수행하는데 더해서 단위가 바뀌는 두 숫자를 서로의 보수라고 한다. 예를 들어 10진수에서 4의 보수는 6(10-4)이 되고, 325의 보수는 675(1000-325)가 된다.

[2] 제어장치(Control Unit)

제어장치의 기능은 입력, 출력, 기억, 연산 장치를 제어하고 감시하는 기능을 하며, 주기억장치에 기억되는 명령을 차례로 해독하여 연산장치로 보내어 처리되도록 지시하는 것이다.

구성요소		기 능
내부장치	명령 해독기 (Instruction Decoder)	명령 레지스터에 있는 명령어를 해독하여 부호기로 전송
	부호기 (Encoder)	명령 해독기가 전송한 명령을 각 장치로 신호로 만들어서 전송
	번지해독기 (Address Decoder)	명령 레지스터에 있는 주소를 해독하여 메모리의 실제주소로 변환하여 데이터 레지스터에 내용을 기억시킴
레지스터	프로그램 카운터 (Program Counter)	다음에 실행할 명령어의 주소를 기억
	명령 레지스터 (Instruction Register)	현재 실행중인 명령어를 기억
	메모리 주소 레지스터 (MAR)	주기억장치의 번지 기억
	메모리 버퍼 레지스터 (MBR)	MAR에 기억된 주소의 실제 내용 기억

[표 1-2] 제어장치의 구성요소와 기능

[3] 레지스터(Register)

처리중인 데이터나 처리 결과를 임시적으로 보관하는 CPU 내의 기억장치다. 일반적으로 CPU 내의 연산장치나 제어장치에 같이 포함되어 있다. 플립플롭(Flip-Flop)이나 래치(Latch)들을 직렬 또는 병렬로 연결하여 구성한 회로로 속도가 가장 빠른 기억장치다.

참고

- 플립플롭 (Flip-Flop) : 1비트의 기억용량을 가진 기억소자로 외부의 입력이 없으면 현재 상태를 그대로 기억한다.

4 마이크로프로세서(Microprocessor)

중앙처리장치의 기능을 하나의 칩에 집적시킨 것으로 RISC와 CISC방식이 있다.

구 분	기 능
CISC (Complex Instruction Set Computer)	▶ 명령어가 많고 구조가 복잡하여 생산단가가 비싸다. ▶ 전력 소모가 많다. ▶ 호환성이 뛰어나서 일반적인 PC에 사용된다.
RISC (Reduced Instruction Set Computer)	▶ 명령어가 적고 구조가 단순하여 생산 단가가 낮다. ▶ 전력 소모가 적다. ▶ 복잡한 프로그램이 요구될 수 있다. ▶ CISC에 비해 실행속도가 빠르다. ▶ 속도가 빠른 그래픽 응용분야에 적합하다. ▶ 전용 소프트웨어가 적어 호환성이 떨어진다. ▶ 워크스테이션급의 서버에 사용된다.

[표 1-3] 마이크로프로세의 구분

참고

- ❑ 버스(Bus) : 컴퓨터의 각 장치들 간에 데이터를 전송하는 선으로 이루어진 통로 CPU 내의 장치들 간의 전송 통로인 내부 버스, CPU와 주기억장치, 또는 기타 주변 장치들 간의 전송통로인 외부 버스로 나뉜다.
- ❑ 코프로세서(Co-Processor) : 수치 계산만을 고속으로 처리할 수 있도록 만들어진 마이크로프로세서
- ❑ MMX(Multi Media eXtension) : 멀티미디어 기술을 효과적으로 사용할 수 있도록 명령어가 추가된 프로세서
- ❑ DMA(Direct Memory Access) : CPU를 통하지 않고 주변장치와 주기억 장치간에 직접적으로 데이터를 주고 받는 방식으로 입출력 속도가 빨라진다.

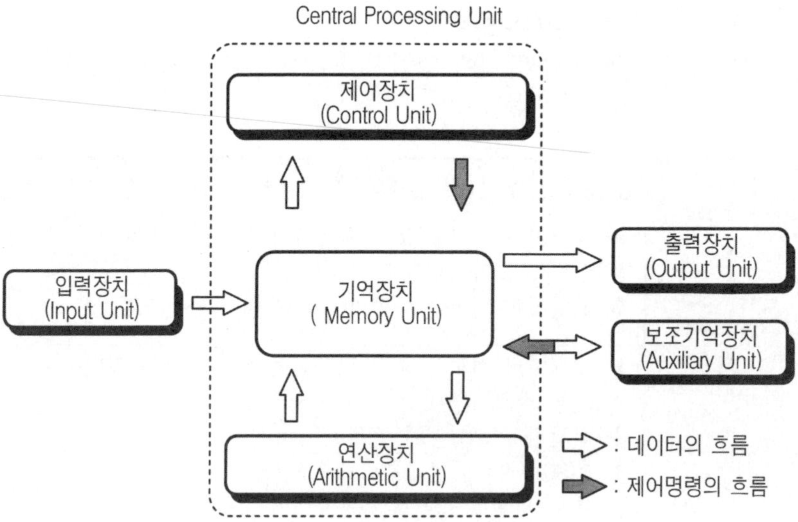

[그림 1-5] 컴퓨터 하드웨어 구성

[그림 1-5]는 컴퓨터의 하드웨어 구성을 나타낸 것이다. 여기서 중앙처리 장치는 특별한 기능을 갖고 있는 제어장치, 연산장치로 구성되어 있다. 제어장치는 전자신호를 통해서 컴퓨터에 저장되어 있는 프로그램 명령어를 실행시키는 회로로 구성되며 이 회로를 통해 자료의 처리 순서를 명령하고 통제하게 된다. 즉 주기억장치에 저장되어 있는 자료처리 순서를 기록한 프로그램들의 각 명령들을 해독하여 그 결과에 따라 정확한 실행을 하기위해 컴퓨터를 구성하고 있는 입력, 기억, 연산 및 출력 장치들을 제어한다.

(2) 입력장치

입력장치는 입력 매체에 기록된 프로그램과 데이터를 컴퓨터 내부로 읽어들이는 장치이다.

사용자가 원하는 문자나 그림 등의 데이터를 컴퓨터의 기억 장치로 전달하는 것을 입력 장치라 한다. 입력장치로 사용되는 것들에는 키보드, 마우스, 스캐너, 트랙볼, 포인트스틱, 터치패드, 광학문자판독기(OCR), 광학마크판독기(OMR), 자기잉크문자판독기(MICR), 바코드판독기, 라이트펜, 조이스틱, 디지타이저, 터치 스크린, 디지털 카메라 등이 있다.

1 키보드(Keyboard)

워드프로세서의 가장 대표적인 입력 장치로 글자판의 글쇠를 직접 눌러서 데이터를 입력하는 장치이다. 키의 개수에 따라 84키, 86키, 101키, 103키, 106키로 분류된다. 자판 배열에 따라 한글 2벌식과 3벌식, 영문 QWERTY와 DVORAK 자판이 있다.

참고

- 네츄럴(Natural) 키보드 : 키보드를 오래 할 때 손목의 부담을 줄일 수 있게 인체공학적으로 설계된 키보드

2 마우스(Mouse)

그래픽 사용자 환경(GUI)으로 되어 있는 Windows의 대표적인 입력 장치이다. 마우스 포인터를 움직여 메뉴나 아이콘을 쉽게 선택하거나 실행하는 입력 장치이다. 버튼 수에 따라 2버튼식, 3버튼식으로 구분하기도 하며 이동 방식에 따라 기계식(볼), 광학식, 광/기계식 마우스로 구분하기도 한다.

참고

GUI : Graphic User Interface의 약어로써 컴퓨터의 운영체제나 소프트웨어 등에서 그림 등의 그래픽 데이터를 이용하여 시각적 처리를 할 수 있도록 하는 사용자 인터페이스 형식을 말한다.

③ 스캐너(Scanner)

이미지 리더(Image Reader)로 그림, 사진 등의 영상 자료를 컴퓨터에 읽어 들이는 입력 장치이다. 종류로는 핸디 스캐너와 탁상용 스캐너가 있다.

④ 트랙볼(Trackball)

기계식(볼) 마우스를 뒤집어 놓은 형태로 가운데 돌출된 볼을 손가락으로 움직여 커서의 위치를 이동시키는 방식으로 노트북과 같은 휴대용 컴퓨터에 사용된다.

⑤ 포인트 스틱(Point Stick)

키보드 중앙에 있는 작은 돌기의 봉 모양으로 마우스나 트랙볼의 기능을 하며, 노트북과 같은 휴대용 컴퓨터에 사용된다.

⑥ 터치 패드(Touch Pad)

직사각형으로 생긴 패드 위에 손가락을 움직이면 이를 감지하여 화면상의 커서를 움직이는 방식으로 노트북과 같은 휴대용 컴퓨터에서 마우스의 역할을 대신한다.

참고

노트북 컴퓨터에서 키보드 중앙에 빨간 색으로 보이는 것이 "포인트 스틱"이고, 키보드아래 사각형 판이 "터치패드"이다.

⑦ 터치 스크린(Touch Screan)

손가락의 접촉을 감지할 수 있는 센서가 내장된 표시 장치에 접촉함으로써 입력이 가능한 장치로 지하철이나 관광지에서의 안내판이나 은행의 현금입출금기에 사용된다.

⑧ 광학 마크 판독기(OMR : Optical Mark Reader)

컴퓨터용 싸인펜으로 표시한 마크를 빛을 쏘아 판독하는 장치로, 시험 답안지에 많이 사용된다.

9 광학 문자 판독기(OCR : Optical Character Reader)

손으로 쓴 글씨나 인쇄된 문자에 빛을 쏘아 반사되는 정도를 가지고 문자를 판독하는 장치로, 각종 공공요금 청구서에 사용된다.

10 자기 잉크 문자 판독기(MICR : Magnetic Ink Character Reader)

자성을 띤 특수 잉크로 쓰여진 문자를 판독하는 장치로, 은행에서 수표나 어음 처리에 사용한다.

11 라이트 펜(Light Pen)

볼펜 모양의 입력 장치로 끝 부분에 감광 소자를 내장한 펜으로 표시 장치에 직접 대고 선택하거나 그리는 입력 장치이다.

12 바코드 판독기(Barcode Reader)

빛을 쏘아 상품에 인쇄된 바코드를 인식하는 장치로, POS 시스템에서 많이 사용된다.

13 디지털 카메라(Digital Camera)

사진 현상을 하여 스캐너를 통한 입력 과정이 필요없이 그래픽 파일 형태로 곧바로 컴퓨터로 입력시킬 수 있는 장치이다.

참고

- POS : Point Of Sales의 약어로써 판매 관리에 중점을 둔 정보 시스템으로 대부분 바코드를 이용한다.

참고

- 디지타이저(Digitiger) : 그림, 설계도면 등의 아날로그 값을 디지털 값으로 변환하여 입력하는 장치로, 주로 CAD에 사용된다.

참고

- CAD : Computer Aided Design의 약어로써 기계, 건축 등의 작업에서 컴퓨터를 이용한 설계에 이용된다.

(3) 출력장치

출력장치는 컴퓨터가 저장하고 있는 정보나 데이터의 연산 결과를 제어장치의 명령에 따라 사용자가 인식할 수 있는 숫자나 문자 등의 형태로 변환하여 출력매체를 통해 외부로 나타내는 장치를 말한다. 대표적인 출력 장치로는 모니터, 프린터, 플로터, 인쇄장치, 도형출력 및 음성출력장치 등이 있다.

1 모니터(Monitor)

모니터는 화면에 출력자료를 눈에 보이도록 글자나 그래픽 형태로 나타내는 장치이며, 컴퓨터에서 출력되는 자료를 화면에 시각적인 영상으로 바꿔주는 모니터 접속 회로를 가지고 있다. 모니터는 컴퓨터와 사용자가 대화할 때 출력기기로 사용되는 장치로써 컴퓨터가 실행한 결과를 나타낸다. 또한 모니터는 시스템 본체의 제어를 받아 영상을 출력하며, 화면에 나타내는 해상도와 색상은 컴퓨터 본체의 제어부에 의해 결정된다.

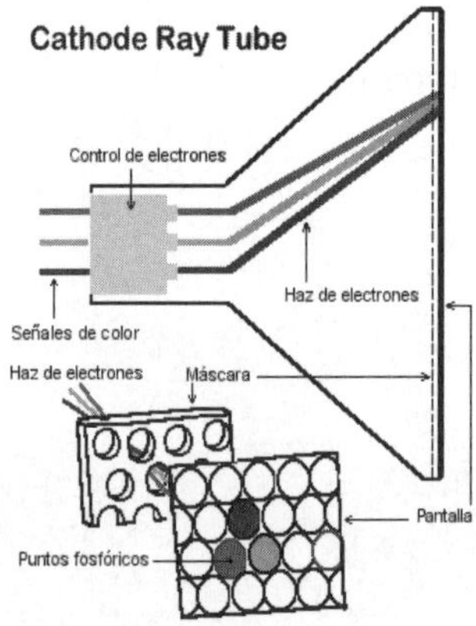

[그림 1-6] CRT 모니터 원리

모니터의 가장 초기 모델인 CRT(Cathod Ray Tube)를 비롯하여 LCD(liquid crystal digital), TFT-LCD(Thin Film Transistor Liquid Crystal Display), PDP(Plasma Display Panel), LED(Light Emitting Diode), OLED(Organic Light Emitting Diode)등이 있으며 일반적으로 디스플레이(Display)라 불려진다.

CRT는 음극선관을 말하는 것으로 일명 브라운관이라고도 하는데, 전기신호를 전자빔(beam)으로 형광면에 쏘아 광학상으로 변환하여 표시하는 장치를 말한다. 전자빔이 형광면을 때림으로써 그 안에서 영상이 만들어지도록 특별히 만들어진 진공관이며, 대부분의 데스크탑 컴퓨터들이 CRT를 디스플레이 장치로 사용하고 있다. 컴퓨터 디스플레이용 CRT는 텔레비전 수상기의 화면과 아주 비슷하다. CRT는 가장 널리 사용되고 있는 표시장치로서 표시품질과 가격성능비가 우수하다는 장점을 가지고 있어 일반용의 화상표시장치로 널리 사용되고 있다.

표시장치의 경박단소화 추세로 새로운 용도에 대응한 액정표시장치(LCD), 전계발광표시장치(EL), 플라즈마표시장치(PDP) 등 새로운 표시장치가 급신장하고 있다.

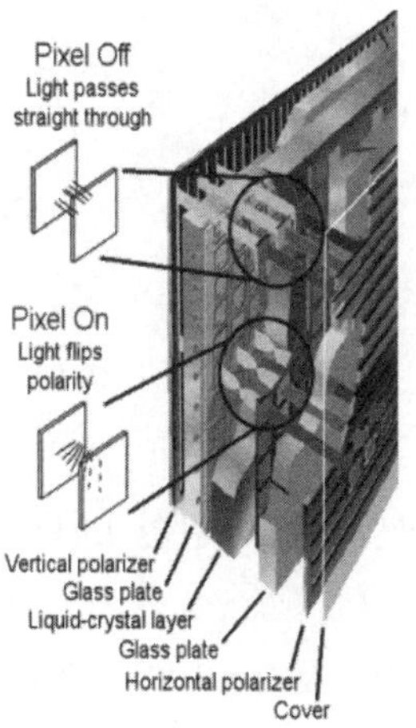

[그림 1-7] LCD 구성도

LCD는 액정디스플레이로 1888년 오스트리아의 F. Reinitzer에 의해 처음 발견된 액정을 1968년 미국 RCA사가 디스플레이에 응용했다. 1973년에 전자계산기, 전자시계에 적용된 액정은 1986년 이후 STN LCD와 소형 TFT LCD로 실용화되었다. 1990년대 들어 10인치 TFT LCD의 양산화가 실현되면서 노트북PC의 대표적인 디스플레이로 자리 잡고 CRT를 대체하는 디스플레이 중 하나로 각광받고 있다. LCD는 2개의 얇은 유리판 사이에 고체와 액체의 중간물질인 액정을 주입해 상하 유리판위 전극의 전압차로 액정분자의 배열을 변화시킴으로써 명암의 차이를 발생시켜 숫자나 영상을 표시하는 일종의 광 스위치 현상을 이용한 소자이다. 구동방법에 따라 수동 매트릭스 방식과 능동 매트릭스 방식으로 분류하는 데 수동 매트릭스 방식에는 TN(Twisted Nematic)과 STN(Super-Twisted Nematic)이 있으며 능동 매트릭스 방식에는 TFT(Thin Film Transistor) 등이 있다. LCD는 전자시계, 전자계산기, 액정TV, 노트북PC 등 전자제품에서부터 자동차, 항공기의 속도표시판 및 운행시스템 등까지 폭넓게 사용되고 있다.

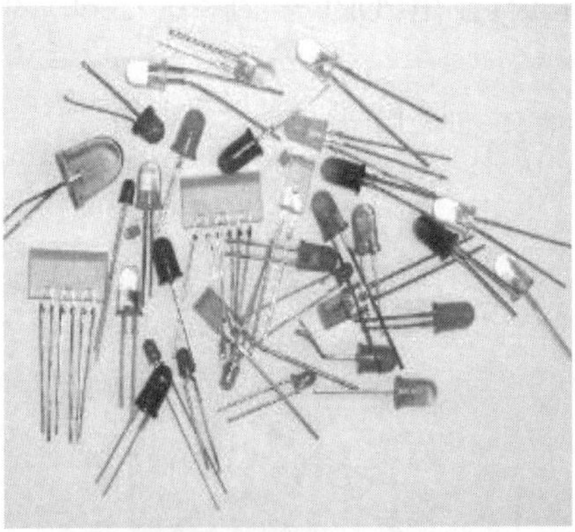

[그림 1-8] 다양한 LED 종류

LED란 발광다이오드를 말하는 것으로 반도체소자이다. 각종 전자제품들과 자동차 계기판 등의 전자표시판에 활용되기도 한다.

갈륨비소(GaAs)재질이나 이 재질에 인·알루미늄 등을 첨가해 만든 칩을 사용하는 LED는 직경 3″, 5″ 등으로 제작되며 발광색상은 현재 빨강, 녹색, 노랑, 오렌지 등 다양한 색상이 개발되어 있다. LED는 모노리식LED 디스플레이와 하이브리드형 LED디스플레이로 분류되며 반도체라는 특성으로 인해 처리속도, 전력소모, 수명 등의 제반사항에서 큰 장점을 보여 각종 전자제품의 전자표시부품으로 각광받고 있다. 기존 전구램프처럼 눈이 부시거나 소자가 단락되는 경우가 없는 LED는 소형으로 제작돼 각종 표시소자로 폭넓게 사용되고 있으며 반영구적인 수명(약 1백만 시간)으로 그 활용도가 높다.

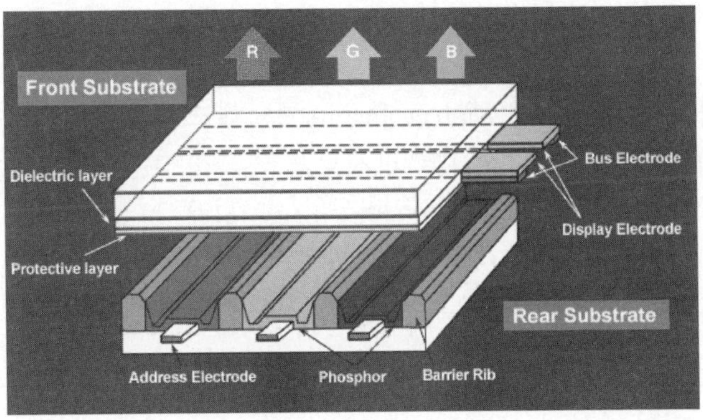

[그림 1-9] PDP 구조

PDP는 Plasma Display Panel의 약자로 전면유리와 배면유리 및 그 사이의 칸막이에 의해 밀폐된 유리사이에 $Ne^{+}Ar$, $Ne^{+}Xe$ 등의 가스를 넣어 양극과 음극의 전극에 의해 전압을 인가하여 네온광을 발광시켜 표시광으로 이용하는 전자표시장치를 일컫는다. 플라즈마 디스플레이는 마주보는 대향의 전극사이에 가스를 봉입하고 전압을 인가함으로써 발생하는 가스방전을 이용하는데 발광색은 오랜지색이며 가스방전에 의해 발생한 자외선으로 적색·녹색·청색을 내는 형광체를 여기(excited)하는 컬러디스플레이도 있다. 표시용량은 400×640셀(cell 또는 dot)이며 해상도는 3 line/mm이다.

PDP에는 방전구조에 따라 AC구동형(간접방전형)과 DC구동형(직접방전형)이 있는데 AC구동형은 메모리기능을 실현할 수 있는 것과 메모리기능을 갖지 않고 리플래시형(Reflash)의 동작을 하는 것이 있으며 DC구동형은 리플래시방식과 셀프 스캔방식이 있다.

2 프린터(Printer)

또 다른 출력장치 중 하나인 프린터는 크게 충격식 프린터(Impact Printer)와 비충격식 프린터(Non-impact Printer)로 나눌 수 있다. 충격식 프린터는 잉크 리본과 활자를 이용하여 활자를 종이 위에 두드려 인쇄하는 방식으로 도트 매트릭스 프린터와 활자식 프린터가 있다.

도트 매트릭스 프린터(Dot Matrix Printer)는 헤드 핀이 가로와 세로로 움직이면서 잉크 리본을 두드려 인쇄하는 방식으로 소음이 크고, 출력 인자 품질이 떨어진다. 인쇄 속도는 보통 120~180 CPS 이다. 이에 비해 활자식 프린터 (Character Printer)는 미리 만들어진 활자를 잉크 리본에 두드려 인쇄하는 방식으로 새겨진 문자 이외의 다른 문자를 사용할 수 없다. 도트 매트릭스 프린터처럼 소음이 크지만 출력 인자 품질은 좋다. 종류로는 활자식 시리얼 프린터와 활자식 라인 프린터가 있다.

비충격식 프린터(Non-impact Printer)는 기계적인 충격을 가하지 않고 자기력, 열, 잉크, 빛 등을 이용해 문자를 인쇄하는 방식을 말하는 것으로 레이저 프린터와 잉크젯 프린터 등이 대표적인 비충격식 프린터이다. 레이저 프린터(Laser Printer)는 복사기와 같은 원리로 레이저빔을 이용하여 인쇄하는 방식으로 인쇄 속도가 매우 빠르며 소음이 매우 적으나 가격이 비싸다. 잉크젯 프린터(Inkjet Printer) 노즐(구멍)을 통해 잉크를 분사시켜 인쇄하게 된다. 소음이 적고 컬러 인쇄가 가능하나 노즐이 막히거나 잉크가 번질 수 있다. 열전사 프린터(thermal Printer)의 경우도 비충격식 프린터로서 헤드에 열을 가해 열전사용 테이프 리본을 녹여 종이에 인쇄한다. 소음이 적으나 인쇄 속도가 느리고 1회용 리본 사용으로 유지비가 많이 든다. 주로 워드프로세서 전용기에 장착되어 사용된다.

이외 감열식 프린터(Thermal Printer)가 있는데 특수 약재를 바른 감열지에 열을 가해 검게 변색시켜 인쇄하는 방식으로 감열지가 고가이므로 유지비가 많이 들고 시간이 지나면 인쇄물이 변색된다. 주로 은행의 대기번호표나 팩시밀리 출력물에 이용한다.

참고

❑ 인쇄속도 단위

- CPS(Character Per Second) : 1초에 인쇄하는 문자 수
- CPM(Charcter Per Minute) : 1분에 인쇄하는 문자 수
- LPM(Line Per Minute) : 1분에 인쇄하는 라인 수
- PPM(Page Per Munute) : 1분에 인쇄하는 페이지 수

[3] 플로터(Plotter)

플로터는 지면 위에 그래프·도면 등을 출력하기 위한 장치로 커브 플로터라고도 한다. 문자도 쓸 수 있다. 보통 펄스 모터에 의해 X, Y축 방향을 따라 펜을 2차원적으로 움직여 출력시키는 베드식과 종이를 앞뒤로 이동시키면서 수평적으로 펜을 움직여 출력시키는 드럼식이 있다. 또 어떤 종류는 펜이 여러가지 색의 선을 그을 수 있는데, 이런 유형을 컬러 플로터라고 한다. 일기도·지도·통계도표·컴퓨터 아트 작성 등에 이용된다.

(4) 기억장치

기억장치는 입력장치에서 읽어들인 숫자, 문자를 비롯한 각종 기호 등의 자료와 중앙처리장치에서 처리된 중간 결과와 프로그램이 기억되는 장소이다. 기억장치는 트랜지스터(Transistor)라는 전기적인 소자로 구성되어 있어 자료가 전기적인 신호, 즉 펄스(Pulse) 형태로 저장된다. 크게 주기억장치와 보조기억장치로 구분된다.

주기억장치는 중앙처리장치 안에 있는 프로그램과 데이터를 보관하는 장소이다. 기억장치는 특성에 따라 램(RAM ; Random Access Memory)과 롬(ROM ; Read Only Memory)으로 구분된다.

램은 읽기와 쓰기가 모두 가능한 기억소자로 프로그램을 저장할 수도 있으며 저장된 내용을 읽어 올 수도 있으나 공급전원을 중단하면 기억된 내용이 모두 사라진다. 이러한 특성을 휘발성(volatile)이라 부른다.

[그림 1-10] RAM(上)과 ROM(下)

롬은 읽기만 가능한 기억소자로서 이미 저장되어 있는 내용을 불러와 사용할 수는 있으나 새로운 내용을 기억시킬 수는 없다. 롬은 램과 다르게 공급 전원을 중단하여도 기억된 내용이 유지되는 비휘발성(non-volatile) 메모리이다.

보조기억장치는 컴퓨터가 당장 필요로 하지 않는 프로그램이나 자료들을 파일 형태로 기억했다가 필요한 시기에 주 기억장치로 옮겨서 수행하는 장치를 말한다. 보조기억장치는 대량의 데이터를 저장하고, 저장된 데이터를 처리할 수 있으며, 전원이 인가되지 않아도 항상 기억된 정보가 유지되는 대규모 용량을 가진 기억장치이다.

대표적인 보조기억장치로는 자기디스크(Magnetic disk), 자기테이프(Magnetic tape), 광학 디스크 등이 있다. 자기디스크에는 플라스틱이나 금속의 원판위에 자성 물질을 입히고 자기적으로 정보를 기록하여 읽거나 쓸 수 있도록 한 기억매체이며, 하드디스크(Hard disk), 플로피 디스크(Floppy disk) 등이 대표적이다. 자기디스크는 디스크 구동장치(disk driver)와 디스크 팩(disk pack)으로 구성되며, 디스크 팩은 다시 여러 개의 디스크 카트리지(disk cartridge)로 구성된다.

[그림 1-11] 하드디스크 구조

2-2. 소프트웨어

소프트웨어는 하드웨어를 제어하기 위한 프로그램의 조직적인 집합을 나타내는 말로 사람의 두뇌에 해당한다. 프로그램은 컴퓨터를 운영하기 위해 필요한 일련의 명령어들의 집합이라 할 수 있다. 소프트웨어는 그 용도와 구성 및 사용 목적에 따라 시스템 소프트웨어와 응용 소프트웨어로 나뉜다.

(1) 시스템 소프트웨어

시스템 소프트웨어는 컴퓨터 하드웨어의 효율적인 기능 수행에 요구되는 프로그램을 말한다. 시스템 소프트웨어에서는 모니터 화면이나 프린터로 정보를 표시하고, 데이터를 디스크에 저장하거나 사용자 입력을 해석하고, 주변 장치와 통신하는 등 컴퓨터의 기본적인 동작을 명령한다. 세부적인 시스템 소프트웨어로는 운영체제(OS : Operating System), 유틸리티(Utility), 장치 드라이버(Device Driver) 및 컴퓨터 프로그램 언어(Programming Language) 등이 있다.

운영체제는 컴퓨터 하드웨어를 사용자가 사용할 수 있도록 지원하는 프로그램 집합이며, 컴퓨터의 종류나 규모에 관계없이 어떤 형태로든 항상 존재해야 하는 가장 기본적인 소프트웨어이다. 사용자가 작성한 응용 프로그램과 자료를 컴퓨터의 내부에 입력 시키면 이 프로그램이 원하는대로 동작 될 수 있도록 지원해 주는 일련의 프로그램을 의미한다. 즉, 컴퓨터 하드웨어와 사용자 응용 프로그램 사이에 위치하여 응용 프로그램이 하드웨어를 쉽게 사용할 수 있도록 지원해 주고, 전체적인 시스템의 효율을 극대화시키기 위해 하드웨어 및 소프트웨어 자원(Resource)를 관리하는 프로그램들의 집합을 의미한다. 운영체제의 주요 기능으로는 자료 입출력제어, 시스템 자원할당, 저장공간관리, 장치고장 탐색 및 보안유지 등이 있다.

오늘날 컴퓨터에 사용되는 개인용 컴퓨터의 운영체제에는 도스(DOS : Disk Operating System), 윈도우즈(Windows), 리눅스(Linux), 매킨토시의 운영체제인 Mac OS, 미니 컴퓨터와 메인 프레임에 이용되는 유닉스(Unix), NT 등이 있다.

유틸리티는 사용자가 컴퓨터 하드웨어 자원의 사용과 할당을 제어할 수 있도록 도와주는 프로그램을 총칭한다. 즉 사용자가 컴퓨터를 사용하면서 만나게 되는 파일복사, 텍스트 편집, 파일 압축, 데이터 정렬, 프린터 조작 및 컴퓨터 바이러스 치료 등의 여러 가지 작업들을 편리하게 할 수 있도록 도와주는 프로그램이다. 이들 유틸리티는 운영체제에 포함되어 있거나 별도의 소프트웨어로 제공되고 있다. 예를 들면 시맨텍 사의 노턴 유틸리티는 손상된 디스크를 추출하여 복구하거나, 컴퓨터 바이러스로부터 데이터 보호하는 기능 등을 수행하며, 마이크로소프트 사의 윈도우에서는 자체내 유틸리티 기능을 일부 갖고 있다.

유틸리티 기능들 중에서 특히 저장 공간을 줄이고, 데이터 송수신 시간을 줄이기 위해 파일 크기를 작게 줄여주는 파일 압축 프로그램이 널리 사용되고 있다. 대표적인 도스용 압축 프로그램으로 ARJ, LHA, RAR, PKZIP, PZUNZIP 등이 있고, 윈도우즈용 압축 프로그램으로는 WINZIP, WINRAR, WINARJ 등이 많이 이용되고 있다.

컴퓨터가 바이러스에 감염되면 부트 섹터의 내용을 파괴시키거나 파일이 비정상적으로 커지거나 혹은 시스템 수행 속도가 현저히 느려지는 증상이 발생한다. 이와 같은 컴퓨터 바이러스를 치료하는 백신 프로그램에는 예방용과 치료용이 있다.

대부분의 시스템에서는 각종 주변 장치마다 고유한 장치 드라이브를 가지고 있으며 이 장치 드라이버를 이용하면 입출력을 제어할 수 있다. CD-ROM 드라이브, 마우스, 프린터 등과 같은 주변장치를 구매할 때 장치 드라이버를 제공하고 일부 주변장치의 경우는 운영체제에서 지원하기도 한다.

컴퓨터 프로그램은 사용자가 컴퓨터를 이용하여 원하는 작업을 수행하기 위한 일련의 명령어들 간의 집합을 위미한다. 컴퓨터 프로그래밍 언어는 프로그래머가 컴퓨터 프로그램을 작성할 때 필요한 언어이다. 현존하는 컴퓨터 프로그래밍 언어는 기계어나 어셈블러 언어와 같이 사람이 사용하기에는 불편한 기계지향적인 언어에서부터 컴퓨터가 사용하기 전에 중간 번역과정을 거쳐야 하지만 사람이 사용하기에는 편리한 고급언어까지 수천 종류나 된다.

(2) 응용 소프트웨어

응용 소프트웨어는 컴퓨터를 이용하여 특별한 문제를 해결하거나 작업을 수행하는 데 사용된다. 응용 소프트웨어는 주문제작 소프트웨어(Custom Software)와 상업 소프트웨어(Commercial Software)로 나눌 수 있다. 큰 기업체나 기관에서 전문 프로그래머나 소프트웨어 업체에게 자신들이 필요한 주문제작 소프트웨어를 제작한다. 상업 소프트웨어는 패키지 소프트웨어(Package Software)라고도 불리며, 범용으로 판매되는 응용 소프트웨어를 말한다.

응용 소프트웨어에는 사무자동화(OA ; Office Automation)를 위해 워드 프로세서(Word Process), 스프레드시트(Spreadsheet), 프리젠테이션 및 데이터 베이스 관리 소프트웨어 등에 있고 이외에도 그래픽 관련 소프트웨어, 웹브라우즈 관련 소프트웨어 및 컴퓨터 게임용 소프트웨어 등이 많이 이용되고 있다.

응용 소프트웨어를 저작권에 따라 셰어웨어(Shareware), 공개 소프트웨어(Freeware), 네그웨어(Negware), 그룹웨어(Groupware) 등으로 나눌 수 있다.

소프트웨어의 발전을 사용자 측면에서 살펴보면 기능 강화와 동시에 사용자들이 간편하고 편리하게 사용할 수 있도록 변하고 있다. 특히 GUI(Graphic User Interface)의 기능 강화는 컴퓨터를 사용하는 사용자가 마우스의 손가락 조작만으로도 원하는 기능을 할 수 있게 만들어 주었다.

컴퓨터는 소프트웨어나 하드웨어 둘 중 하나만으로는 사용이 불가능 하다. 따라서 다양한 기능의 변화에도 더 많은 연산을 수행 가능 하도록 만드는 하드웨어적인 발전이 있기 때문에 사용자는 좀 더 편리하고 간편하게 프로그램을 사용할 수 있게 되었다. 그러나 하드웨어의 기능이 아무리 발전한다 하더라도 소프트웨어의 기능이 제 구실을 하지 못한다면 이 또한 컴퓨터를 무용지물로 만들게 되는 것이다.

3. 컴퓨터의 활용분야

컴퓨터가 가진 장점은

① 고속성 : 입력, 기억, 연산, 비교, 판단, 출력 등의 기능을 매우 빠른 속도로 처리.
② 정확성 : 정확한 프로그램과 자료가 주어지면 연산이나 처리를 정확하게 수행.
③ 저렴성 : 복잡한 작업을 사람이 하는 것보다 저렴하게 처리.
④ 범용성 : 활용분야가 광범위함.
⑤ 다중성 : 여러 작업을 동시에 처리.
⑥ 대용량성 : 많은 자료의 처리와 기억기능.
⑦ 호환성 : 사용 프로그램과 자료를 상호 공유하여 처리

등으로 요약 할 수 있다. 컴퓨터의 혁신적인 발전과 보급으로 컴퓨터 이용 기술은 다양한 형태로 발전하여 거의 모든 분야에서 컴퓨터가 활용되고 있다.

3-1. 컴퓨터의 필요성

현재 사회 전반적으로 과학기술의 발달과 산업 사회의 급격한 변화로 새로운 정보를 신속, 정확하게 수집하고, 분석하며, 분석된 정보를 활용하기 위해 안간힘을 쓰고 있다. 사회 현상이 복잡하고 다양해짐에 따라 처리해야 할 데이터 양은 기하급수적으로 증가하게 되는데, 이렇게 증가된 데이터의 양을 처리하기 위해서는 빠른 계산 능력을 가진 컴퓨터가 필수라 할 수 있다. 또한 가상 현실이나 모의실험을 활용하여 위험이 가중되는 업무를 대신해 줌으로 위험 부담을 줄일 수 있을 것이며 인간의 편리한 생활을 위한 기계, 전자 장치 등을 제어하기 위해서도 컴퓨터가 필요할 것이다.

참고

- 정보처리 : 데이터를 정보로 변환하는 과정으로서 자료를 가공하고 처리하여 정보를 생산하는 과정을 말함
- 정보화 : 고도의 정보통신 기술 혁신을 배경으로 경제와 사회의 중심이 물질이나 에너지로부터 정보로 이동하고, 정보를 정보통신 기술을 이용하여 사회 전 분야에 널리 확산시키는 것
- 정보화 사회 : 정보의 가치가 어느 것보다 중요하게 인식되고 있는 현대 사회를 특징짓는 용어

3-2. 컴퓨터의 활용영역

(1) 재택근무

최근 통신의 발달로 인해 회사에 출근을 하지 않고도 근무 할 수 있는 직업들이 늘어나고 있다. 회사에 출근하여 수행하는 기존의 근무 형태와는 달리 통신 매체를 이용하여 집에서 업무를 수행하는 방법으로 IT, 광고, 텔레마켓, 홈페이지 관리, 인터넷 영업 등 다양한 업무가 있다. 이 또한 컴퓨터를 활용하는 한 분야로서 미래에는 재택근무와 같은 형태의 직업이 더 늘어 날 것으로 전망된다.

(2) 컴퓨터 통신

통신망 기술의 발전과 월드 와이드 웹(World Wide Web, WWW)을 중심으로 한 인터넷 서비스가 다양해지고 ISDN, ADSL 같은 고속 인터넷 통신 연결방식이 상용화되었다. 이를 바탕으로 인터넷을 이용한 전화기, 다양한 정보와 데이터를 서로 주고받을 수 있는 멀티 메일, 원격 조정이 가능한 감시 시스템 등의 새로운 컴퓨터 통신망을 활용하는 다양한 기술들이 개발되었고, 멀티미디어 기반의 통신망 구현으로 인해 지상파 DMB, 위성 DMB 등이 상용화되었다.

(3) 인터넷

인터넷 즉 웹을 이용한 응용 분야는 컴퓨터 통신, 정보 검색, 전자상거래 등 매우 다양하다. 이미 전자상거래를 비롯하여 이러닝(e-Learning), 인터넷 홈쇼핑은 하나의 사업 분야로 수익 창출이 현실화되고 있으며 과거 텔레비전이나 라디오, 신문 등과 같은 매체를 통한 광고의 영역도 인터넷을 이용한 배너 광고, 플래쉬 광고 등의 다양한 형태로 발전되고 있다. 인터넷의 발달은 사업의 온라인화를 강화 시키고 오프라인 상의 시장을 더욱 확장시키고 있다.

(4) 멀티미디어

컴퓨터는 여러 가지 형태의 문자, 음성, 음악, 영상 등의 멀티미디어 정보를 통합된 미디어로 만들어 다양한 매체에 응용 할 수 있다. 다양한 매체, 즉 멀티미디어 형태의 데이터를 컴퓨터를 이용해 저장 및 활용할 수 있다.

(5) 원격교육

인터넷을 기반으로 사이버 공간에서 다양한 멀티미디어 정보 기술을 활용하여 사용자가 원하는 시간과 장소에서 이루어지는 교육방식으로 통신 속도의 발달은 사이버 대학을 비롯한 다양한 형태의 원격 교육이 가능하도록 만들었다.

(6) 사무자동화

1970년대부터 기업 경쟁력 측면에서 생산성 향상이나 인력 절감을 위해 컴퓨터 도입이 실시되었다. 기업에서는 컴퓨터를 이용하여 대용량의 데이타를 처리하여 정보로서 활용하기 위해 회계관리, 인사관리, 영업관리, 물류관리 등 업무의 효율성을 향상시키기 위해 사무자동화(Office Automation)하고 있다.

(7) 과학/기술

기술적 계산, 정보검색, 공장 자동화, 가정 자동화, 설계 및 제작 등의 특수한 분야에서도 컴퓨터가 활용되고 있다. 특히 설계 분야에서는 각종 설계 분야에 모의실험을 통해 실제 제작을 하기 전에 이상 유무를 미리 확인하고자 설계 및 제작 분야에서 CAD와 CAM과 같은 시스템이 이용되고 있다.

이외에도 다양한 과학 분야에서 대용량의 데이터를 처리하거나 복잡한 수식을 풀이하는 데에 컴퓨터가 활용되고 있다.

(8) 기타

컴퓨터를 이용한 문서 편집, 컴퓨터 게임, 네트워크의 발달로 거리에 상관없이 이용도 가능해졌으며 최근에는 의료분야와 항공분야에서도 유용하게 이용되고 있다.

연 습 문 제

1. 중앙처리 장치의 각 구성요소와 레지스터의 기능에 대해 기술하라.

2. 컴퓨터의 소프트웨어와 하드웨어에 대해 설명하라.

3. 컴퓨터 사용에 대한 긍정적 부분과 부정적 부분에 대해 논의하라.

4. 정보화 사회를 위한 컴퓨터의 올바른 활용 방법은 무엇인가?

5. 미래의 컴퓨터에 대해 예측해 보라.

제2장 운영체제와 윈도우 XP

1. 윈도우의 개요
2. 윈도우 XP의 기본 화면
3. 파일과 폴더관리
4. 제어판의 설정과 관리
5. 네트워크의 설정과 관리

1. 윈도우의 개요

사람의 뇌는 1조개의 기억장치로 구성되어 있다. 반면 사람의 뇌는 경우에 따라서 잊어버리기도 하지만, 대개의 경우 기억이 지속적으로 유지되는 특성을 갖고 있다. 이에 반해 컴퓨터는 전기가 공급되는 동안에는 기억을 유지하지만 전원이 끊어지면 모든 것을 잊어버리게 된다. 본래 컴퓨터는 전기신호에 의해서 모든 것을 처리하는 장치이므로 전기가 공급되지 않으면 아무것도 처리할 수 없다.

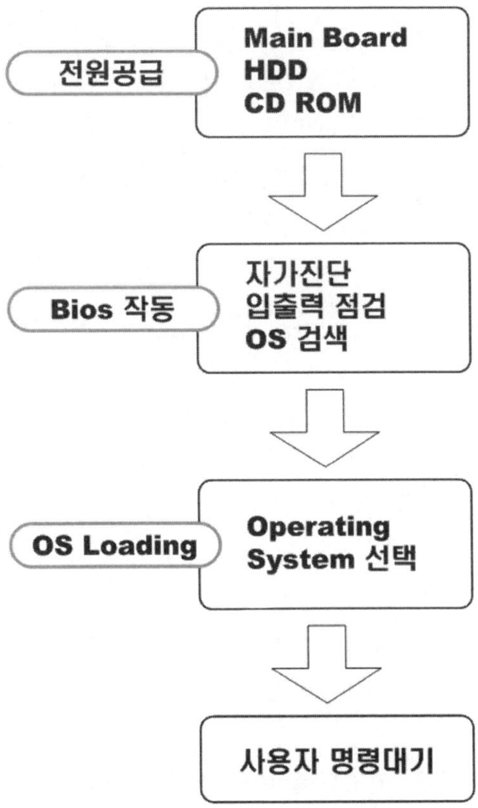

[그림 2-1] 컴퓨터 부팅과정

컴퓨터가 어떤 작업을 하기위해서는 전원공급과 함께 각종 보조기억장치에 보관된 것들을 먼저 메모리로 옮긴 후 실제로 작업을 처리할 수 있도록 준비작업을 선행할 필요가 있다. 이처럼 컴퓨터에 전원을 넣은 후 사용자가 여러 가지 작업을 지시할 수 있는 상태가 준비되기까지의 일련 과정을 '부팅'이라 부른다. 컴퓨터의 부팅과정은 [그림 2-1]에 보이는 것처럼 크게 전원공급, BIOS 작동, OS Loading의 3단계로 이루어진다.

1 전원공급

컴퓨터는 파워 서플라이(Power Supply)라는 전원공급장치로부터 전기에너지를 얻어 하드웨어를 동작시킨다. 컴퓨터의 전원버튼을 누르면 컴퓨터 본체에 불이 들어오고, 메인보드와 하드디스크(HDD), CD-ROM 등에 전원이 공급된다. 전원을 인가받은 각각의 장치들은 사용준비가 되었다는 신호를 사용자에게 알려준다. 특히 HDD 가 처음 구동을 시작할 때 발생하는, 약간 시끄러운 소음을 어렵지 않게 들을 수 있을 것이다. 이는 HDD의 경우 실린더 형태의 저장장치로 구성이 되어 있기 때문에 실린더 헤드를 돌려줌으로써 사용 준비를 알려주고 준비가 완료되는 동안 HDD 안의 내용을 읽어들인기 때문이다.

2 BIOS 작동

컴퓨터에 전원이 공급되면 가장 먼저 작동되는 프로그램이 BIOS인데 BIOS 는 크게 세 가지 기능을 수행한다.

첫째, 자가진단

인간의 신체는 이상이 발생하면 뇌에 통증을 전달하지만 컴퓨터는 이러한 기능이 없다. 따라서 전원이 공급되면 항상 각 부품들의 이상 유무를 점검하게 된다.

둘째, HDD, 그래픽 카드, 키보드를 비롯한 각종 장치들의 입출력 점검

바이오스에는 상호간에 자료를 교환하는 각종 통신규약들이 내장되어 있다. 따라서 바이오스는 이러한 통신규약들을 이용해 각각의 장치들에 대한 입출력을 점검하게 된다.

셋째, 이상이 없으면 OS 에게 전권을 위임

바이오스는 이러한 두 가지 점검에서 이상이 없다고 판단되면, HDD의 부트 레코드를 점검하여 OS(Operating System)를 읽어 들이기 시작한다. 바이오스는 OS를 읽어 들이는 기능을 마지막으로 컴퓨터의 작동 및 관리에 대한 전권을 OS에게 위임하게 된다. 이 때 만일 바이오스에 기억된 정보와 다른 점이 발견되면 모니터 화면이나 스피커의 비프음을 통해 경고 메시지를 알려주게 된다.

3 OS Loading

바이오스가 HDD나 CD-ROM, 플로피 디스켓 등을 점검하여 부트 레코드(Boot Record)를 발견하면 OS를 읽어 들이기 시작하고 플로피디스크가 일차 부팅 드라이브이면 플로피디스크부터 읽고, 다음에 하드디스크를 읽게 된다. 부트 순서는 사용자가 정의해 줄 수 있다. 만일 하드디스크에서도 부팅 파일을 찾지 못하면 에러 메시지를 내고 부팅 파일을 요구하게 된다. 부팅 파일을 메모리에 적재한 후에는 시스템 초기화(SYSINIT)라고 알려진 io.sys의 루틴이 나머지 부팅과정을 처리하게 된다. sysinit는 msdos.sys파일을 메모리로 복사하고 메모리로 복사된 msdos.sys 파일은 파일을 관리하고 프로그램을 실행시키며 하드웨어 인터럽트를 제어하는 등의 역할을 담당하게 된다. 다음으로 sysinit는 하드디스크의 루트 디렉토리에서 config.sys 파일을 찾아 이에 들어있는 내용을 msdos.sys에 알려주어 메모리 사용구조 등을 결정한다. msdos.sys는 도스 명령어 해석기인 command.com을 메모리로 불러들이는데 config.sys 파일이 없다면 이 과정만 실행된다. command.com은 하드 디스크의 루트디렉토리에서 autoexec.bat 파일을 불러 그 안의 명령대로 관련 드라이버를 메모리에 로딩한다. 마지막으로 윈도우즈를 실행할 파일 예를 들어 윈도우 98의 경우에는 win.com이 실행되면 부팅이 완료되며 운영체제가 명령권을 인수하게 된다. 따라서 OS의 로딩이 확인되기만 하면 사실상 컴퓨터의 물리적인 이상은 없다고 보아도 무방하다.

이상의 3단계(전원공급, 바이오스작동, OS Loading) 컴퓨터 부팅과정은 전원을 넣을 때마다 항상 반복된다. 만일 세 가지 단계 중에서 한 단계에서만 이상이 생기더라도 컴퓨터는 정상적으로 작동하지 않는다.

2. 윈도우의 XP의 기본 화면

윈도우는 마이크로소프트사에서 만든 컴퓨터의 운영체제로 윈도우의 일반적 특징은 Icon이라는 그림명령을 통하여 쉽게 프로그램에 접근할 수 있는 GUI 환경과 한번에 여러 가지 작업을 동시에 수행이 가능한 Multi-tasking, 개체 연결 포함 기능으로 프로그램 간에 개체(그림, 표 등)을 교환이 가능하도록 해 주는 OLE(Object Linking Embedding) 등이 있고 그 외에도 정보의 전송 통합, 윈도우는 사용자를 위하여 여러 가지 응용 프로그램을 제공한다. 워드프로세싱을 위한 문서 작업기, 그래픽을 위한 페인트, 통신을 위한 터미널 등이 그것이다. 클립보드 표시기, 일정표, 계산기, 메모장, 시계 등 간단하면서도 유용한 유틸리티들이 포함된 다양한 응용프로그램을 들 수 있다.

특히 두 개 또는 그 이상의 응용 프로그램에서 작업하여 상호간에 정보를 한 응용 프로그램으로부터 다른 응용 프로그램으로 전송 통합할 수 있는 멀티 태스킹 기법은 클립보드라고 불리우는 Desktop accessory를 통해 이루어진다. 또한 윈도우를 사용하면 몇 개의 강력한 응용 프로그램을 즉시 작동시킬 수 있는 대기 상태로 만들 수 있고 또한 그들 사이의 빠른 전환(switching)이 가능해 진다.

출시연도	제 품 명
1995	Window 95
1998	Window 98
1999	Window 98SE
2000	Window 2000 / Window ME
2001	Window 2000 / Window XP
2007	Window Vista

[표 2-1] 윈도우 년도별 출시 제품명

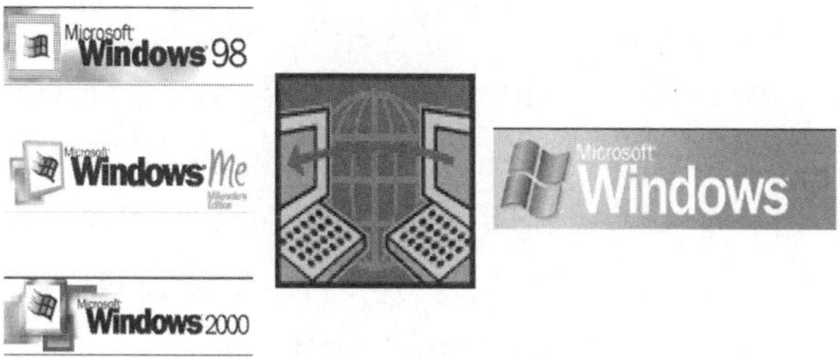

[그림 2-2] 윈도우 운영체제 변화

윈도우 이전의 운영체제로는 MS-DOS가 있었다. 이 후 윈도우 3.1을 사용함으로써 비선점형 멀티태스킹 기법이 도입되기 시작 하였다. 윈도우 3.1은 완벽한 멀티태스킹(Multi-tasking)을 구현하지 못했다. 비선점형 멀티태스킹의 경우 다중 작업 시 하나의 명령이 처리되지 못하면 모든 작업이 중단된다는 치명적인 결점이 있었다. 이를 보완하기 위해 윈도우 95가 도입되었다. 기존의 16비트 입・출력 형태를 32비트에 맞추었으며, 마이크로소프트사는 윈도우 95를 개발하면서 간편한 사용법과 빠르고 강력한 성능, 광범위한 호환성을 가장 중요시 했다고 발표했다.

이 후 마이크로소프트사는 사용자 중심의 운영체제를 하드웨어의 발전에 맞추어 출시하기 시작하였다. 최근 마이크로소프트사는 Window Vista라는 운영체제를 발표하기에 이르렀다. 그러나 이 책에서는 Window Vista 이전 버전만 다룬다. Microsoft Windows XP는 이전 버전에서 “Whistler 코드”라고 했던 새로운 가정용 및 업무용 운영체제로서, PC에 새로운 생명을 불어 넣어 놀라운 경험을 할 수 있게 하는 운영체제이다. Windows XP는 안정적인 Windows 엔진을 바탕으로 하고 있으며, 새롭고 신선한 디자인과 인터페이스를 갖추고 PC 와 여러 응용기기 및 서비스를 통합하였다.

Windows XP 클라이언트는 두 개의 버전으로 나뉘어 하나는 가정용 사용자를 위해 설계된 Windows XP Home Edition이며, 다른 하나는 Windows XP Professional이다. Professional 버전은 Home Edition의 상위 모델로 Home Edition이 갖고 있는 기능에 더하여 업무용 기능과 고급 사용자에게 필요한 환경을 지원한다. 예를 들면 도메인에 소속시켜 모든 기능을 관리 할 수 있는 기능, 구성 가능 파일 및 보안설정, 이 외에 엔터프라이즈 환경에 고유한 기능 등이 있다.

Windows XP Home Edition 과 Windows XP Professional의 차이점은 주로 관리 효율성 및 보안설정 등의 영역에서 비지니스에 필요한 기술의 포함 여부에 있다. Windows XP Home Edition은 Windows Me의 장점을 개선하면서 가정용 사용자에게 Windows 2000의 기능과 안정성을 제공하고, Windows 2000이나 Windows Me/98/95에서 업그레이드하는 사용자에게 응용 프로그램 호환성을 제공하기 위해 만들어졌다.

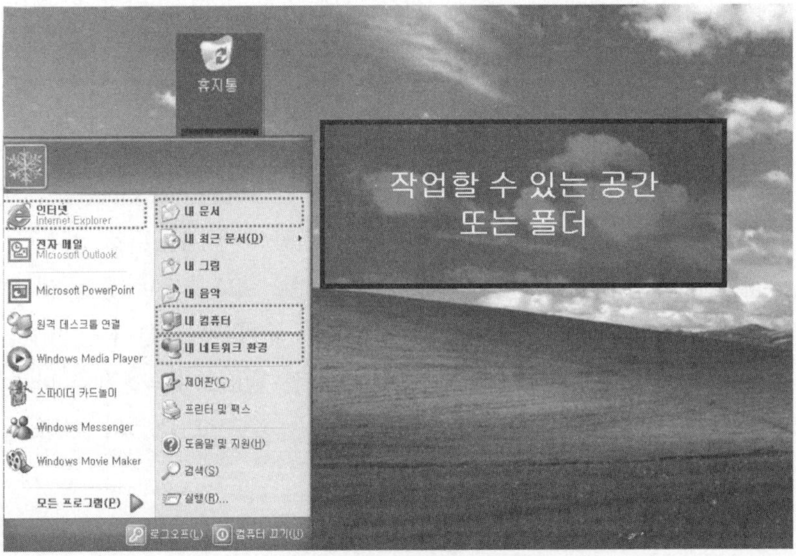

[그림 2-3] 윈도우 XP 바탕화면

Windows XP 출시 목표 중 하나가 고객들에게 32 비트 버전과 64 비트 버전을 제공하는 것이다. 64 비트 Windows XP Professional은 인텔(Intel)의 64 비트 프로세스(암호명 Itanium)와 함께 개발되었다. Windows XP 에는 새로운 버전의 Internet Explorer 기술 즉, IE6 가 포함되었으며, Windows Media Player 버전 8과 함께 출시되었다. Windows XP는 Windows 2000에 기반을 두고 만들어졌으므로 Windows XP의 하드웨어 요구 사항은 Windows 2000 Professional의 시스템 요구 사항을 참조하기 바란다.

Windows 98 이상의 경우에는 Windows XP로 업그레이드 할 수도 있지만 Windows XP의 기능을 최대로 활용하려면 새로 설치하는 것이 좋다. "XP"는 "eXPerience"라는 단어를 뜻하는 것으로 광범위한 장치로 확산된 웹 서비스를 포괄하여 Windows 와 Office가 제공할 수 있는 풍부한 사용자 경험을 상징한다. 경험이란 고객이 원하는 작업을 수행 할 수 있게 해주는 철저한 접근 방식을 의미한다.

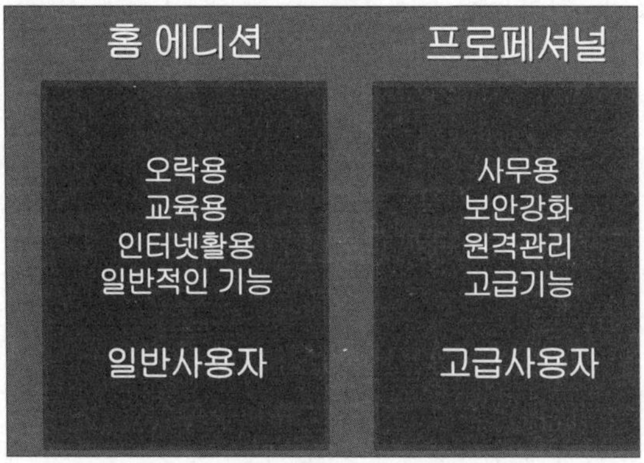

[그림 2-4] 윈도우 XP 종류

3. 파일과 폴더 관리

3-1. 파일 만들기와 삭제

파일(File)이란 "데이터를 처리하는 측면에서 본다면, 파일이란 관련되는 레코드들의 집합"이라고 정의할 수 있다. 예를 들어, 고객들 개개인에 관한 사항을 하나의 파일에 저장했다고 가정한다면, 각 레코드는 고객이름, 고객번호, 고객의 주소 등과 같은 데이터 항목을 담고 있는 필드로 구성될 수 있을 것이다. 각 레코드마다 동일한 필드 내에 같은 종류의 정보를 일관성 있게 저장해 놓았다면, 컴퓨터 프로그램을 이용하여 그 파일을 쉽게 분석하거나 조작할 수 있게 된다.

파일은 데이터베이스의 출현에 따라 그 중요성이 다소 떨어지고 있다. 메인프레임 시스템에서는 데이터 셋이라는 용어가 파일과 비슷한 개념으로 사용되고 있지만, 이것은 특별한 접근방법에 의해서만 인식할 수 있도록 만들어진 형태라는 의미를 내포하고 있다. 파일(또는 데이터 셋)은 운영체계의 종류에 따라 카탈로그나 디렉토리 또는 폴더라고 불리는 공간 내에 저장된다.

특히 PC에서의 파일은 시스템 사용자가 이용할 수 있는 데이터의 실체를 의미한다. 시스템 그 자체도 하나의 파일이고, 응용 프로그램도 파일이다. 파일은 같은 디렉토리 내에서는 각기 다른 고유한 이름을 가져야 한다. 어떤 운영체계나 응용프로그램은 파일에 대해 확장자를 붙임으로써 각 파일의 속성을 구별하는데, 운영체계에 따라 다르긴 하지만 확장자에는 제한된 개수의 글자만을 쓸 수 있도록 허용되는 것이 일반적이다. 파일의 확장자는 해당 파일의 형식을 짐작하는 용도로 쓰일 수 있도록 고유하게 붙이는 경우가 대부분인데, 예를 들어 프로그램이나 실행 가능한 파일인 경우에는 ".exe"라는 확장자를 붙이고, 아래아 한글로 작성된 문서 파일인 경우에는 ".hwp"를, 마이크로소프트 파워포인트로 작성된 파일인 경우에는 ".ppt"를 붙이는 식이다.

3-2. 자주 사용되는 파일의 형식

파일의 형식은 주로 확장자로 결정이 된다. 즉 파일은 파일명과 확장자로 구성이 되며 이 둘 사이에는 '.'을 찍어 구분하게 된다. 자주 사용되는 파일의 형식은 부록 1에 확장자별로 구별해 놓았다.

3-3. 폴더 만들기와 삭제

폴더는 파일들을 분류하여 정리하는 것이므로 필요에 의해서 새롭게 만들거나 기존에 사용하던 폴더를 삭제할 수 있다.

(1) 폴더 만들기

폴더를 만들 위치에서 [파일] ➡ [새로 만들기] ➡ [폴더] 메뉴를 선택하거나, 또는 해당 위치에서 단축 메뉴를 불러서 사용할 수 있다. 기본으로 '새 폴더'라는 이름을 가진 폴더가 새롭게 만들어지면 이름을 수정한 후 키보드의 Enter(Enter) 키를 누른다.

(2) 폴더 삭제

폴더를 삭제하면 안에 저장되어 있던 파일들도 같이 삭제되므로 실행하기 전에 미리 파일을 확인해야 한다. 삭제할 폴더를 선택한 후 [파일]-[삭제] 메뉴를 선택하거나, 키보드의 Del(Delete) 키를 누른다. 폴더를 선택한 후 도구모음의 삭제 버튼을 클릭하여 실행할 수도 있다.

(3) 파일/폴더 선택하기

파일이나 폴더를 복사나 이동, 삭제 등의 작업을 하기 위해서는 먼저 선택을 해야 한다. 선택한 후 상태표시 줄을 보면 선택된 항목의 개수와 전체 용량을 확인할 수 있다.

1 단일 선택

하나의 파일이나 폴더를 선택할 때는 클릭하여 선택한다.

2 연속된 여러 항목 선택

가로나 세로로 연속으로 이어있는 목록을 선택할 때는 첫 번째 항목에서 클릭한 후 목록의 마지막 목록에서 키보드의 Shift(Shift) 키를 누른 채로 클릭하여 중간의 모든 항목이 선택되도록 한다.

3 연속되어 있지 않은 여러 개의 항목 선택

첫 번째 파일은 클릭, 나머지 파일은 각각을 키보드의 Ctrl(Control) 키를 누른 채로 클릭하여 하나씩 선택한다. Ctrl(Control) 키는 선택을 반전시키는 기능도 있다.

4 전체 선택

전체 항목을 모두 선택할 때는 [편집]➡[전체 선택] 메뉴를 이용하거나, 단축키 Ctrl(Control) + A(All) 키를 누른다.

(4) 파일/폴더 복사하기

파일이나 폴더는 다른 드라이브나 폴더로 복사할 수 있다.

① 복사할 파일이나 폴더를 선택한다.
② [편집] ➡ [복사] 메뉴를 선택하거나 도구모음 중 복사 버튼 Ctrl(Control) + C(Copy)를 클릭한다.
③ 복사할 목적지로 이동한다. 폴더일 경우는 폴더를 찾아서 더블클릭하여 폴더 안으로 이동하고, 드라이브를 바꿀 경우에는 주소 줄을 이용하여 해당 드라이브로 이동한다.
④ 이동한 목적지로 복사한 항목을 가져오기 위해서 [편집] ➡ [붙여넣기] 메뉴를 선택하거나 도구모음의 붙여넣기 버튼 Ctrl(Control) + V(View)을 클릭한다.
⑤ 현재 위치에 복사한 항목이 복사되어 들어온다.

(5) 파일/폴더 이동하기

파일이나 폴더는 다른 드라이브나 폴더로 이동시킬 수 있다.

① 이동시킬 파일이나 폴더를 선택한다.
② [편집] ➡ [잘라내기] 메뉴를 선택하거나 도구모음 중 잘라내기 버튼 Ctrl(Control) + T(cuT)를 클릭한다.
③ 이동할 목적지로 이동한다.
④ 이동한 목적지로 잘라내기한 항목을 가져오기 위해서 [편집]-[붙여넣기] 메뉴를 선택하거나 도구모음의 붙여넣기 버튼 Ctrl(Control) + V(View)을 클릭한다.
⑤ 현재 위치에 잘라낸 항목이 이동되어 들어온다.

참고

❑ 팁 복사/이동 단축키
복사나 이동할 경우 메뉴나 도구모음 대신 단축키를 사용할 수도 있다.
- 복사 : Ctrl(Control) + C
- 이동 : Ctrl(Control) + X
- 붙여넣기 : Ctrl(Control) + V

(6) 파일 삭제하기

필요 없는 파일은 삭제하여 기억장치의 여유 공간을 늘리도록 한다.

[1] 파일 삭제

삭제할 파일을 선택한 후 [파일] ➡ [삭제] 메뉴를 사용하거나 도구모음의 삭제 버튼 Del(Delete)을 클릭한다.

2 휴지통 이용

하드디스크에서 삭제한 파일이나 폴더를 다시 복원시켜주는 기능을 제공한다.

플로피디스크에서 삭제된 항목에 대해서는 지원하지 않는다. 하드디스크의 'Recycled'라는 폴더와 연결되어 삭제된 항목을 임시로 보관하고 있다가 필요한 경우 복원하거나, 완전히 삭제할 수 있다. 삭제한 파일을 복원하려면 바탕화면의 휴지통 아이콘을 더블클릭하여 연 후, 복원할 파일을 선택하고 [파일] ➡ [복원] 메뉴를 선택한다. 휴지통에서 삭제하거나 [휴지통 비우기] 메뉴를 사용하면 완전히 없어지는 것이므로 이후에 복원할 수 없다.

(7) 이름 바꾸기

파일이나 폴더의 이름을 변경할 수 있다. 이름을 변경할 항목을 선택한 후 [파일] ➡ [이름 바꾸기] 메뉴를 선택하거나 단축메뉴를 불러서 메뉴를 사용한다. 파일의 이름을 변경할 때는 확장자를 변경하지 않도록 주의한다.

3-5. 폴더에 관련된 기타기능

(1) 여러 파일 이름을 한꺼번에 바꾸기

윈도우즈 XP는 여러 개의 파일 이름을 한꺼번에 변경 할 수 있다. 이는 파일 형식이 서로 달라도 같은 이름을 붙일 수 있는데 우선 이름을 바꿀 파일을 모두 고르고 마우스 오른쪽 버튼을 누른 다음 '이름 바꾸기'를 선택한다. 그 다음 윈도우즈 XP에서 여러 개의 파일 이름을 바꿀 때는 첫 번째 파일에 이름만 쓴다. 예를 들어 '두리번 사랑'이라고 하면 첫 번째 파일은 '두리번 사랑'이 되고 나머지 파일들은 '두리번 사랑(1)' '두리번 사랑(2)' 등으로 바뀐다. 만약 첫 번째 파일 이름을 '두리번 사랑(10)'이라고 하면 그 다음부터는 '두리번 사랑(11)', '두리번 사랑(12)'가 된다.

(2) '시작' 에서 문서메뉴 지우기

문서 메뉴가 있으면 작업 했던 문서를 쉽게 불러올 수 있지만, 길게 늘어져 있어 지저분하게 된다. 문서 메뉴를 잘 쓰지 않는다면 다음과 같이 한다.

시작 ➡ 실행 ➡ regedit라고 누르면 레지스트리 편집기를 선택하여

HKEY_CURRENT_USER\Software\Microsoft\Windows \CurrentVersion\Policies\Explorer

오른쪽에 마우스를 놓고 새로 만들기 → DWORD 값을 고른 뒤, '새 값'의 이름을 NoRecentDocsMenu 라고 바꾼 뒤 마우스로 두 번 눌러 값 '1'을 넣는다.

(3) 지워도 보이는 프로그램 지우기

안 쓰는 프로그램을 제어판 → 프로그램 추가/제거에서 지우지 않고 탐색기로 폴더만 지우면 프로그램 목록에 남는다. 이것이 쌓이고 쌓이면 프로그램 설치가 안 되고, 윈도우즈까지 느려진다. 흔적이 남지 않는 방법이 있다. 시작 → 실행 → regedit 라고 누르면 레지스트리 편집기를 선택한 후

HKEY_LOCAL_MACHINE\SOFTWARE\Microsoft\Windows\CurrentVersion\Uninstall

에 들어가 지울 프로그램을 골라 지우면 된다.

(4) 꼭꼭 숨겨진 윈도우즈 XP 관리 프로그램들

윈도우즈 XP의 시작 버튼 → 실행을 누르면 '실행' 창이 열린다. 여기에 명령을 써넣으면 작업이 바로 실행된다. '실행' 창에 쓸 수 있는 명령어와 하는 일은 다음과 같다.

compmgmt.msc	컴퓨터 관리와 관련 시스템 도구 창을 연다.
diskmgmt.msc	디스크 관리 창을 띄운다.
eventvwr.msc	윈도우즈 메시지가 담긴 이벤트를 본다.
gpedit.msc	도메인 또는 액티브 디렉토리나 PC에 저장되어 있는 조직 단위에 연결된 그룹 정책 개체를 편집하는 '로컬 컴퓨터 정책'을 연다.
perfmon.msc	시스템 성능을 감시하고 로그와 경고를 기록한다.
secpol.msc	'로컬 보안설정'을 열어 도메인의 PC 보안 정책을 정의하게 도와준다.
devmgmt.msc	하드웨어 장치 목록을 보고 각 장치에 대한 특성을 정하는 '장치관리자' 창을 연다.
dfrg.msc	'디스크 조각모음' 창을 연다.

fsmgmt.msc	공유 폴더를 띄운다.
lusrmgr.msc	로컬 이용자를 확인한다.
rsop.msc	'정책의 결과 집합' 창을 연다.
services.msc	'서비스' 창을 띄운다.

4. 제어판의 설정과 관리

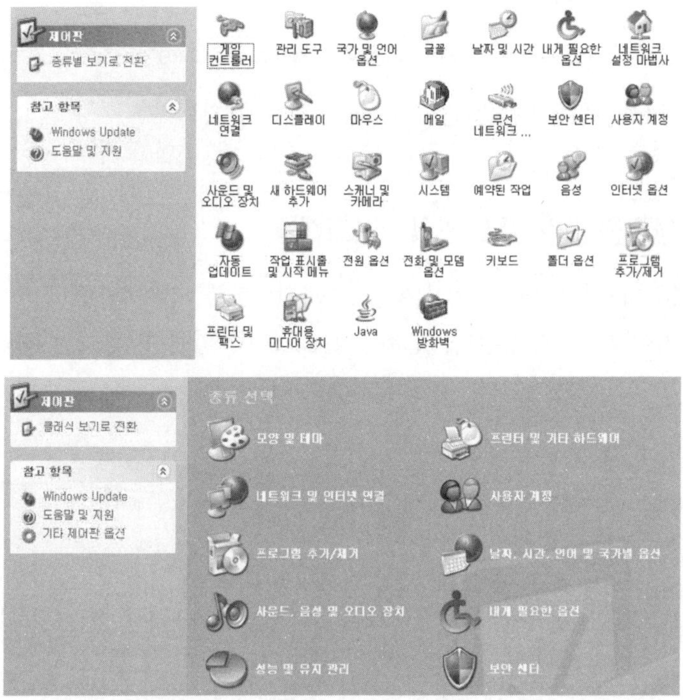

[그림 2-5] 윈도우 XP 제어판 실행화면

[그림 2-5]는 윈도우 XP에서 [시작] ➡ [제어판]을 실행시켰을 경우 팝업(pop-up) 창의 두 가지 형태이다. 윈도우XP의 제어판은 다른 폴더와 마찬가지로 윈도우Me 이후 사용되던 클래식 모드와 초보자전용의 종류별 표시 모드인 카테고리 표시의 2가지 모드를 제공한다. 카테고리 표시는 말 그대로 각 아이콘이 카테고리별로 분류해 컴퓨터가 서투른 사람이라도 빨리 적응할 수 있다. 단순히 카테고리별로 나눠져 있을 뿐만 아니라 '작업 선택'이라는 항목을 제공한다.

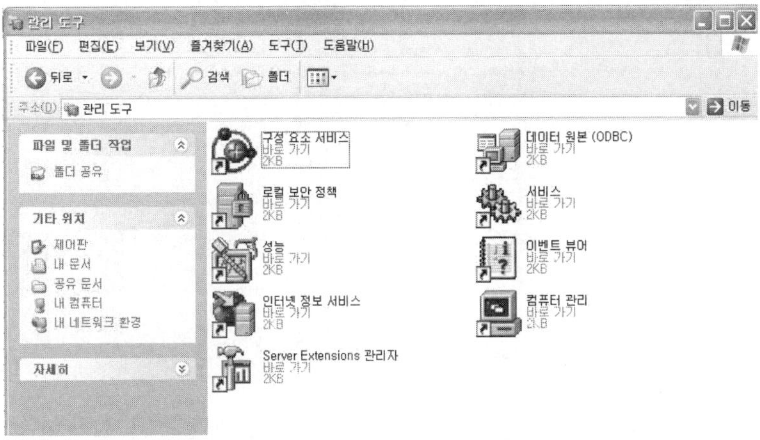

[그림 2-6] 윈도우 XP 제어판 관리도구 실행화면

[그림 2-6]은 윈도우XP의 각종 상세 정보를 관리하는 곳인 관리도구 화면이다. 윈도우 XP는 NT/2000을 잇는 운영체제이므로 이러한 서버적인 도구가 준비되어 있다. '관리도구'아이콘을 더블 클릭하면 다른 아이콘과 같이 다이얼로그가 아닌 일반 윈도우 화면이 열린다. 시스템 관리를 위한 유틸리티의 바로가기 아이콘만 모아둔 곳이다.

이벤트 뷰어를 더블 클릭하게 되면 [그림 2-7]이 나타난다. 이 도구는 윈도우 XP나 애플리케이션의 경고 메시지나 트러블 슈팅의 메시지(이벤트)를 기록하고 각 이벤트의 상세한 정보를 제공한다.

아이콘을 더블 클릭하면 '응용 프로그램', '보안', '시스템'의 3종류 로그가 나타나고 응용 프로그램에는 '정보' '경고' '오류'라는 3단계의 각 이벤트가 열거된다. 그 가운데에서 중요한 것은 '오류'로 응용 프로그램을 실행했을 때의 정보까지 기록한다.

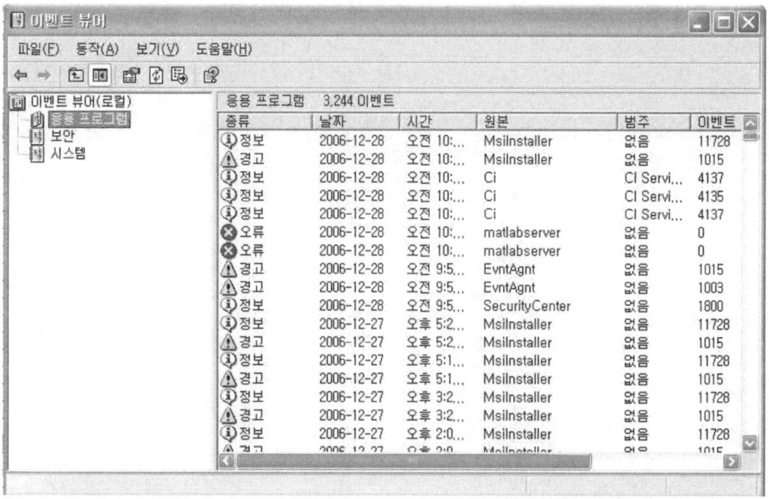

[그림 2-7] 윈도우 XP 제어판 관리도구 이벤트뷰어 실행화면

[그림 2-8]의 컴퓨터 관리는 다른 관리도구들의 정보를 참조하거나 defrag등의 디스크 관리 도구를 이용할 수 있다. '시스템 도구' 트리에는 '이벤트 뷰어', '공유 폴더', '로컬 사용자 및 그룹', '성능 로그 및 경고', '장치관리자'가 준비되어 있다. 그 중에서 중요한 것은 공유 폴더이다. 해당 PC가 공유한 폴더 리스트나 현재 접속중인 사용자(또는 PC), 열려 있는 파일을 체크할 수 있는 곳이다. 세션이나 열린 파일에 표시된 리스트 중 임의로 접속을 끊을 수도 있다. 컴퓨터 관리에서는 다른 관리도구들의 정보를 참조하거나 디스크 조각모음 기능을 제공한다.

로컬사용자 및 그룹은 사용자나 그룹에 관한 설정을 관리자 레벨로 제어하는 곳이다. 기본적으로는 제어판의 사용자 계정과 동일하지만 관리 측면에서는 로컬 사용자 및 그룹이 편하다. 성능 로그 및 경고는 윈도우 XP상에서 CPU파워나 네트워크 트래픽 등을 체크하기 위한 것이다.

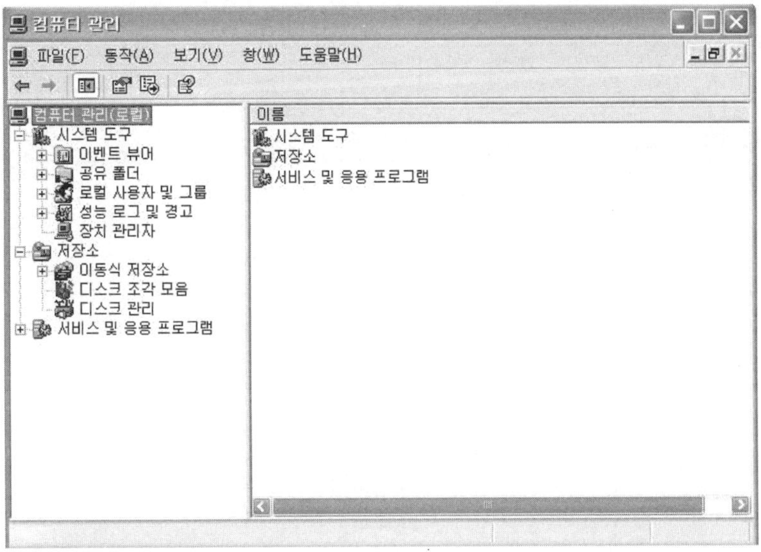

[그림 2-8] 윈도우 XP 제어판 관리도구 컴퓨터관리 실행화면

또한 디스크 조각 모음을 통해 하드디스크의 데이터를 정리하게 되면 액세스 속도를 높여준다. 저장소 트리에서 중요한 것은 디스크 관리다. 드라이브 문자의 변경(변경할 수 있는 것은 시스템 볼륨 또는 부트 볼륨 이외의 드라이브)이나 포맷, 활성화할 수 있다.

[그림 2-9]의 구성 요소 서비스의 서비스는 글자 그대로 윈도우XP에 설치되어 있는 각 서비스를 컨트롤할 수 있는 기능이다.

'WMI 컨트롤'은 윈도우환경에서 이용 가능한 관리 오브젝트인 Windows Management Instrumentation에 관한 설정이다. '인덱스 서비스'는 윈도우XP가 아이돌(idle)중 하드디스크 내의 파일/폴더를 탐색하여 인덱스 파일을 만들어 검색 속도를 높여준다.

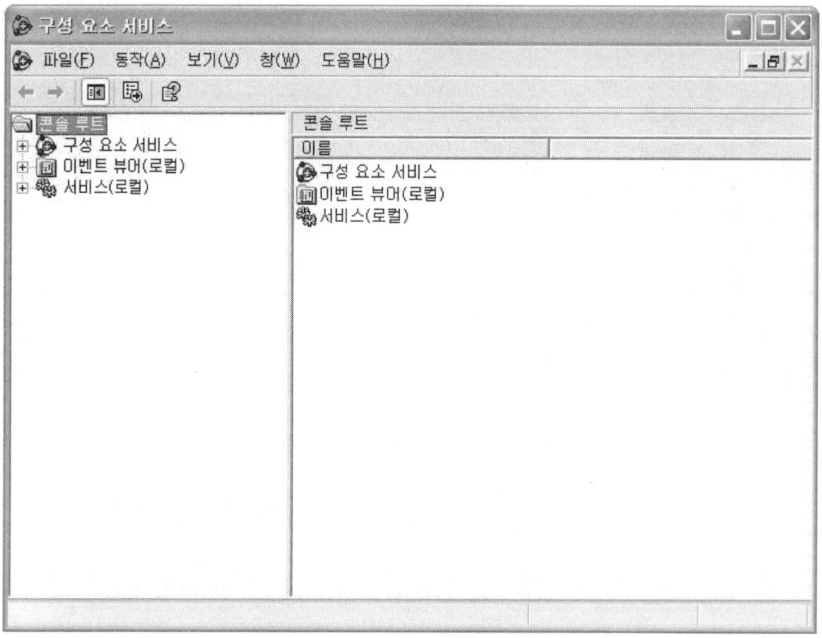

[그림 2-9] 윈도우 XP 제어판 관리도구 구성요소서비스 실행화면

[그림 2-10]의 데이터 원본(ODBC) 및 성능에서는 'ODBC(Open Database Connectivity)'의 데이터 소스와 드라이버의 추가·삭제 등을 행할 수 있다. 리눅스에서 동작하는 데이터베이스 프로그램인 PostgreSQL도 이 컴퍼넌트를 사용해 접속한다. '성능'이라는 도구에서는 시스템 성능을 그래프를 표시하며 여기서 작성되는 데이터 로그도 참조할 수 있다.

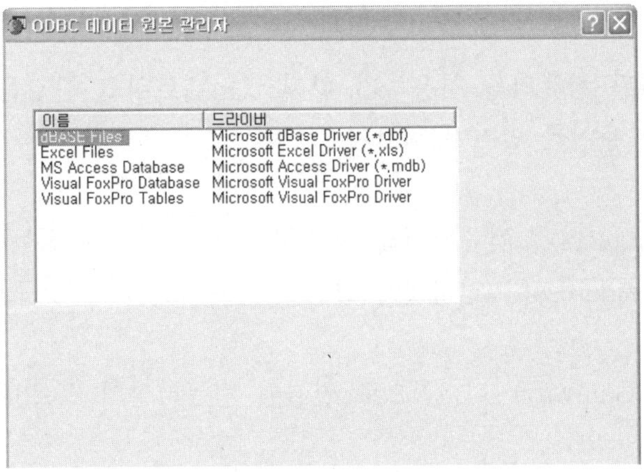

[그림 2-10] 윈도우 XP 제어판 관리도구 ODBC 데이터 원본 관리자 실행화면

[그림 2-11]의 로컬 보안 정책에서는 사용자 계정의 패스워드 크기를 변경하는 등 보안과 관련된 설정을 할 수 있다.

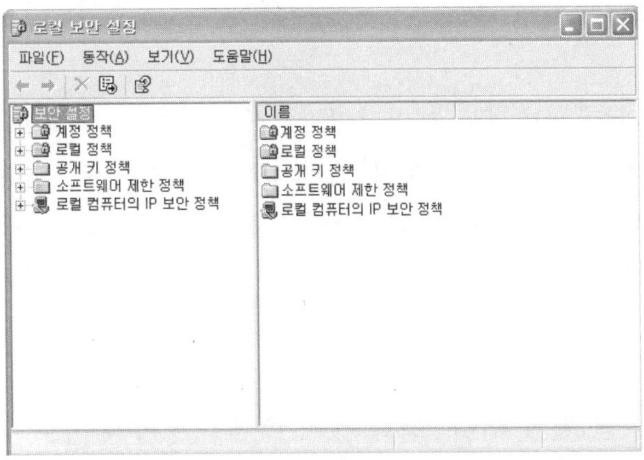

[그림 2-11] 윈도우 XP 제어판 관리도구 로컬 보안 설정 실행화면

5. 네트워크의 설정과 관리

LAN으로 연결된 컴퓨터를 사용하기 위해서는 네트워크 환경을 설정하여 주어야 한다. 몇 가지 용어를 먼저 살펴보자.

▷ 프로토콜(Protocol) : 컴퓨터끼리 정보를 교환할 때 사용하는 서로의 약속
▷ IP 주소(IP Address) : 인터넷에 연결된 컴퓨터들을 서로 구별해주는 고유한 주소
▷ 게이트웨이(Gateway) : LAN으로 연결된 컴퓨터들의 프로토콜을 서로 맞추어주는 곳
▷ TCP/IP : 인터넷에서 사용하는 프로토콜
▷ DNS(Domain Name System) : IP 주소는 숫자로 되어 있어 사람들이 외우기 어렵기 때문에 IP 주소와 대응하여 사용하는 문자로 된 주소 체계

5-1. 네트워크의 역사

(1) 전화망

네트워크의 정의를 확대해서 데이터 통신 즉 원거리간의 정보교환까지 거슬러 올라가면 '전화'가 네트워크의 시초가 된다. 지금도 많은 사용자들은 모뎀을 통해 전화선으로 데이터 통신을 하고 있다. 또한 전화망은 Cicuit Switching Network의 모델이기도 하다.

[1876년 3월],
알렉산더 그래이엄 벨에 의해 '전화'가 미국 특허청에 특허로 등록되었다.

[1877년 1월 30일],
상자모양을 갖춘 첫 전화기가 등장했다. 그 해에만 600여대의 전화가 교환국 없이, 각자의 선을 통해 연결되었다. 벨은 1877년, 유럽에 전화기를 소개하고 빅토리아 여왕 앞에서 직접 전화기를 시연해 보였다. 이때까지만 해도 모든 전화기는 1대1 통신만이 가능했다. 즉 종이컵과 실로 만든 장난감 전화처럼 선을 연결한 사람 끼리만의 통화가 가능했다.

[1978년 1월 28일]

코네티컷주의 뉴해이븐에 처음으로 교환기가 설치되었고 사용자들의 전화는 중앙의 교환수에 의해 손으로 연결되었다. 그 후 3년간 수많은 교환회사가 우후죽순처럼 생겨났다 사라졌다.

[1879년]

후일 American Bell Telephone Company가 될 National Bell Telephone Company만이 유일한 전화회사로 남게 되었다.

[1885년]

American Telephone and Telegraph Company(AT&T)가 설립되었다. AT&T는 처음, Bell사의 장거리 통화 담당 자회사였으며 급속도로 성장하였다.

[1900년]

모회사인 Bell 사를 흡수하여 세계 최대의 전화회사로 성장하였다.

이 시대의 모든 전화기는 사람의 목소리를 그대로 전기신호로 변화시킨 아날로그 신호를 사용하였고 교환기 역시 전화기 다이얼 회전신호에 따른 기계식 교환기였다. 대량의 신호가 전송되는 교환국과 교환국 간에는 FDM(Frequency Division Multiplexing, 지금의 FM방송과 같은 원리) 방식의 전송방식이 사용되었다.

'소리'가 아닌 '정보'의 전송은 전화보다 먼저 1846년, 모스에 의한 전보가 그 시초이다. 이 전보기는 장거리 간에 신호의 시작과 멈춤만을 전송할 수 있는 매우 간단한 구조이다. 이것은 수천 년 전부터 인류가 사용해온 빛에 의한 정보의 전달과 같은 원리를 지닌다. 밤에 봉화대에 불을 피워 정보를 알린 것이다.

최초의 전보메시지는 발티모어에서 워싱턴 까지 전달되었으며 그 내용은 "What hath God wrought!"(놀라운 하나님의 작품!)이었다. 이 노력에 대한 대가로 모스는 국회로부터 약 3만 달러의 상금을 받았다.

최초의 통신회사는 1856년에 세워진 Western Union 이었다. 최초의 통신 프로토콜은 모스 부호(dot와 dash로 이뤄진)였다. 서비스의 내용은 '전보'였고 접속방법은 전보기(tap set)나 전보조작자(operator)였다. 여기서 서비스, 프로토콜, 접속이 세 가지 개념은 현대 네트워크에서도 동일하게 적용된다. 이 통신망의 최초 사용자는 군인들이었다. 남북전쟁의 북군이 이 전보를 십분 활용하였다. 현대 통신망의 기초도 2차 세계대전 중 군의 요구에 의해 만들어진 것이다. 대전 후에 군은 모든 지휘 통제 체계의 중앙 통제를 원했고 DOD(Department of Defense)통신망 구조을 구축하였으며 이 통신망의 구조는 오늘날 사용되고 있는 많은 통신망의 근간을 이룬다.

DOD의 큰 업적은 ARPANET(Advanced Research Project Agency NETwork)의 설립이다. ARPANET은 1971년에 세워진 최초의 패킷 네트워크이다. 1983년 ARPANET에서 군사부분은 MILNET으로 분리되고 나머지 망은 DARPA Internet으로 남아 오늘날의 Internet이 되었다.

호스트 컴퓨터와 터미널로 이뤄지는 최초의 컴퓨터 네트워크는 IBM의 SNA (System Network Architecture)망이다. 1960년대 그 개념이 발표되고 1974년, 최초의 SNA제품이 출시되었다.

[그림 2-12] IBM-5150 퍼너설 컴퓨터

이 망은 계층구조를 가지는 main frame과 지능형 호스트 밑으로 수많은 더미 터미널을 붙이는 방식을 취하였다. 이 구조에서 모든 '지능'은 호스트와 main frame에 집중되며 어플리케이션도 그 위에서 작동한다. 값싼 터미널은 단지 입출력 기능만을 가질 뿐이다. 다음 세대 컴퓨터 네트워크의 주자는 1974년 Xerox에 의해 개발된 Ethernet이다. Ethernet은 네트워크 구조를 Host-Terminal구조에서 오늘날과 같은 Client-Server 구조로의 전환하는데 큰 역할을 담당한다. 오늘날 네트워크는 WWW의 발달로 LAN, WAN의 개념이 무색하게 전 세계의 모든 컴퓨터가 하나로 묶여지고 있다.

5-2. 네트워크 설정

네트워크 환경 설정은 [시작] ➡ [설정] ➡ [제어판] ➡ [네트워크 환경]을 더블 클릭하거나 바탕화면의 네트워크 환경 아이콘에서 오른쪽 버튼을 클릭하여 등록 정보를 선택하여도 된다.

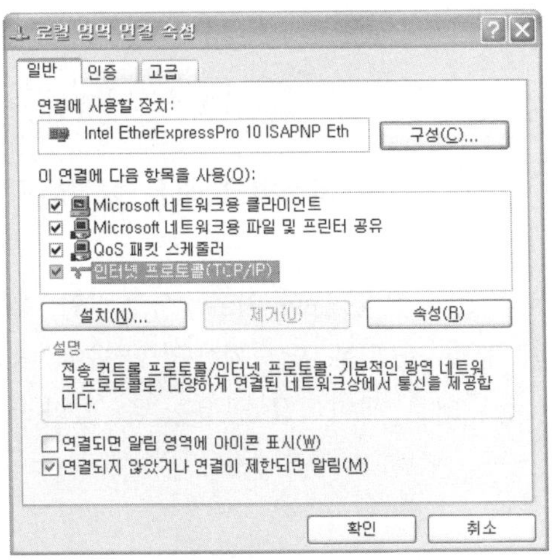

[그림 2-13] 네트워크 설정화면(XP)

5-3. 네트워크의 공유

LAN으로 연결된 컴퓨터끼리 파일 및 프린터를 공유하면 컴퓨터에서의 작업이 보다 편리해진다. 공유는 자신의 컴퓨터에 있는 데이터를 다른 많은 컴퓨터에서 같이 사용하기 위한 개념이다. 우선 윈도우 탐색기에서 공유하고자 하는 폴더를 선택하고 마우스 오른쪽 버튼을 눌러 "공유"를 선택한다.

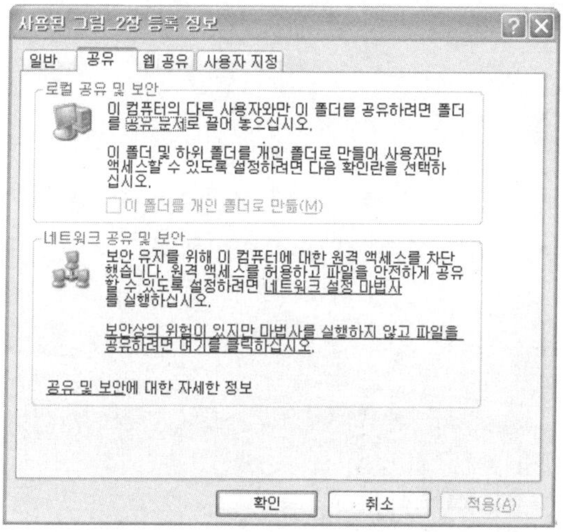

[그림 2-14] 네트워크 공유 설정화면

[그림 2-14]와 같은 화면이 뜨면 공유이름, 사용권한, 암호 등 해당 사항들을 지정한 후 확인을 클릭 한다. 윈도우 탐색기에서 공유된 폴더들은 연결된 컴퓨터와 작업 그룹 및 개별 컴퓨터로 데이터를 공유할 수 있다.

연 습 문 제

1. OS(운영체제)에 대한 역사에 대해 필요성을 위주로 설명하라.

2. 이 책에 소개된 OS외 다른 운영체제에 대해 조사해보라.

3. 파일 시스템 개념에 대해 설명하라.

4. 파일의 확장자 형태 중 영상 데이터에 대한 확장자 형태에 대해 조사하라.

5. 유선으로 네트워크에 접속하는 방법과 무선으로 네트워크에 접속하는 방법의 차이를 설명하라.

6. 데이터를 공유하기 위한 방법에 대해 실습하라.

부록 1. 확장자 형태

$$$ 임시 파일
aac MPEG-2, 어디밴스드 오디오 코딩 파일
ac3 AC3, 오디오 파일
ace ACE Archiver 압축 파일
acf 마이크로소프트 에이전트, HTTP 문자 파일
acl 코렐 드로우 6, 키보드 가속기 파일
acm 윈도우 시스템 디렉토리 파일
acm Fallout 1,2, Baulder's Gate, 인터플레이 압축 사운드 파일
acm Dynamic Link Library (DLL)
acs 마이크로소프트 에이전트, 문자 구조의 저장 파일
ads GNAT, Ada source text specification
ahq AudioHQ 플러그인 모듈
ai 어도비 일러스트레이터 파일
ai 코렐 트레이스 드로잉
aif aiff Audio Interchange File, 실리콘그래픽스와 매킨토시의 응용 프로그램에서 사용되는 사운드파일 형식
ais ACDSee, 이미지 순서 파일
albm HP Photosmart, 사진 출력용 앨범 파일
alz 이스트소프트 - 알집, 압축 파일
app Centura Team Developer, Normal mode 애플리케이션 파일
app 심포니, 애드인 애플리케이션
app 마이크로소프트 비주얼 폭스프로, 생성된 애플리케이션 또는 활성화된 문서
app dBase, 애플리케이션 생성기 객체
app DR-DOS, 실행 애플리케이션
app 폭스프로, 생성된 애플리케이션
apr ArcView 프로젝트 파일
apr Employee Appraiser 퍼포먼스 리뷰 파일
apr 로터스 어프로치 97 뷰 파일

arc LH ARC (old version) 압축 아카이브
arc SQUASH 압축 아카이브
arj Robert Jung ARJ 압축 아카이브
art AOL, Johnson-Grace 압축 파일
asd 마이크로소프트, Word 자동 백업 파일
asf 마이크로소프트 Advanced Streaming Format 파일
asm 어셈블러 파일, 컴파일되지 않은 어셈블리어 파일
asp Active Server Page 파일로 마이크로소프 ASP 스크립트를 포함하고 있는 HTML 파일
asv 자동저장 파일 (Auto Save File)
asx Cheyenne 백업 스크립트
asx 마이크로소프트 Advanced Streaming Redirector 파일
asx 비디오 파일
att AT&T 그룹 4 비트맵
au Sun/NeXT/DEC/UNIX 등에서 쓰이는 사운드 파일
avi 윈도우즈 무비를 위한 마이크로소프트 오디오 및 비디오 파일
awd FaxView, 문서 이미지
bak 백업파일
bas 비주얼 베이직 모듈 파일
bat MS-DOS 일괄처리 파일
bgdb 영산정보통신 배움닷컴용 GVA, 인증기능을 가진 강의 파일 (배움닷컴에서만 서비스받을 수 있음)
bin 바이너리 파일
bkf 마이크로소프트 백업 파일
bmf Corel, 갤러리 파일
bmp 윈도우 또는 OS/2의 비트맵 그래픽 파일
bnk Electronic Arts 사운드 효과 뱅크 파일
bnk 애드립의 악기 뱅크 파일
btr Btrieve 5.1, 데이터베이스 파일
c C 언어 소스 코드
cab 마이크로소프트 캐비넷 파일 (소프트웨어 배포를 위해 압축된 프로그램 파일들)

cad 소프트데스크 드라픽스 캐드 파일
cal 윈도우 캘린더 파일
cam 카시오(Casio) 카메라 파일
cap 이야기97용 갈무리 파일
cat dBase, 카탈로그 파일
cbl RM-COBOL, 원시코드 파일
cc C++ 언어 소스 코드
cca cc:mail 아카이브 파일
cct Macromedia Director, 쇽웨이브 캐스트 파일
cda CD 오디오 트랙
cdb Pocket Access 데이터 베이스
cdf 마이크로소프트 채널 정의 형식 파일
cdr 코렐 드로우 파일
cdr 오디오 CD (공 CD) 데이터 파일
cdt 코렐 드로우 템플릿 파일
cdx 코렐 드로우 압축 파일
cer 보안 인증서
cfg 구성 파일
cfm ColdFusion, 템플릿
cfm 비주얼 dBASE, 윈도우 커스토머 폼
cfm 코렐. 폰트마스터 파일
cgi CGI 스크립트 파일
cgm 컴퓨터 그래픽 메타파일
chk 도스에서 CHKDSK를 써서 복원된 파일
chm Compiled HTML 파일
class 자바 클래스 파일
clp 윈도우 클립보드 파일
cls 비주얼베이직 클래스 모듈
cmd Windows NT (OS의 .BAT 파일과 비슷함) 및 OS/2의 명령 파일
cnt Windows 또는 기타 시스템, 도움말 색인 등의 목적으로 사용되는 콘텐츠 파일
cnv Word for Windows, 데이터 변환 지원 파일

cnv WordPerfect for Windows, 임시 파일

cnv WS_FTP Pro, 변환 파일

cob COBOL 소스 코드

com MS-DOS용 실행 파일

cpl 윈도우 제어판 파일

cpp 비주얼 C/C++ 소스 파일

cpx Corel Presentation Exchange, 압축된 도면 파일

crc RZSplit, 분할된 파일에 관한 정보

crw Canon, Raw Format

csd 드림투리얼리티, 통합 문서 포맷 파일 (Compact Shared Document)

css Cascading Style Sheet file (MIME)

csv Comma-separated values file

ctb Autodesk, AutoCAD 색상에 따른 플롯 스타일 표

cue 마이크로소프트 Cue Cards 데이터

cur 윈도우 커서

cxb 코믹구루, 만화 이미지 파일

cxx C++ 소스코드 파일

dat 데이터 파일, 어떤 종류의 MPEG에서는 확장자가 DAT로 되어 있는 경우도 있음

dbf dBase 파일

dbf Oracle 8.1.x 테이블공간 파일

dbi Borland, 데이터베이스 탐색 정보

dbk dBase 데이터베이스 백업

dbx Outlook Express 5, 메일 저장 파일

dcr 쇽웨이브 파일

dcu 델파이 컴파일드 유니트

dft BullsEye 스타일 시트

dft Metalix, cncKad2002 Drafting Tool

dgn Microstation95 CAD 도면

dib 장치 독립적인 비트맵 (Device-independent bitmap)

dir 매크로미디어 디렉터 파일

dir ProComm Plus 다이얼링 디렉토리

dll Dynamic Link Library
dlg C++, 다이얼로그 스크립트
dmp 화면이나 메모리의 덤프 파일
doc 마이크로소프트 워드 파일
dot 마이크로소프트 서식 파일
dpr 델파이 프로젝트 파일
drv 드라이버 파일
drw Micrografx 벡터 그래픽 파일
drw 로터스 프리랜스 이미지
drw Pro/E 드로잉
dsc Description 파일
dsc 오라클, 디스카드 파일
dsf Micrografx Designer v7.x
dsf Delusion, 디지털 사운드 파일
dsn ODBC 데이터 소스
dsp 마이크로소프트 디벨롭퍼 스튜디오, 프로젝트 파일
dsp 시그너춰, 디스플레이 매개변수들
dsp 닥터 할로, 그래픽 디스플레이 드라이버
dst C++/Delphi 데스크탑 설정치
dst 타지마 (Tajima) 컴퓨터자수기 파일
dsw Borland C++ 4.5, 데스크탑 설정치
dsw 마이크로소프트 디벨롭퍼 스튜디오, 작업공간 파일
dtd SGML의 문서형식정의(DFD) 파일
dun 마이크로소프트 윈도우 95/98, 다이얼업 네트워킹 파일
dwf Autodesk, 벡터 그래픽
dwf 마이크로소프트 WHIP autoCAD reader, 도면 웹 파일
dwg 오토캐드 파일
dwt 드림위버 템플릿 파일
dxf 도면 교환 (Drawing Interchange (eXchange)) 형식, 바이너리 DWG 형식의 텍스트 표현
dxr 디렉터 무비 파일 (편집불가)
ear 자바 엔터프라이즈 애플리케이션 패키징 유니트

ebs　WindowsXP 스캐너 파일
ebs　Rational, Rose 98 스크립트 소스
efx　Everex EFax, 팩스 문서
efx　Efax Reader, 팩스 문서
emf　Enhanced Windows Metafile
eml　마이크로소프트 아웃룩 익스프레스, 메일 메시지 파일 (MIME RFC 822)
enc　Lotus 1-2-3 - uuencode, Encoded file - UUENCODEd 파일
enc　Encore, 음악 파일
env　WOPR, Enveloper Macro
env　Microsoft WordPerfect for Windows, 환경 파일
eps　캡슐화된 포스트스크립트 이미지
er1　ERWin 파일
erx　ERWin 파일
esp　포스트스크립트 프린터를 위해 설계된 정보를 담고 있는 파일들
etf　Enriched Text File
evt　이벤트 로그 (마이크로소프트 윈도우NT, 2000)
exe　실행 파일
exp　저장된 대화 (ICQ에서)
ext　WS_FTP PRO, ASCII 이진전송 파일
f　FORTRAN 파일
f　FREEZE 압축파일 아카이브
fcd　가상 CD-ROM 파일
fcd　FastCAD/EasyCAD 출력 파일
ffa　마이크로소프트 find fast 파일
fla　플래시 무비 파일
fli　오토데스크의 FLIC 애니메이션
flm　오토캐드, 필름 롤
flx　DataFlex, 컴파일된 바이너리 파일
fmg　FreeMarkets 그래픽 브라우저
fnt　이야기97용 글꼴 파일
fon　시스템 글꼴 파일
for　FORTRAN 소스코드

frm 폼(form) 파일
fxr WinFax 수신문서 (TIFF 형식)
g APPLAUSE, 데이터 차트
g723 가공하지 않은 CCITT G.723 3 또는 5 비트 ADPCM 형식의 데이터
gal 이야기, 갈무리 파일
gdb 영산정보통신 GVA 및 GVA2000, 압축된 강의 파일
gdb InterBase 데이터베이스 파일
gid 윈도우95 글로벌 인덱스
gif 컴퓨서브 그래픽 파일
gsp Gnuzip, Zip 파일
gul 훈민정음 파일
gz 유닉스 gzip 압축 파일
h C 프로그램 헤더 파일
h30 한글 워디안, 한글97 문서를 한글 워디안으로 불러왔을 때 생기는 백업 파일
hdr 한그림97, 그림 파일
hdr Pc-File+, 데이터베이스 헤더 파일
hdr Egret, 데이터 파일
hdr ProComm Plus, 메시지 헤더 텍스트
hdr 1st Reader, 메시지 헤더 텍스트
hem AnyEQ 수식 매크로 파일
hft 아래아한글 글꼴 파일
hgl HP Graphics Language, 도면 파일
hhp ProComm Plus, 원격 사용자들을 위한 도움말 정보
hlp 도움말 파일
hma 한컴 글맵시 파일
hml HWPML(Hangul Word Processor Markup Language) 파일
hnt 힌트 파일. 게임 등에서 자주 사용된다.
hp THOR 데이터베이스, 제1 해시 파일
hp HP/GL, HP 프린터 또는 플로터 출력용 프린트 파일
hpt 한컴 슬라이드 파일
hsm 한컴 이지샘 파일

hst (일반적으로) 히스토리 파일
hta 97 글맵시 파일
hta 시스템 레지스트리를 갱신하게 위해 바이러스에 의해 사용되는 HTML 파일
htm 하이퍼텍스트 문서
html 하이퍼텍스트 문서
htx 확장 HTML, 템플릿 파일
hwd Hollywood, 프레젠테이션
hwp 아래아한글 파일
hwt 아래아한글 서식 파일
icm Image Color Matching 프로필
icn 아이콘 소스코드
ico 아이콘 파일
idx Outlook Express 4, 메일 저장 파일
iff Interchange file, (Amiga ILBM)
iff Image (Sun TAAC/SDSC Image Tool)
igs CAD 오버레이 파일
img GEM, 이미지 파일
img Ventura Publisher, 비트맵 그래픽 파일
inc Include 파일 (어셈블러 언어 또는 Active Server)
indd Adobe, Indesign
inf 설치정보 파일
ini 초기화 파일, 환경설정 파일
ipx Interactive Pictures Corporation, AV 파일
iso ISO 9660 CD-ROM 파일시스템 표준에 기반을 둔, CD-ROM 상의 파일 목록
isu InstallShield, 언인스톨 스크립트
j6i Ricoh 디지털 카메라 파일
jar 자바 아카이브 (애플릿이나 관련 파일들을 위한 압축 파일)
java 자바 소스코드
jnb Sigma Plot 5, Workbook 파일
jpe JPEG 이미지

jpeg JPEG 비트맵 그래픽 파일
jpg JPEG 비트맵 그래픽 파일
js 자바스크립트 소스 파일
lan NetWare, Loadable module (LAN DLL)
lbm 비트맵 (DeluxePaint)
lbm Linear Bitmap graphics (XLib)
lcd CDSpace, CD 이미지 파일
ldif 주소록 교환 형식
lgc 윈도우 애플리케이션 로그 파일
lha LZH 파일의 또다른 확장자명
lib 라이브러리
lnk 윈도우 바로가기 파일
lod 로드 파일
log 로그 파일
lzh LH ARC 압축 파일
lwd LotusWorks, 텍스트 문서 파일
m3u MPEG URL (MIME 오디오 파일) (MP3 재생 목록)
mac 이미지 (MacPaint)
mak 비주얼 베이직 또는 비주얼 C++ 프로젝트 파일
max Kinetix 3D Studio Max, 3D 장면
max Paperport, 문서 파일
max OrCad, 레이아웃 파일
max MAX, 소스코드
mbx Outlook Express 4, 메일 저장 파일
mcc MathCad, 구성 파일
mcd MathCad, 문서 파일
mcf MathCad, 글꼴 파일
mcp Metrowerks CodeWarrior 프로젝트 파일
mcp Capsule 애플리케이션 스크립트
mcp Mathcad 프린터 드라이버
mcr DataCad, 키보드 매크로 파일
mdb 마이크로소프트 액세스 데이터베이스

mdf 마이크로소프트, MS-SQL Master 데이터베이스 파일
mdi 마이크로소프트, 오피스 문서 이미지 파일
mdl CA-Compete!, 스프레드시트
mdl Digital Trakker, 음악 모듈
mdl 3D Design Plus, 모델
mdl Quake, 모델 파일
mdl Rational Rose, 모델 파일 요소
mht 마이크로소프트, MHTML 문서
mhtm MHTML 문서 (MIME)
mhtml MHTML 문서 (MIME)
mi Cocreate ME10 데이터 파일
mi 잡다한(Miscellaneous) 파일들의 일반적인 총칭
mid 미디 음악 파일
mix Power C, 오브젝트 파일
mix 마이크로소프트 PhotoDraw 2000, 그림 파일
mix 마이크로소프트 Picture-It!, 그림 파일
mix Command & Conquer, 패키지 파일
mix Westwood Studios, 리소스 아카이브
mmp MindMapor, MindManager 파일
mmp Bravado, MMP 출력 비디오
model CATIA, 도면 파일
mov QuickTime for Windows 무비 파일
mp2 MPEG Audio Layer 2 파일 (MIME 비디오 파일)
mp3 MPEG Audio Layer 3 로 압축된 음악 파일
mp4 MPEG-4 비디오 파일
mpeg MPEG 동영상 파일
mpf MP3 Folders, 폴더 파일
mpg MPEG 동영상 파일
mpp 마이크로소프트 프로젝트, 프로젝트 파일
mpp CAD 도면 파일
mpt 마이크로소프트 프로젝트, 템플릿 파일
mrc 서지 데이터 (Machine-Readable Cataloging records)

mrk Informative Graphics, 마크업 파일
msc 마이크로소프트 윈도우 2000, Common Console Document
msg 마이크로소프트, 전자우편 메시지
msi 마이크로소프트 윈도우 인스톨러 패키지
mus Oak Road Systems, WHISTLE 데이터 파일
nas NASTRAN 파일
nfo Folio, Infobase 파일
nil Norton, 아이콘 라이브러리 파일
nls Uniscape, 현지화를 위해 사용된 국어 지원 파일
nod Netobject Fusion, 파일
nrg Nero, ISO 9660 이미지 (CD-ROM 데이터용 순수 ISO 9660 이미지와 동일)
nxl 한컴 넥셀 파일
obd 마이크로소프트 오피스, 바인더
obz 마이크로소프트 오피스, 바인더 마법사
ocx 마이크로소프트 OLE custom control
oft 마이크로소프트 아웃룩, 서식 파일
ogg Vorbis, Vorbis 오디오 파일
olb 마이크로소프트 OLE, 오브젝트 라이브러리
old 백업 파일 들의 일반적인 총칭
or3 로터스 오거나이저 97 파일
ost 마이크로소프트 아웃룩, 오프라인 파일
ovl 오버레이 파일
ovr 오버레이 파일
p7m S/MIME, 암호화와 서명, 불명료한 서명이나 일반적인 서명된 문서
pab 마이크로소프트, 개인 주소록
pam Tonline, Ob4hbci 스마트 업데이트 파일
pak PAK, 압축 아카이브 파일
pas 볼랜드 파스칼, 소스코드 파일
pbk 파일마이크로소프트 폰북
pbr 파워빌더 자원 파일
pcd 코닥 Photo-CD 이미지
pcl HP 프린터 제어 언어 파일

pco	Pro*COBOL, 원시파일
pct	매킨토시 PICT drawing
pcx	ZSoft PC 페인트브로쉬 비트맵 파일
pdf	어도비 애크로뱃 문서 형식 (Portable Document Format)
pdx	ProCite, 데이터베이스 색인 파일
pg	2D Graphic
pgd	PGPdisk, 볼륨 파일
pgp	Pretty Good Privacy, 암호화된 파일
php	PHP 스크립트가 들어있는 HTML 페이지
php3	PHP 스크립트가 들어있는 HTML 페이지
phtml	PHP 스크립트가 들어있는 HTML 페이지
pic	PC Paint 비트맵
pic	Lotus picture
pic	매킨토시 PICT drawing
pict	매킨토시 PICT 이미지 파일
pif	프로그램 정보 파일(Program Information File)
pjt	마이크로소프트 비주얼 폭스프로(Visual FoxPro), 프로젝트 테이블 메모 파일
pkg	P-CAD, 데이터베이스
pl	Perl 프로그램
pls	윈앰프, MPEG 재생목록 파일
plt	HPGL Plotter, 도면 파일
plt	AutoCAD, 플롯 도면
plt	(일반적으로) 팔레트 파일
pm4	페이지메이커 4.0 문서 파일
pmp	Sony 디지털 카메라 파일
png	Portable Network Graphics 비트맵 그래픽 파일
pot	마이크로소프트 파워포인트 서식 파일
ppd	Adobe Acrobat v.4.0, 포스트스크립트 프린터 정의 파일 규격
pps	마이크로소프트 파워포인트 슬라이드 쇼
pps	Personal Producer 스토리 보드
ppt	마이크로소프트 파워포인트 파일

ppv Windows CE, 포켓 파워포인트 파일
prf 마이크로소프트 윈도우, 시스템 파일
prf 매크로미디어 디렉터, 설정 파일
prf Improces-Fastgraph, Pixel Run 형식 그래픽
prf dBase IV, 프린터 드라이버
prf Profiler, 출력 파일
prl Perl 스크립트
prn 프린트 테이블 (빈칸으로 구분된 텍스트)
prn 데이터 캐드, 윈도우 프린터 파일
prn 시그너처, 프린터 드라이버
prn 로터스123 심포니, 텍스트 파일
prt CADKEY, 부품 파일
prz 로터스 프리랜스97, 그래픽 파일
ps 포스트스크립트 형식의 출력용 파일
psd 어도비 포토샵 비트맵 파일
psp 페인트샵 프로 이미지 파일
pst 마이크로소프트 아웃룩, 개인 폴더 파일
pub Ventura Publisher, Publication 파일
pub Microsoft Publisher, 문서 파일
pub PGP, 공개키 링 파일
pwi Windows CE, 포켓 워드 파일
pwl 윈도우95/98 패스워드 목록 파일
pxl Windows CE, 포켓 엑셀 파일
pxr Pixar, Pixar 이미지 형식
pxt 마이크로소프트, 포켓 엑셀 템플릿
qic 마이크로소프트, 백업 파일 (Quarter Inch Cassette)
qrp Centura, 보고서 작성자 파일
qtx QuickTime, 이미지 파일
ra 리얼오디오 소리 파일
ram 리얼오디오 메타 파일
rar RAR 압축 파일
raw Raw File Format (비트맵)

rbf	Rbase, 데이터 파일
rbk	한컴 슬라이드 서식
rc	마이크로소프트 C/C++, 리소스 스크립트
rc	Borland C++, 리소스 스크립트
rc	emacs, 구성 파일
rcp	Recomposer's MIDI 시퀀서 음악 파일
rdo	Xerox, Document Assembler Metafile
reg	윈도우 레지스트리 파일
res	마이크로소프트 Visual C++, 리소스 파일
rle	Run-Length Encoded bitmap
rm	리얼오디오 비디오 파일
rmi	MIDI 음악 파일
rol	FM 음악 Adlib 음악파일 (Roland)
rom	카트리지 기반의 홈 비디오 게임 에뮬레이터 파일
rpm	레드햇 리눅스의 패키지 매니저 파일
rpt	크리스탈 리포트 파일 (및 마이크로소프트 비주얼베이직의 서브셋)
rtf	Rich Text Format 문서
s	유닉스, 어셈블러 원시 코드 파일
s3m	Scream Tracker v 3.0, 16 채널 음악 파일
sat	ACIS, Solid 모델
sav	저장된 게임 파일 (일반 명칭)
sbd	Storyboard Editor, 스토리보드 데이터 파일
sbd	Superbase, 데이터 정의 파일
sbl	Shockwave 플래시 오브젝트
scc	마이크로소프트, 소스 세이프 파일
scr	화면보호기 파일
sd2	SAS 데이터베이스 (윈도우95/NT OS/2, 매킨토시)
sea	자체적으로 압축이 풀리는 아카이브 파일 (매킨토시 파일들을 위해 Stuffit에서 사용됨)
sfx	RAR 자체-풀림 아카이브
sgml	Standard Generalized Markup Language 파일
shtml	Server Side Includes (SSI)가 포함되어 있는 HTML 파일

sh3	하바드 그래픽스 프레젠테이션 파일
sib	Sibelius, 음악 파일
sit	Stuffit, 압축된 매킨토시 아카이브 파일
smi	로터스 CC:Mail, 스마트 아이콘
snd	NeXT, 사운드 파일
snd	매킨토시, 사운드 리소스 파일
sng	롤랜드, 음악 데이터 파일
snm	넷스케이프, 메일 폴더 인덱스
snp	Computer Eyes, 출력 비디오 파일
spi	Siemens Scanner, 그래픽 파일
spi	Phillips Scanner, 그래픽 파일
spl	Macromedia, 플래쉬용 무비 파일
step	ISO-10303 STEP 제품 데이터
stp	어도비, Acrobat Exchange 플러그인
stp	ISO-10303 STEP 제품 데이터
stp	DART Pro, DART Pro 98 시스템 설정치
sty	아래아한글 스타일 파일
sub	Divx 서브타이틀
sur	AutoData Systems, Survey Plus 2000 Survey File
svg	W3C, 스케일러블 벡터 그래픽스 파일 (인터넷 멀티미디어 파일 교환용)
swa	Macromedia Director, 쇽웨이브 오디오 파일
swf	쇽웨이브 플래시 객체
swp	DOS, 스왑파일
syd	QEMM, 기동 파일 백업
sys	시스템 파일
tar	테이프 아카이브
tbl	Pagemaker TableEditor, 그래픽 형식
tbl	OS/2, 표 형식의 값들
tel	이야기97용 전화걸기 정보 파일
tga	Targa 비트맵
tgz	유닉스 Gzip/테이프 아카이브
thm	비디오 썸네일 파일

tif	Tag Image File Format 비트맵 파일
tiff	Tag Image File Format 비트맵 파일
tlb	마이크로소프트 OLE type 라이브러리 파일
tlb	버블 에디터 참고 테이블
tlb	VAX 텍스트 라이브러리
tlb	비주얼 C++ Type 라이브러리
tmp	윈도우 임시 파일
trm	윈도우 터미널 파일
trx	I-Cite, 익스포트 파일
tsd	trueSpace 4, 데모 파일
tsk	Pocket PC, 스킨 파일 (테마)
tsm	OS/2용 Turbo Assembler, 설명서 파일
ttc	트루타입 컬렉션 파일
ttf	트루타입 글꼴
txt	아스키 텍스트
tzz	탑정보통신 밤톨이 압축파일 (분할 압축시 두번째 파일부터는 002, 003 ... 등 숫자가 사용됨)
ukx	Epic Games, Inc., Unreal Tournament 2003 Animation
urh	훈넷 슬라이더, 이미지 주소 파일
url	인터넷 바로가기 파일
uu	UU-encode된 파일
uue	UU-encode된 파일
vbg	비주얼베이직, 그룹 프로젝트
vbp	비주얼베이직, 프로젝트
vbr	비주얼베이직, Remote automated registration 파일
vbs	비주얼베이직, 스크립트 파일
vbw	비주얼베이직, Workspace 파일
vbx	비주얼베이직, custom control 파일
vcd	Virtual CD-ROM
vcf	넷스케이프, 가상 카드 파일
vct	마이크로소프트 폭스프로(FoxPro) 클래스 라이브러리
vcx	마이크로소프트 폭스프로(FoxPro) 클래스 라이브러리

vob Digital Video Disk, 현재 DVD에서 사용되는 암호화된 비디오 및 오디오 파일들

voc 크리에이티브 랩스 사운드 블라스터 오디오 파일

voc Quartet 오디오 파일

vqe 야마하 사운드 VQ Locator 파일

vqf 야마하 사운드 VQ 파일 (새로운 표준이 될 가능성이 있는 후보)

vql 야마하 사운드 VQ Locator 파일

vrml VRML 파일

vsd 비지오 드로잉 파일

vss 비지오 스텐실 파일

vue dBase IV 뷰 파일

vue 마이크로소프트 폭스프로 뷰 파일

vxd 마이크로소프트 가상 장치 드라이버

w44 dBase 임시 파일

wab Outlook 주소록

wav 윈도우 웨이브 파일

wcm WordPerfect 매크로

wej 나모 웹에디터, 프로젝트 파일

wfx 윈도우 팩스 파일

wi 코렐, Wavelet 압축 비트맵 파일

wks Microsoft Works, 문서

wma 마이크로소프트 Windows Media 오디오 파일 (ASF 형식으로 변경 가능)

wmf 윈도우 메타 파일

wmv 마이크로소프트, 윈도우 미디어 파일

wp4 WordPerfect 4 문서

wp5 WordPerfect 5 문서

wp6 WordPerfect 6 문서

wpd WordPerfect 문서

wpg WordPerfect 그래픽

wps Microsoft Works, 텍스트 문서

wpt WordPerfect 템플릿

wrl 가상현실 모델

wq1 쿼트로프로/DOS용 스프레드시트
wq2 쿼트로프로/버전5 스프레드시트
wsd WordStar, 문서파일
wsf Windows 스크립트 파일
wsp Fortran PowerStation, WorkSpace file
wsz WinAmp, 스킨파일
xcf GIMP, 이미지 파일
xdw 제록스 DocuWorks 문서
xlc 마이크로소프트 엑셀 차트
xlm 마이크로소프트 매크로 파일
xls 마이크로소프트 엑셀 파일
xlt 마이크로소프트 엑셀 서식 파일
xml eXtensible Markup Language 파일
xy XYWrite, 텍스트 파일
y Amiga, Yabba 압축 아카이브
yal Arts & Letters 클립아트 라이브러리
zip Zip 압축 파일
zoo Zoo, 초창기의 압축 파일 형식
123 로터스 1-2-3 파일
2bp Pocket PC 비트맵

제3장

한글 2002 실습

1. 한글 워드프로세스의 개요
2. 문서 작성요령
3. 표 만들기와 편집
4. 그리기와 편집
5. 다양한 편집 기능

1. 한글 워드프로세스의 개요

워드 프로세서(word processor)는 문서를 작성, 편집, 인쇄할 수 있는 소프트웨어이다. 워드 프로세서의 기본 기능으로는 ① 입력 기능, ② 편집 기능, ③ 기억 기능, ④ 인쇄 기능, ⑤ 검색 기능 등이 있고 그 외에도 그래픽 처리 가능, 프레젠테이션 기능, HTML 문서 작성, 전자 우편 기능 등으로 그 기능이 확장된다.

윈도우용 워드 프로세서의 종류에는 흔글, 워드, 일사천리, 훈민정음 등 다양한 워드프로세서가 있지만 국내에서는 80% 이상이 한글을 사용하고 있다. 흔글은 1990년 '아래아 한글(흔글)'로 소프트웨어 시장에 첫발을 내딛은 '한글과 컴퓨터'란 회사에서 만든 소프트웨어이다. 소개한 바와 같이 국내에는 많은 종류의 워드프로세서 프로그램들이 있는데, 대표적인 것들이 한컴의 흔글, 마이크로소프트의 MS-Word, 삼성의 훈민정음이다. 컴퓨터와 OS의 발달로 아래아 한글도 계속 개발되고 있으며 현재 흔글 2005까지 출시되어 있다. 가장 최근 버전인 흔글 2005 버전에서는, 256단계까지 가능한 단계별 되돌리기, 표 안에 또 표를 만들 수 있는 강력하고 쉬운 표 작업 지원, 다양한 사전 제공, 로마자 및 외래어 변환 기능, 세로쓰기, 금칙처리가 자동으로 지원되는 원고지 기능, 줄 끝에 긴 영어 단어가 올 경우 자동으로 하이픈을 넣어주는 자동하이픈기능, 한글과 영어 단어의 비슷한 말과 반대말을 찾아볼 수 있는 유의어사전, 동 이름으로 우편번호와 주소검색이 가능한 주소 찾기 기능, 음성으로 한글의 메뉴를 실행할 수 있는 음성명령기능, 자주 쓰이는 수식을 기록하여 활용할 수 있는 수식 매크로 기능 등이 지원된다.

대학에 들어온 '두리번' 또한 대학 생활에서 개인용 컴퓨터로 하는 작업 중 가장 많이 하게 될 작업이 문서작성 작업일 것이다. 특히 요즘은 사무실, 가정, 학교 등 여러 분야에서 컴퓨터를 이용하여 문서를 작성하는 것이 생활화되어 있다. 이렇게 개인용 컴퓨터를 이용하여 문서를 쉽고 빠르게, 그리고 이동성을 잘 활용하여 작성할 수 있는 프로그램을 워드프로세서(Word Processor)라고 한다.

훈글 프로그램으로 할 수 있는 일에는 달력이나 잡지 같은 문서를 만들 때 필요한 표 만들기 기능, 복잡한 문서를 만들 때 필요한 개요번호, 머리말과 꼬리말, 쪽 번호 매기기, 주석, 맞춤법 검사, 스타일 기능, 예쁜 모양의 문서를 꾸밀 때 필요한 글상자, 글맵시, 그리기마당, 수식, 다단편집, 그 외 특수기능으로 사용자의 작업을 편리하게 해주는 상용구, 매크로, 사전, 정렬, 프리젠테이션, 책갈피, 하이퍼텍스트 등이 있으며 그림그리기, 개체삽입, 메일머지 등의 기능도 있다.

국내 최고의 OA자격증인 ITQ자격시험은 정보기술 및 업무 환경 변화에 따른 산업 및 기업의 인재상에 부합하는 능력 있는 개인을 양성하기 위한 목적으로 시행되고 있으며, 여기에서도 시험과목에 훈글이 사용된다.

자격종목	시험과목	선택S/W(프로그램)
정보기술자격 (ITQ)시험	훈글	훈글 97, 2002
	MS워드	MS Office 2000
	한글엑세스	
	한글파워포인트	
	인터넷	MS 인터넷 익스플로러 5.0이상

[그림 3-1] ITQ 시험과목 및 선택 S/W

인류 역사의 발전이 가능했던 것은 바로 '기록'이다. 과거 인류의 조상들은 기록을 위한 수단으로 돌덩어리에 표시를 함으로써 역사를 기록하였다. 그 후 나무판 등에 기록을 하여 역사를 보존하였고, 이후 종이를 개발하여 역사나 중요한 자료를 보관하였다. 후대를 위한 보관 방법을 궁리하던 인류는 드디어 디지털이라는 기록 형태를 만들어내게 된다. 지금 현재 쓰고 있는 디지털 기기들에 의한 기록은 모두 실리콘(Si)라는 돌덩어리에 기록되어지는 것이나 다름없다. 이처럼 기술은 진보하지만 일정주기의 사이클을 가지게 된다. 다양한 워드 프로세서가 있는 만큼 각 기능들에 대해 사용법 숙지를 하고 다양한 워드 프로세서를 접해 보는 것도 필요하리라 본다.

2. 문서 작성 요령

문서는 보존을 위한 기록물이라 할 수 있다. 기록은 기억을 앞선다는 말이 있다. 메모하는 습관을 잘 활용하는 사람이 훌륭한 사람이 된다는 말도 많이 들어보았을 것이다. 문서의 종류는 다양하다. 그 중 몇 가지만 살펴보자.

(1) 공증문서(公證文書)

문서작성의 권한이 있는 공무원(공증인·시장·구청장·읍면장 등)이 그 권한에 의하여 특정한 사실 또는 법률관계 여부를 공적으로 증명하기 위하여 작성한 문서. 공정증서(公正證書)·호적사본 등이 있다.

(2) 부대문서 (control documents)

외국환은행이 환거래계약을 체결할 때 상호 교환하는 문서를 말하며, 서명감·전신암호문과 수수료율 표가 이에 속한다. 서명감(authorized s-ignature list)은 신용장을 통지하거나 송금수표를 지급하는 경우, 신용장이나 송금수표상의 서명이 진실한 것인가를 확인하는 데 사용된다.

(3) 전자문서교환 (EDI, Electronic Data Interchange)

전자문서교환은 EDI의 약어로 우편이나 인편 등을 통해 주고받던 각종 문서를 컴퓨터 통신으로 교환하는 새로운 통신형태를 의미한다. EDI의 효과에는 문서작성상의 오류방지, 업무 처리 기간 단축, 운영인력과 재고량의 감축, 대고객 서비스 향상 등이 있다. EDI가 보급되면 기업간 정보교환으로 기존의 통신수단인 우편이나 전화, 팩시밀리 등을 사용할 때보다 정확성과 신속성을 얻을 수 있다.

(4) 콘텐츠 (Contents)

원래는 문서의 내용이나 목차를 일컫는 말이지만, 요즘은 통신망이나 방송망을 흐르는 정보를 통칭하는 말로 쓰이고 있다. 지상파 방송에 필요한 문자, 음성, 화상 등의 방송정보와 컴퓨터 네트워크 망으로 교환되는 교육용 소프트웨어·게임 소프트웨어, 영화 등 모든 종류의 정보를 부르고 있다. 영화, 음악, 단행본 등 기존에 제작된 미디어 정보를 디지털 정보로 재가공해 인터넷상에서 판매하는 사업자를 콘텐츠 제공자(CP : Contents Provider)라 한다.

2-1. 훈글 단축키 사용법

훈글은 단축키 사용을 통해 문서편집을 편리하게 도와준다. 처음 사용하는 사람들은 메인 메뉴에서 기능을 찾아서 사용하다보면 단축키 사용이 자연스러워진다. 필요에 의해 자연스럽게 배워지게 되므로 크게 염려할 필요나 일부러 외워야 할 필요는 없다. 훈글 2002에서 제공되고 있는 기능키는 F로 시작되고 기능키라 불려진다. 키보드 상에서는 위쪽 부분에서 찾을 수 있다.

한글 단축키	기능키 모양	기 능
F1	F1	도움말
F2	F2	찾기
F3	F3	블록 설정
F4	F4	구역 설정
F5	F5	셀 편집
F6	F6	스타일
F7	F7	편집 용지
F8	F8	맞춤법
F9	F9	한글↔한자/한글로
F10	F10	메뉴
F11	F11	기능없음
F12	F12	한컴 사전

[표 3-1] 기능키 기능

한글 단축키	기능키 모양	기 능
Ctrl + Home	Ctrl + Home	화면 첫줄로
Ctrl + End	Ctrl + End	화면 끝줄로
Ctrl + PgUp	Ctrl + PgUp	문서 맨 처음으로
Ctrl + PgDn	Ctrl + Page Down	문서 맨 끝으로
Ctrl + ←	Ctrl + ←	앞 낱말 처음으로
Ctrl + →	Ctrl + →	다음 낱말 처음으로
Alt + Home	Alt + Home	문단의 처음으로
Alt + End	Alt + End	문단의 끝으로
Alt + PgUp	Alt + PgUp	앞 쪽 처음으로
Alt + PgDn	Alt + Page Down	다음 쪽 처음으로
Home	Home	줄 첫머리로
End	End	줄 끝으로
PageUp	PgUp	앞 화면으로
PageDown	Page Down	다음 화면으로

[표 3-2] 커서 이동 단축키

한글 단축키	기능키 모양	기　　능
Ctrl + G + L	Ctrl + G + L	쪽 윤곽 보기/해제
Ctrl + W + M	Ctrl + W + M	모두 아이콘으로
Ctrl + W + H	Ctrl + W + H	모두 숨기기
Ctrl + G + P	Ctrl + G + P	화면 확대 - 쪽맞춤
Ctrl + G + W	Ctrl + G + W	화면 확대 - 폭맞춤
Ctrl + G + Q	Ctrl + G + Q	화면 확대 - 100%
Ctrl + Tab	Ctrl + Tab	다음 문서 창으로
Ctrl + Shift + Tab	Ctrl + Shift + Tab	이전 문서 창으로
Ctrl + G + C	Ctrl + G + C	조판 부호 보기/해제
Ctrl + G + T	Ctrl + G + T	문단 부호 보기/해제
Ctrl + R	Ctrl + R	문서 재정렬 하기
Alt + 방향키	Alt + ←→↑↓	화면을 사방으로 이동
Alt + Enter	Alt + Enter↵	창을 최대/최소 크기로
Alt + R	Alt + R	화면을 깨끗이
shift + +/-	Shift + +/-	화면 확대/축소

[표 3-3] 화면조정에 관련된 단축키

한글 단축키	기능키 모양	기　　능
Ctrl + Alt + N	Ctrl + Alt + N	문서 마당
Ctrl + F4	Ctrl + F4	문서 닫기
Ctrl + O	Ctrl + O	끼워 넣기
Ctrl + Q + I	Ctrl + Q + I	문서 요약
Ctrl + Q + D	Ctrl + Q + D	문서 분량
Ctrl + Q + X	Ctrl + Q + X	빠른 찾기
Ctrl + P	Ctrl + P	프린터 설정
Ctrl + Alt + C	Ctrl + Alt + C	현재 창에 새 글 만들기
Alt + S	Alt + S	저장하기
Alt + N	Alt + N	새 글
Alt + O	Alt + O	불러오기
Alt + V	Alt + V	새 이름으로 저장
Alt + F3	Alt + F3	최근 문서
Alt + P	Alt + P	인쇄
Alt + X	Alt + X	끝내기
Alt + F4	Alt + F4	문서 닫기

[표 3-4] 문서에 관련된 단축키

한글 단축키	기능키 모양	기 능
Enter	Enter↵	줄 바꾸기
F9	F9	한자↔한글
Insert	Insert	삽입/수정 변환
Delete	Del	뒤쪽 한 글자 지우기
Alt + F9	Alt + F9	한자를 한글로 바꾸기
BackSpace	Back Space	앞쪽 한 글자 지우기
Ctrl + Delete	Ctrl + Del	뒷 낱말 지우기
Ctrl + BackSpace	Ctrl + Back Space	앞 낱말 지우기
Ctrl + E	Ctrl + E	(블록설정 후) 지우기
Ctrl + Y	Ctrl + Y	한 줄 지우기
Ctrl + Z	Ctrl + Z	되살리기
Ctrl + X	Ctrl + X	오려두기
shift + Delete	Shift + Del	오려두기(Ctrl + X 와 동일)
Ctrl + C	Ctrl + C	복사하기
shift + Insert	Shift + Insert	복사하기(Ctrl + C 와 동일)
Ctrl + B	Ctrl + B	골라 붙이기
Ctrl + F	Ctrl + F	한 줄씩 복사해 모으기
Ctrl + D	Ctrl + D	한 줄씩 오려 모으기
Ctrl + Q + F	Ctrl + Q + F	찾기
F2	F2	찾기(Ctrl + Q + F 와 동일)
Ctrl + Q + X	Ctrl + Q + X	빠른 찾기
Ctrl + Q + L	Ctrl + Q + L	거꾸로 찾기
Ctrl + L	Ctrl + L	다시 찾기
Ctrl + S	Ctrl + S	임시기억장소 비우기
Ctrl + Q + A	Ctrl + Q + A	찾아 바꾸기
Ctrl + F2	Ctrl + F2	찾아 바꾸기
Alt + G	Alt + G	찾아가기
Alt + C	Alt + C	모양복사

[표 3-5] 문서 편집에 관련된 단축키

한글 단축키	기능키 모양	기 능
Alt + F1	Alt + F1	자판배열 보기
Alt + F2	Alt + F2	글자판 바꾸기
Alt + I	Alt + I	상용구 만들기
Ctrl + F3	Ctrl + F3	상용구 내용 보기
Alt + Z	Alt + Z	매크로 실행
Alt + 1 ~ 9	Alt + 1 ~ 9	1 ~ 9 매크로 실행
Alt + 0	Alt + 0	0 열 매크로 실행
Alt + -	Alt + -	- 열 매크로 실행
Alt + B	Alt + B	매크로 정의—/기록 끝
Ctrl + Enter	Ctrl + Y	쪽 나누기
Ctrl + K + F	Ctrl + K + F	(날짜/시간) 형식
Ctrl + N + O	Ctrl + N + O	개체 삽입
Ctrl + Q + P	Ctrl + Q + P	직전 위치로
Ctrl + Q + 1 ~ 4	Ctrl + Q + 1 ~ 4	1 ~ 4에 기억된 위치로
Ctrl + K + 1 ~ 4	Ctrl + K + 1 ~ 4	1 ~ 4에 위치 기억
Ctrl + Q + B	Ctrl + Q + B	책갈피 만들기
Ctrl + F9	Ctrl + F9	(한자) 부수로 찾기
Ctrl + F10	Ctrl + F10	문자표(코드문자)
Ctrl + Insert	Ctrl + Insert	(개요번호) 삽입
Ctrl + K + O	Ctrl + K + O	(개요번호) 모양
Ctrl + K + M	Ctrl + K + M	메일머지 표시 달기
Ctrl + K + T	Ctrl + K + T	제목 차례 표시 달기
Ctrl + N + S	Ctrl + N + S	(현재쪽만) 감추기
Ctrl + N + P	Ctrl + N + P	쪽 번호 메기기
Ctrl + N + H	Ctrl + N + H	머리말/꼬리말
Ctrl + N + E	Ctrl + N + E	미주
Ctrl + N + N	Ctrl + N + N	각주

[표 3-6] 입력에 관련된 단축키

3. 표만들기와 편집

3-1. 두리번의 첫 번째 문서작성(시간표)

고등학교에 다니던 '두리번'은 올해 대학생이 되어 대학생활에 잘 적응하고 있다. '두리번'이 대학에 입학하여 느낀 것 중 하나는 어느 누구도 '두리번'에게 수업을 들어가라는 말을 하지 않는다는 것이다. 고등학교에서는 선생님들이 무섭고 어려운 존재라 수업을 빠진다는 것을 생각해보지 못했던 순진한 '두리번'은 대학에 와서 자유로운 수업 분위기에 마냥 신이 났다. 심지어 어떤 선배들은 '1학년 때는 다 땡땡이치는 거야' 하고 조언까지 해 준다.

대학생활의 가장 큰 장점과 동시에 단점이라 할 수 있는 것은 자율성이 보장된다는 것이다. 학문을 연구하는 최고의 교육기관으로서 기존의 주입식 교육에 익숙해져 있는 학생들에게 다소 혼란스러울 것이나 대학의 교육 목표는 무엇을 해라라는 답을 주는 것이 아니라 무엇을 할 것인가 라는 질문을 준다는 것이다. 교육의 방법은 다양하다. 실제 기술을 가르치는 교육이 있을 것이고 방법을 알려주고 숙지시키는 교육이 있을 것이고 질문을 주어 수행할 수 있는 소양을 얻어가는 교육이 있을 것이다. 대학은 기술만을 전수해주는 기관이 아니고 주입시키고 암기시켜 능력을 배양시켜주는 곳도 아니다. 본인 스스로 무엇을 할 수 있고 어떻게 해야 하는가를 알려주는 교육을 시킴으로서 향후 사회인이 되었을 때 직면한 문제를 해결할 수 있는 방법을 알게 해 주는 곳이다. 따라서 대학 생활을 누가 간섭하지 않는다고 소홀히 지낸다면 대학의 교육 목표를 제대로 이해하지 못하고 단기적으로는 본인에게, 장기적으로는 국가와 사회 전체에 낭비를 가져온다.

오늘 '두리번'이 작성하게 되는 시간표는 시간을 효율적으로 관리하고 본인 스스로 잉여 시간을 어떻게 활용할 것인가라는 질문에 답할 수 있는 기회가 될 것이다. 시간은 개개인에게 유한한 자원이며 그 누구에게도 얻어 쓸 수는 없다. 그런 의미에서 우리 모두 '두리번'과 함께 시간표를 만들고 수업 외 짜투리 시간들을 어떻게 활용할 것인지 고민하고 생각해 보자.

본 교재에서는 최신 훈글 2005를 사용하는 대신 ITQ 시험을 준비하는 이들을 위해 훈글 2002로 작업을 하였다. 자격증 자체의 의미 보다는 기본적인 OA프로그램을 공부하는 부분에 있어 ITQ 자격증만한 것이 없다고 생각한다. 그 누구에게나 처음 도전하는 것은 두렵고 어려울 것이다. '두리번' 역시 처음 사용하는 훈글이라 어렵고 두렵다. 쉽게 그리고 처음하는 일이기 때문에 신나게 해 보자. 파이팅!

아래에 있는 '두리번'의 시간표를 살펴보자.

<table>
<tr><th></th><th>시간</th><th>월</th><th>화</th><th>수</th><th>목</th><th>금</th><th>토</th><th>일</th></tr>
<tr><td>1</td><td>09:00~09:50</td><td></td><td rowspan="4">디지털공학
실험
(실험실 501)</td><td></td><td rowspan="2">교양역사
(본부동 201)</td><td></td><td></td><td></td></tr>
<tr><td>2</td><td>10:00~10:50</td><td></td><td></td><td></td><td></td><td></td></tr>
<tr><td>3</td><td>11:00~11:50</td><td rowspan="2">컴퓨터활용
(본부동 100)</td><td></td><td></td><td rowspan="2">영어회화
(본부동 201)</td><td rowspan="4">사물놀이
(학생복지관)</td><td></td></tr>
<tr><td>4</td><td>12:00~12:50</td><td></td><td></td><td></td></tr>
<tr><td>5</td><td>13:00~13:50</td><td></td><td></td><td rowspan="2">대학영어
(미디어관
301)</td><td></td><td></td><td></td></tr>
<tr><td>6</td><td>14:00~14:50</td><td></td><td></td><td></td><td></td><td></td></tr>
<tr><td>7</td><td>15:00~15:50</td><td rowspan="2">대학수학(진
리관 101)</td><td></td><td></td><td></td><td></td><td></td><td></td></tr>
<tr><td>8</td><td>16:00~16:50</td><td></td><td></td><td rowspan="2">교양물리
(실험실105)</td><td></td><td></td><td></td></tr>
<tr><td>9</td><td>17:00~17:50</td><td></td><td></td><td></td><td></td><td></td><td></td></tr>
</table>

[그림 3-2] 작성하고자 하는 시간표

시간표와 같은 칸을 이용하는 경우 훈글에서는 [표만들기] 라는 기능을 사용하면 쉽고 간단하게 작성할 수 있다.

① 훈글 2002를 실행시킨다.

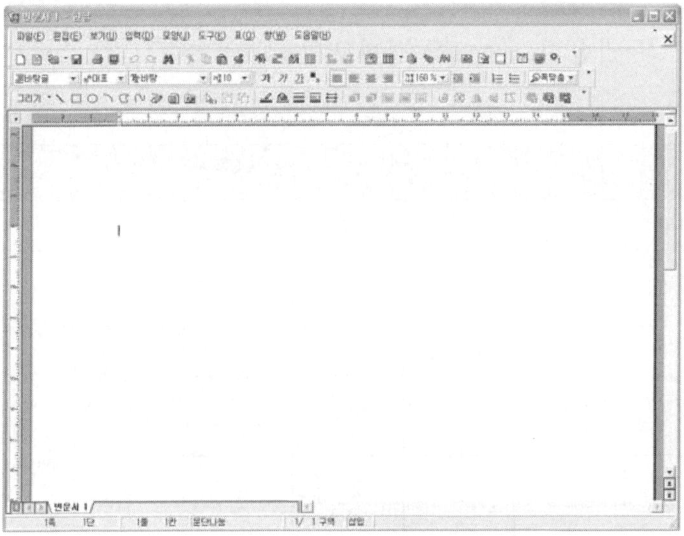

[그림 3-3] 훈글 실행 첫 화면

② [표] ➡ [표만들기] 선택하거나 아래와 같이 실행화면에서 [표만들기]를 클릭한다. 단축키 Ctrl(Control) + N, T [9 × 10]

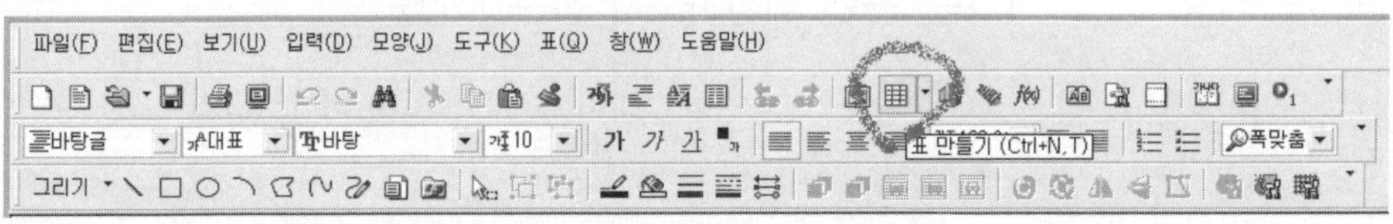

[그림 3-4] [표만들기] 선택

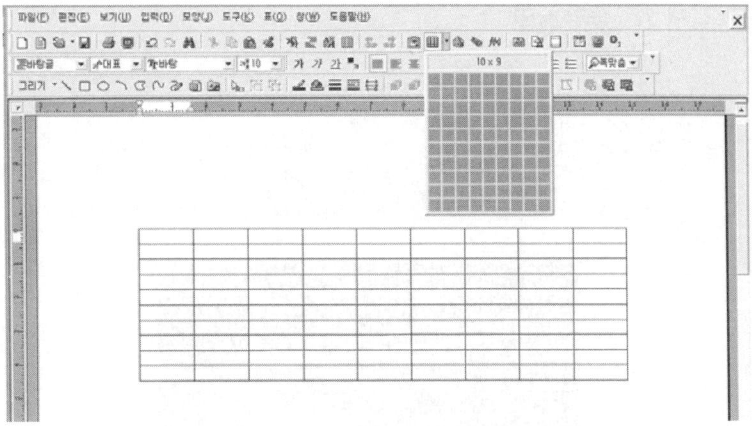

[그림 3-5] 9×10 [표만들기] 선택

③ 테이블 안에 값 입력

	시간	월	화	수	목	금	토	일
1	09:00-09:50		디지털공학 실험 (실험실 501)		교양역사 (본부동 201)			
2	10:00-10:50							
3	11:00-11:50	컴퓨터활용 (본부동 100)				영어회화 (본부동 201)	사물놀이 (학생복지관)	
4	12:00-12:50							
5	13:00-13:50			대학영어 (미디어관 301)				
6	14:00-14:50							
7	15:00-15:50	대학수학(진리관 101)						
8	16:00-16:50				교양물리 (실험실105)			
9	17:00-17:50							

[그림 3-6] 테이블 안에 값 입력

④ 테이블 선택 후 중앙배열

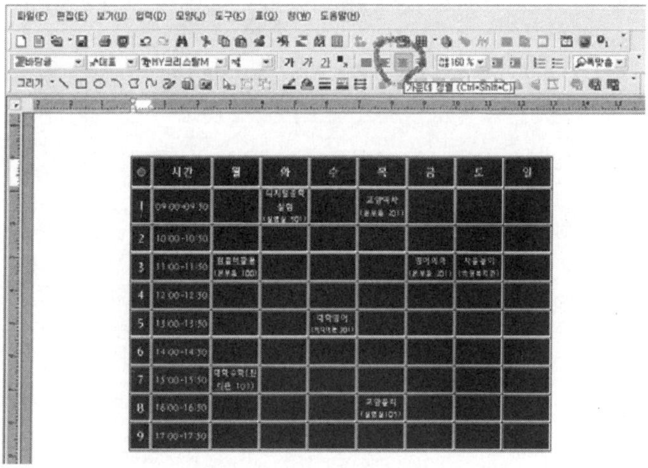

[그림 3-7] 가운데 정렬

⑤ 필요한 셀 선택 후 [셀 합치기] 선택 단축키 M(Merge)

[그림 3-8] 셀 합치기

⑥ 원하는 색상 넣기

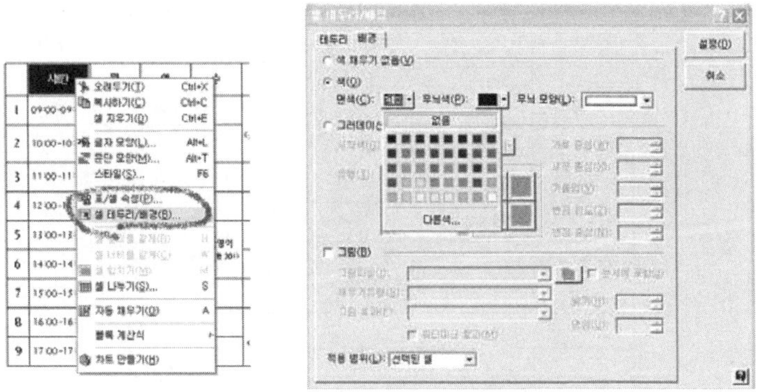

[그림 3-9] 테이블에 색상 넣기

참고로 테이블 선택은 커서를 이동 시킨 후 F5 기능키를 이용하면 된다. 두 개 이상의 셀을 선택 할 경우 마우스로 드래그 해도 된다.

[실습 1]

필요한 부분은 특수문자를 넣어 본인의 시간표를 만들어 보자. 특수문자를 입력하는 방법은 단축키 Ctrl(Control) + F10(기능키)를 눌러 원하는 특수문자를 입력할 수 있다.

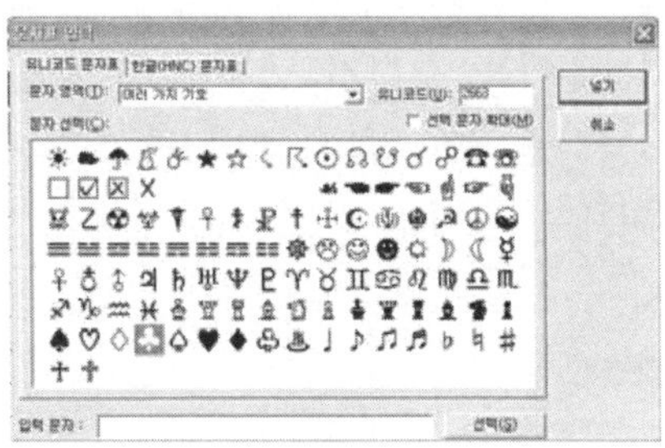

[그림 3-10] 특수문자 기능 예

3-2. 두리번의 두 번째 문서작성(이력서)

사 진	이 력 서				
	성 명	㊞	주민등록번호		
	생년월일	20 년 월 일생(만 세)			
주 소					
호적관계	호주와의 관계		호주 성명		
년 월 일	학력 및 경력 사항				발령청

[그림 3-11] 이력서 작성 예

이번 시간에는 이력서를 훈글 2002를 이용해 만들어 보자. '두리번'은 대학생활을 시작하면서 고등학교 시절에는 생각지 못했던 이력서를 작성하게 된다. 물론 취업을 앞둔 학생들이 이력서를 작성해야 한다는 것은 잘 알고 있는 사실이다. 최근에는 다양한 이력서 형태를 본인의 의도대로 개성을 토대로 만들기도 한다.

① 우선 1×1 테이블을 만든다.

[그림 3-12] 테이블 만들기(1 x 1)

② 만들어진 테입블의 외곽선을 두 줄로 만들기 위해 커스를 테이블 안에서 한 번 클릭 한 후 F5 기능키를 누르고, 마우스의 오른쪽 버튼을 눌러 셀테두리/변경을 클릭 한다.

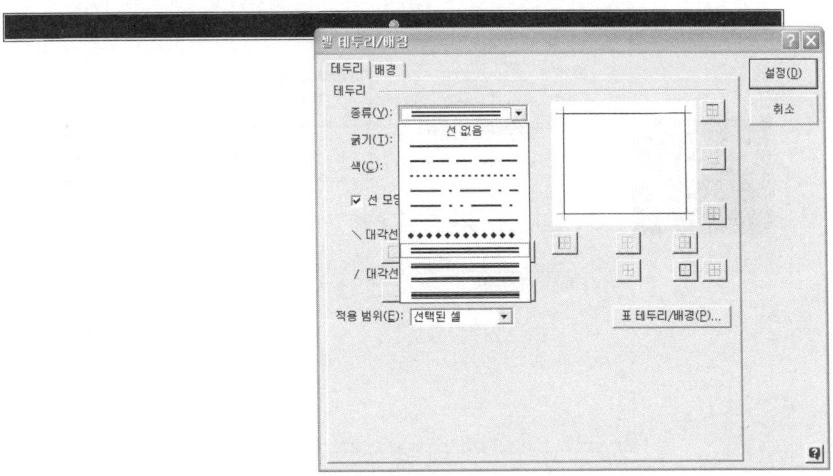

[그림 3-13] 테이블의 테두리 변경 예

③ 다시 셀을 선택한 후 F5를 클릭 하여 블록설정 한 후 셀 나누기를 선택한다. 이 때 셀의 크기를 미리 알고 있으면 셀의 크기를 할당하면 되지만 만들면서 생각하기 위해선 한 줄 혹은 한 칸씩 여유를 두어 셀을 나누는 것이 좀 더 바람직하다.

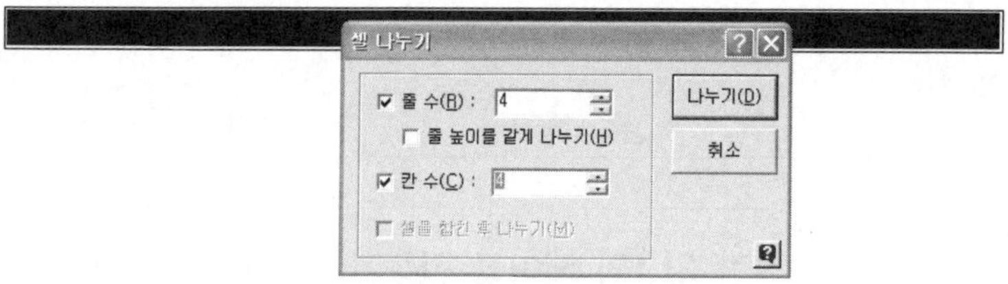

[그림 3-14] 셀 나누기

④ 테이블 내부 셀은 단선으로 만들어 준다.

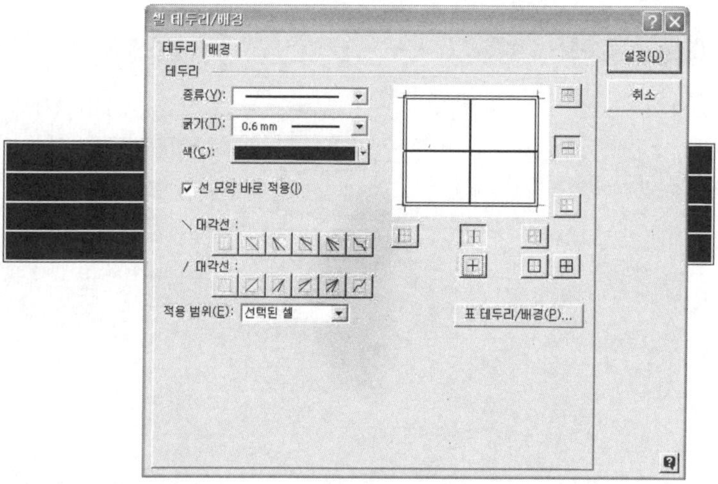

[그림 3-15] 내부 셀 단선 만들기

⑤ 이력서 상단 부분 - 사진, 이력서, 주민등록번호, 생년월일, ㉑-을 이력서 예를 참조하여 만들어 준다. 단 특수문자 ㉑은 문자표 입력 중 유니코드 문자에서 Yi Syllables에서 찾아 입력한다.

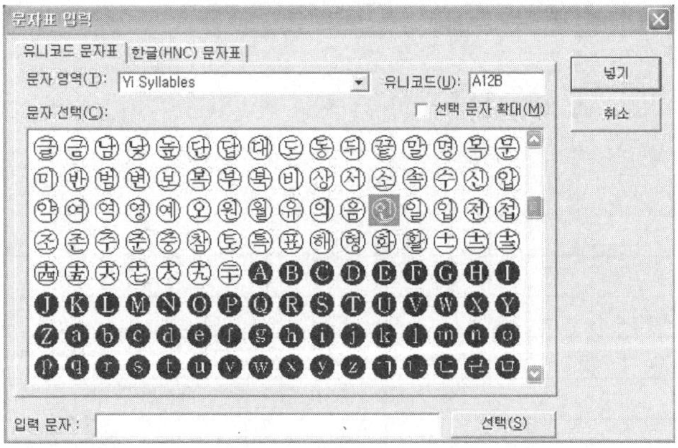

[그림 3-16] 문자표 입력에서 특수문자 ꄫ 찾기

⑥ 셀의 칸이나 줄을 병합시키는 방법은 병합하고자 하는 셀을 드래그하여 줄이나 칸을 선택한 후 단축키(M)을 선택하거나 마우스 오른쪽 버턴을 클릭하여 셀 합치기를 선택한다.

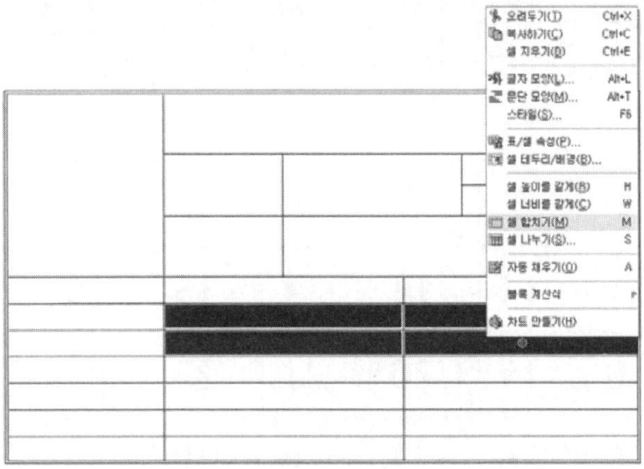

[그림 3-17] 셀 합치기 예

3-3. 두리번의 세 번째 문서작성(달력 만들기)

① 우선 표를 만든다. (6×7)

[그림 3-18] 6×7 표만들기 예

② 셀의 크기를 적당히 조절 하고 셀에 배경색(녹색)으로 설정, 글자와 숫자도 글자색을 넣어 중앙정렬 한다.

일 SUN	월 MON	화 TUE	수 WED	목 THU	금 FRI	토 SAT
				1	2	3
4	5	6	7	8	9	10
11	12	13	14	15	16	17
18	19	20	21	22	23	24
25	26	27	28	29	30	31

[그림 3-19] 셀에 글자와 숫자 입력

③ 글맵시를 이용하여 다양한 글자효과를 이용해 월을 표시한다. 내용편집 클릭하여 3월이라 입력하고 회전을 시켜보자.

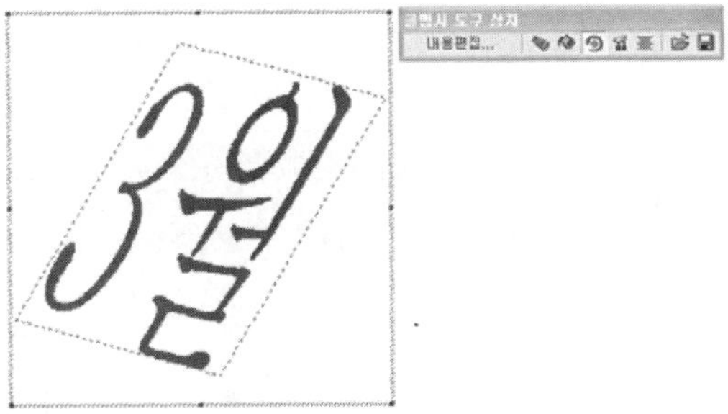

[그림 3-20] 글맵시를 이용한 글자 입력

④ 글맵시에서 작성한 크기를 조절 할 수 있다.

일 SUN	월 MON	화 TUE	수 WED	목 THU	금 FRI	토 SAT
				1	2	3
4	5	6	7	8	9	10
11	12	13	14	15	16	17
18	19	20	21	22	23	24
25	26	27	28	29	30	31

[그림 3-21] 월 입력한 모양

⑤ 달력의 배경 삽입한다. 배경그림은 미리 준비한 그림이나 훈글 2002에서 제공하는 클립아트, 또는 그리기 조각 등에서 선택하여 넣을 수 있다. 입력-개체-그리기 마당을 선택하여 그리기효과 중 식물(1)을 선택하여 클로버를 선택 한다.

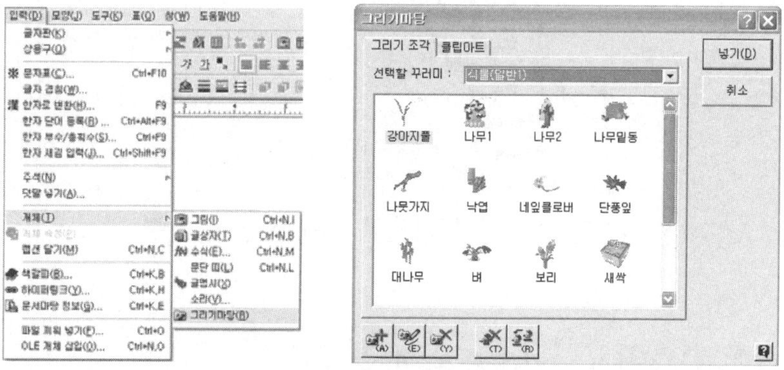

[그림 3-22] 그리기 마당 선택

⑥ 선택된 클로버를 한 번 클릭한 후 맨 뒤로 보내기를 클릭한다.

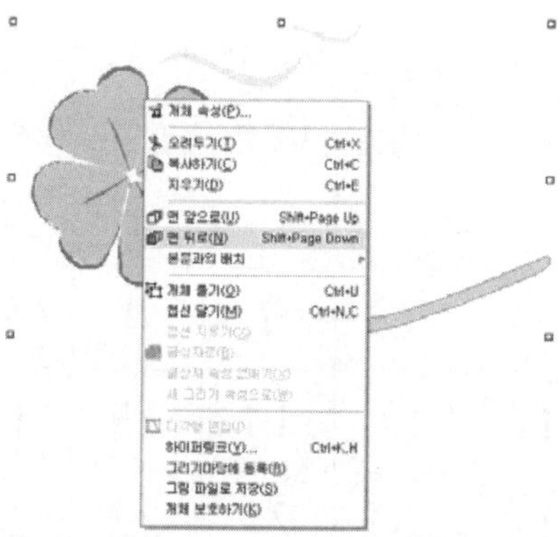

[그림 3-23] 그리기 마당 선택

⑦ 완성된 달력의 모양은 [그림 3-24]와 같다.

일 SUN	월 MON	화 TUE	수 WED	목 THU	금 FRI	토 SAT
				1	2	3
4	5	6	7	8	9	10
11	12	13	14	15	16	17
18	19	20	21	22	23	24
25	26	27	28	29	30	31

[그림 3-24] 만들어진 달력의 모양

지금까지 혼글의 가장 초보적인 문서편집 몇 가지에 대해 살펴보았다. 표 만들기와 같은 기능은 다양한 용도로 이용되어지기 때문에 연습과 실습이 필요하다. 이 외에도 표 만들기 기능을 이용하여 다양한 문서편집이 가능하다. 필요한 부분에 대해서는 5절 다양한 편집기능에서 다시 논의하기로 하겠다.

가볍게 실습하기

1. 본인에게 맞는 시간표와 가족 달력을 만들어보자.
2. 글맵시의 다양한 기능을 실습해 보자.

4. 그리기와 편집

한글 워드프로세서는 꾸준한 발전을 해 왔다. 과거 텍스트 입력에만 국한 되었던 기능들은 다양한 문서 편집이 가능하도록 새로운 기능들이 첨가되었고 다양한 분야에서 이용 가능하도록 만들어졌다.

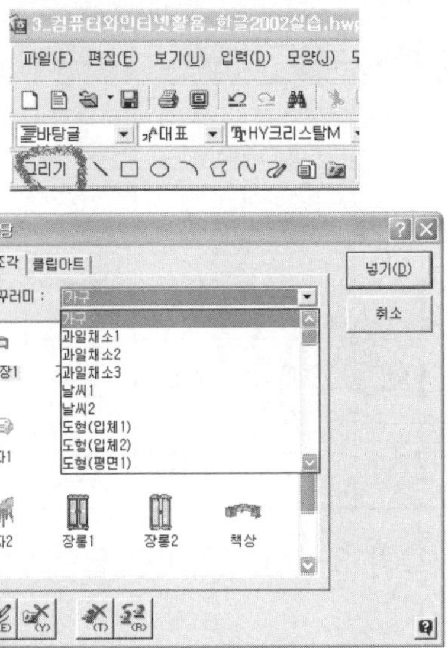

[그림 3-25] 그리기마당 실행 예

이번 장에서는 훈글의 그리기 기능에 대해 알아보도록 한다. [그림 3-25] 상단에 보인 그리기를 클릭 하여 그리기 마당을 열어보자. 문서편집에서 그림을 삽입해야 하는 경우가 종종 있다. 이 경우 그리기 마당에서 필요한 그림을 삽입하는 방법이나 OLE 개체 삽입 방법도 있다. 이런 방법 외에도 그림판 등을 이용해 원하는 영역을 잘라내어 붙이는 방법도 있고, 인터넷 등에서 그림을 얻어 삽입하는 방법도 있다.

4-1. 그림 붙이기-OLE 개체 삽입

필요한 그림을 흔글 워드프로세서에 붙이는 방법 중 그리기 마당을 이용하는 방법에 대해서는 3-3 두리번의 달력 만들기에서 실습을 하였으므로 이번 장에서는 그리기 마당을 이용하지 않는 방법들에 대해 설명하겠다.

우선 문서편집에 필요한 그림을 삽입하기 위해서는 그림 파일이 있어야 한다. 그림 파일의 형태는 다양한 확장자를 가지는 포맷(형식)이 있는데 RAW 파일, BMP 파일, JPG, JPEG, GIF 등의 정지 영상을 취급하는 확장자 뿐만 아니라 음악이나 동영상을 듣기위한 파일 형식도 있음을 알아야 한다. 여기서는 정지화상에 대해 설명한다.

① 우선 원하는 그림파일을 만든다.

② 주 메뉴의 입력-파일 끼워 넣기를 선택한다.

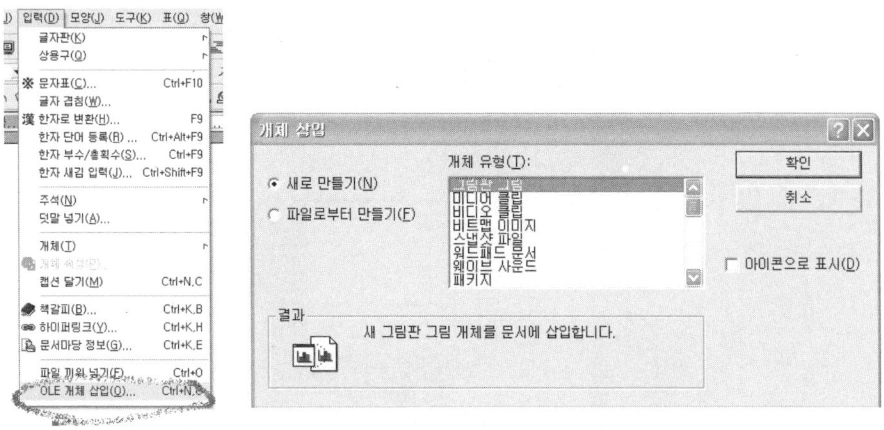

[그림 3-26] OLE 개체 삽입-그림판 그림 선택

③ 원하는 그림을 만들기 위해 그림판 그림을 선택한다.

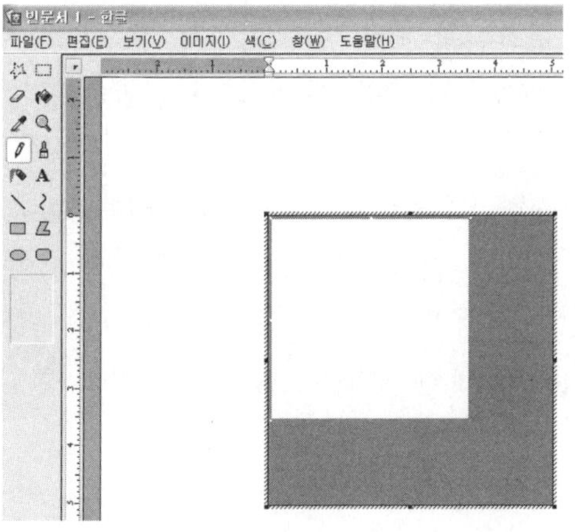

[그림 3-27] 그림판에서 그림 편집

④ 필요한 그림을 그리고 난 다음 개체 편집 끝내기를 눌러 작업을 완료한다.

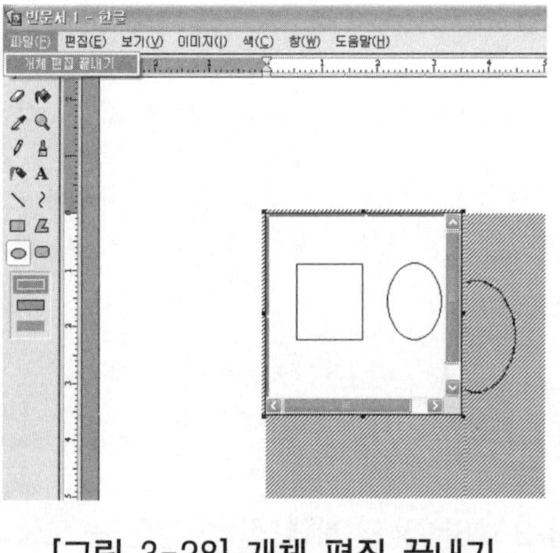

[그림 3-28] 개체 편집 끝내기

⑤ 그림의 속성을 정해주고 필요하면 캡션을 달아준다.

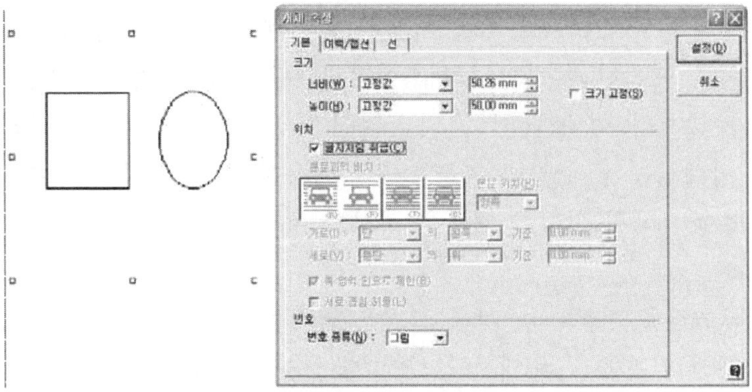

[그림 3-29] 그림의 개체속성 정해주기

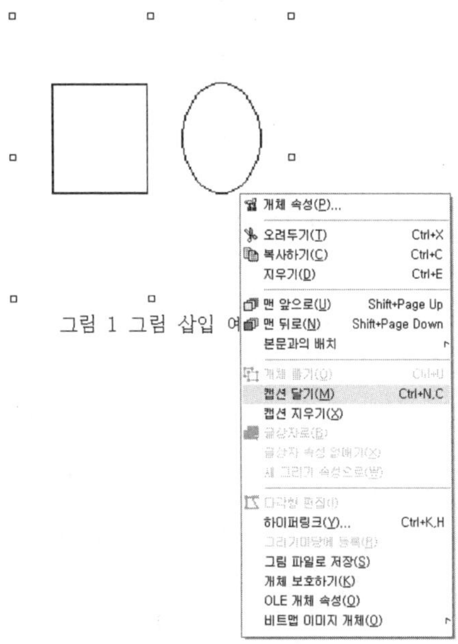

[그림 3-30] 그림 캡션 달기

참고

❑ 캡션 : 그림의 순번과 제목등을 붙여주는 작업

4-2. Visio를 이용한 OLE 개체 삽입

위에서 살펴본 그림 편집의 예는 가장 기초적인 부분을 위주로 설명 한 것이다. 문서 편집에 따라 필요한 기능들을 사용하기 위해서는 문서편집의 형식과 목적에 부합해야 한다. '두리번'과 같이 공대생이라면 문서편집 작업 중 그림을 삽입해야 하는 경우가 많으며 이 중에서도 Visio라던지 photoshop 등을 사용하는 경우도 있다. 이번 장에서는 Visio라는 프로그램을 이용하여 편집 작업을 예로 들어보자. Visio 사용법에 대해서는 다른 책을 참조하기 바란다.

① 필요한 그림을 저장한다. 아래 그림은 공학용 프로그램인 Matlab라는 프로그램의 계산 결과를 Visio에서 문서에 넣어주기 위해 편집 작업을 한 것이다.

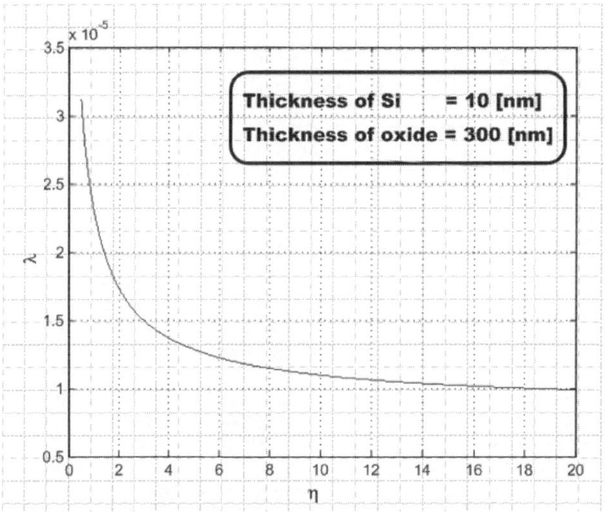

[그림 3-31] 그림 편집 작업

② 주 메뉴의 입력-파일 끼워 넣기에서 파일로부터 만들기를 선택한다.

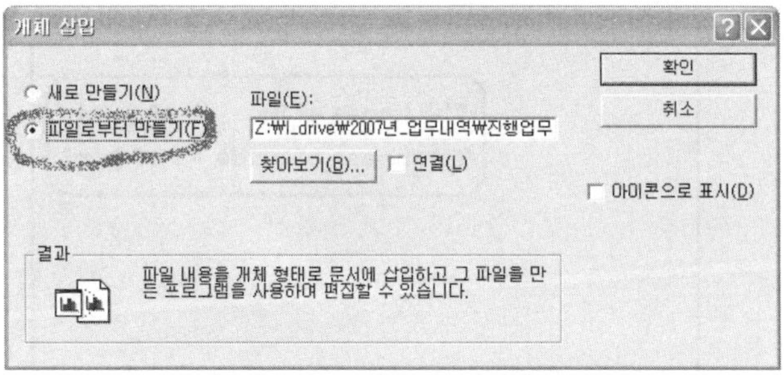

[그림 3-32] 개체삽입-파일로부터 만들기

③ 찾아보기를 눌러 필요한 파일을 선택하고 확인 버턴을 누른다.

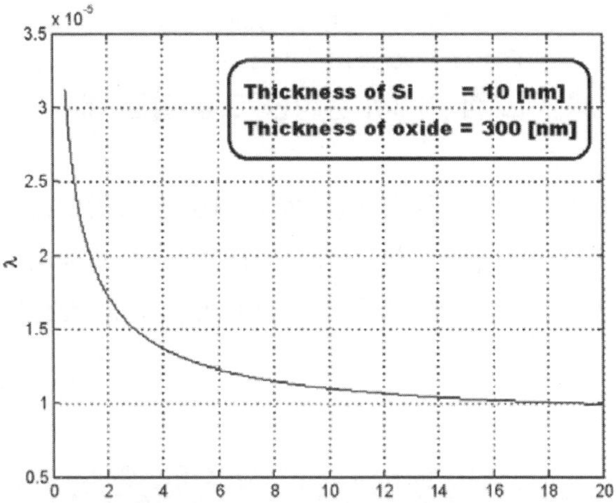

[그림 3-33] 파일로부터 불러온 그림

④ 그림의 크기설정 및 속성 설정 후 캡션을 달아 준다.

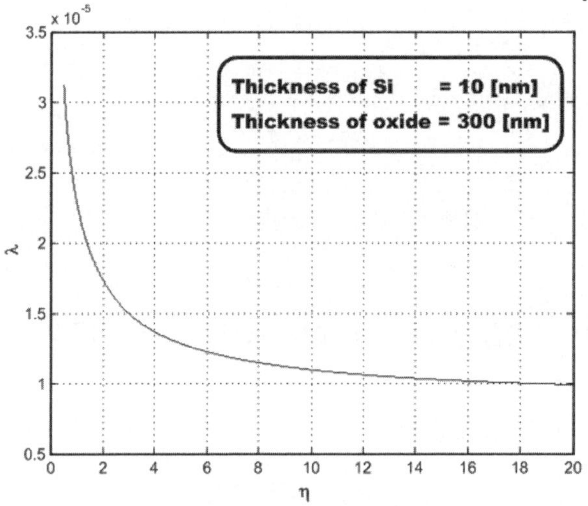

그림 2. eta(η) 변화에 따른 lambda(λ) 변화
Fig. 2. Plot of λ verses η.

[그림 3-34] 완성한 그림 삽입 예

[그림 3-32]에서 찾아보기 우측에 있는 연결 버턴을 눌러 그림파일을 읽어 들이면 한글 문서 편집내에서도 그림을 더블클릭 하여 고칠 수 있게 된다. 실제 문서 편집의 다양한 기능들을 실습을 통해 이해하는 것이 바람직할 것으로 생각된다.

참고

❑ Visio

Visio는 일반 사용자가 쓸 일은 별로 없지만, 다이어그램이나 플로우차트 작성, DB 구조 설계 분야에서는 유명하다. 주로 업무용이나 웹개발/기획 분야에서 많이 사용되는 응용프로그램이다.

5. 다양한 편집기능

5-1. 세로쓰기

① [표-표 만들기]를 실행하여 표를 하나 만든다.

[그림 3-35] 표 만들기 (1 x 1)

② 표 안에 내용을 입력한다.

세로쓰기 연습하기

[그림 3-36] 표 안에 내용 입력

③ 세로쓰기를 할 셀을 셀 블록으로 설정하여 [표-표/셀 속성]을 실행한다.

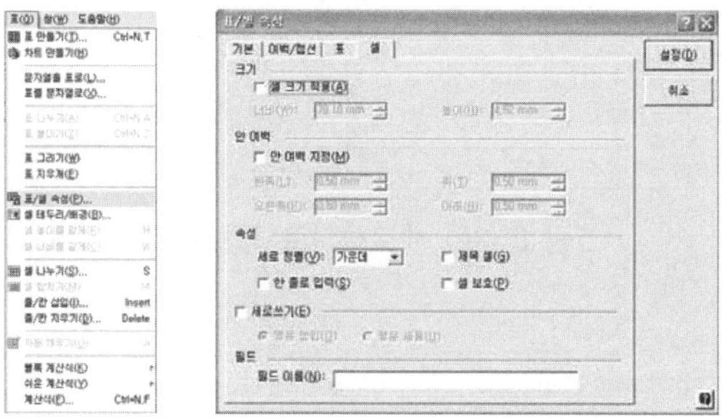

[그림 3-37] 표-표/셀 속성 중 셀 선택

④ [세로쓰기]를 켜고 [설정] 단추를 누릅니다.

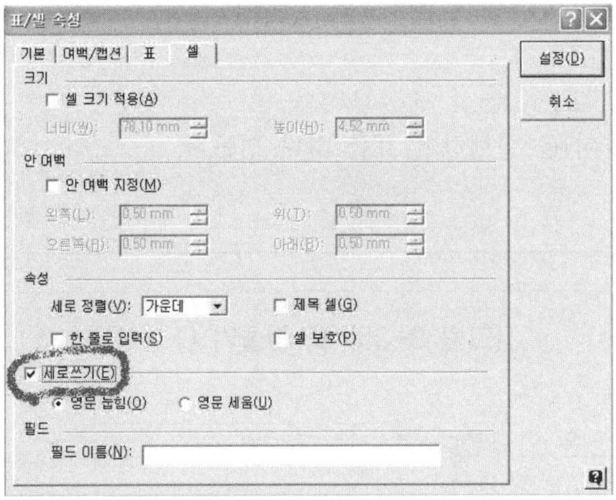

[그림 3-38] 표-표-셀-세로쓰기 선택

⑤ 셀 안의 내용이 세로 방향으로 정렬된다.

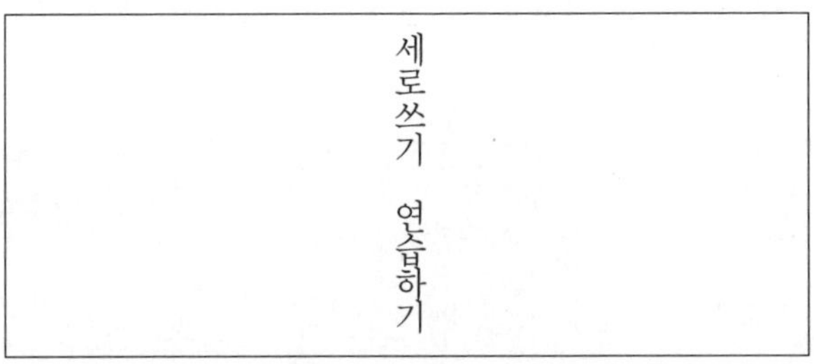

[그림 3-39] 세로쓰기로 정렬된 모습

5-2. 원고지 형태의 글쓰기

① [도구-원고지 쓰기]를 실행한다.

[그림 3-40] 원고지 쓰기 선택

② [원고지 쓰기] 대화 상자가 나타나면 '원고지 목록'에서 '200자 원고지(B5용지)-빨강'을 선택한다.

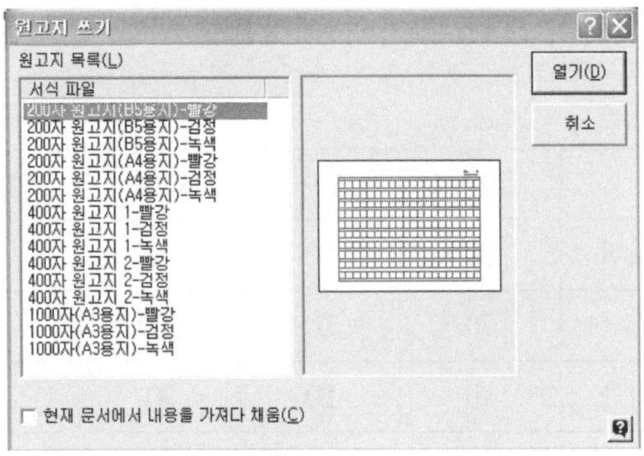

[그림 3-41] 원고지 서식 선택

③ [열기] 단추를 누른다.

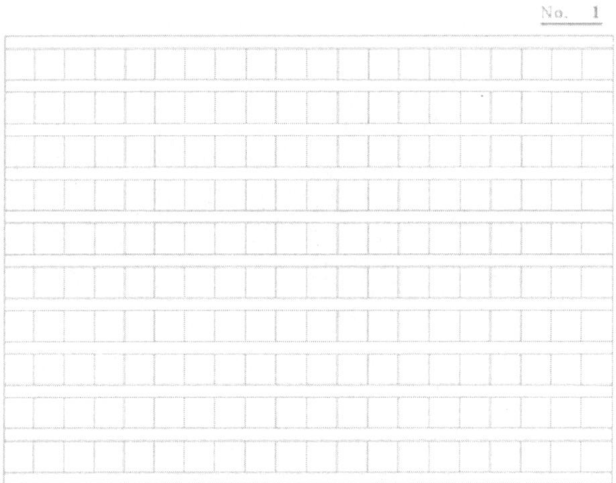

[그림 3-42] 원고지 서식

④ 새 문서창에 빨간 색상의 200자 원고지가 나타난다. 원고지 사용법에 맞추어 내용을 입력한다.

5-3. 계산이 가능한 표기능 활용

① 표만들기를 선택하여 5×5 크기의 테이블을 만들어 내용을 입력한다.

	국어	영어	수학	합계
두리번	90	80	90	
까칠소녀	70	90	100	
천리안	70	80	90	

[그림 3-43] 표만들기 (5×5)

② 총점 계산을 위해 국어, 영어, 수학에 해당하는 점수를 블록으로 설정한다.

	국어	영어	수학	합계
두리번	90	80	90	
까칠소녀	70	90	100	
천리안	70	80	90	

[그림 3-44] 블록 설정

③ 합계를 위해 블록 설정 후 마우스의 오른쪽 버튼을 클릭하고 블록 계산식에서 블록 합계를 선택한다.

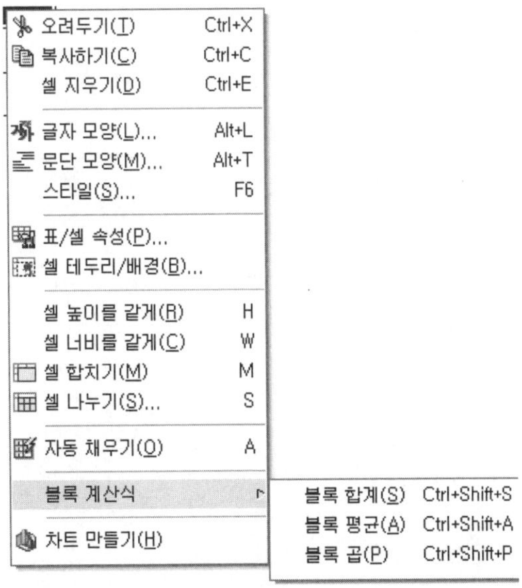

[그림 3-45] 블록계산식-블록합계 선택

④ 계산 된 결과가 아래 그림처럼 나타난다.

	국어	영어	수학	합계
두리번	90	80	90	260
까칠소녀	70	90	100	260
천리안	70	80	90	240

[그림 3-46] 블록 설정

5-4. 주소 저장

① [도구-주소 찾기]를 실행한다.

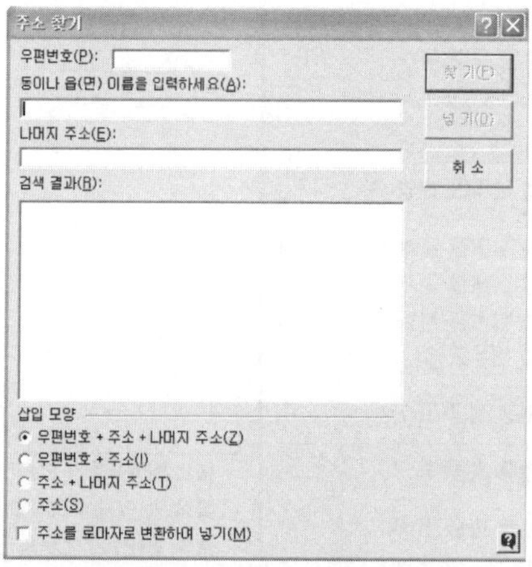

[그림 3-47] 주소찾기 실행

② [주소 찾기] 대화 상자가 나타나면 입력 상자에 동이름 등을 입력하고 찾기 단추를 클릭한다.

③ 주소 검색 결과가 나타나면 예를 들어 "121-791 서울특별시 마포구 상수동 72-1 홍익대학교"을 선택하고, 나머지 주소를 입력한다.

④ 삽입 모양에 원하는 형태-예를 들어 "우편번호+주소+나머지 주소"-를 선택하고 [넣기] 버튼을 클릭 하면 주소가 현 커서의 위치에 삽입 된다.

이런 방법을 이용하여 주소라벨을 만들어 이용하면 편리하다.

5-5. 수식 편집

대학에서 워드프로세서를 사용하는 경우 수식을 사용해야 할 경우가 많다. 수식 편집을 위한 여러 가지 프로그램이 있다. 여기서는 흔글 2002에서 수식 편집 사용법에 대해 알아본다. 오늘 '두리번'의 대학 수학시간에 레포트가 나왔다. 삼각함수 합공식 조사에 대한 레포트를 작성하기 위해 아래와 같이 흔글 2002를 활용하였다. 흔글 2002에서 [수식]을 작성할 때에는 수식 편집 방식을 사용할 것인지, 이전 버전에서 사용되었던 기입형 수식 편집 방식을 사용할 것인지를 결정해야 한다. [파일-환경 설정-틀]에서 방법을 선택하면 된다.

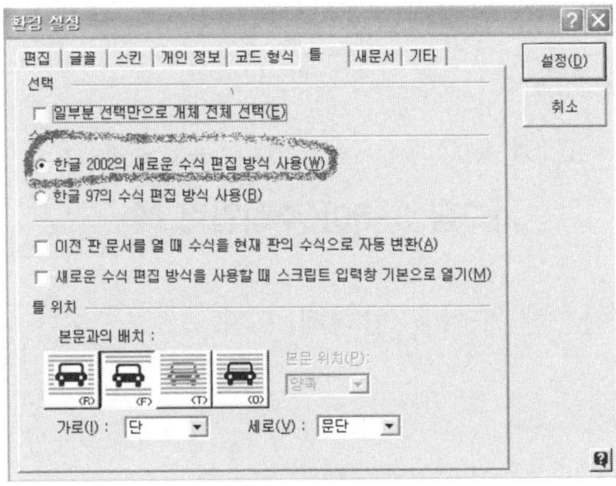

[그림 3-48] 새로운 수식편집을 위한 환경설정

“한글 2002의 새로운 수식 편집 방식 사용”을 사용하면, 수식 도구 상자를 이용하여 본문 안에서 직접 수식을 입력할 수 있고, “한글 97의 수식 편집 방식 사용”을 사용하면, 한/글 97의 수식 편집기와 같은 방식으로 수식을 작성할 수 있는 [수식] 대화 상자가 나타난다. 두 가지 방식 중에서 좀 더 익숙한 수식 입력 방식을 선택하여 수식을 작성해 보자.

① 수식을 삽입하고자 하는 위치에 커서를 두고 [파일-환경 설정-틀]에서 [그림 3-46]와 같이 한글 2002의 새로운 수식편집 방식을 설정한다.

② [수식] 아이콘( )을 클릭한다.

③ [수식 도구 상자] 대화 상자가 나타나면 원하는 기호를 선택한다.

[그림 3-49] 새로운 수식편집 도구 상자

④ 커서 위치에서 수식이 입력되는 것을 확인할 수 있다.

$$\sin(A+B) = \sin A \cos B + \cos A \sin B$$

[그림 3-50] 수식입력 예

기타 수식 편집을 이용해 수식을 입력해 보자.

5-6. 다단 편집

① 모양-다단을 선택한다.

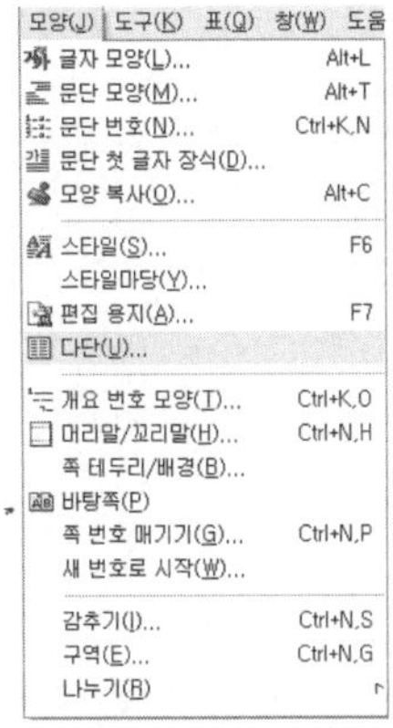

[그림 3-51] 모양-다단 선택

② 원하는 형태의 단을 선택한다.

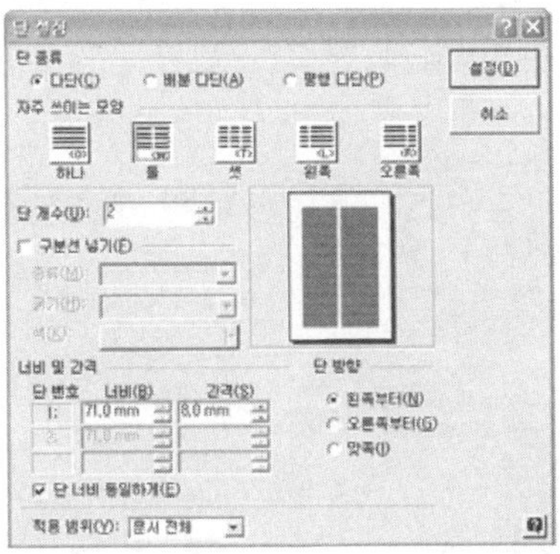

[그림 3-52] 단 설정 대화상자

문서를 작성하다보면 다단으로 편집을 해야 할 경우도 생긴다. 이번 장에서는 다단 편집 방법에 대해 알아보았다. 만약 2단 편집으로 문서를 작성하려 한다면 [그림 3-50]에서 2단을 선택하면 된다. 구분선 넣기를 선택하고 단의 구분을 위한 선 모양을 선택하면 단과 단 사이에 구분선이 나타난다.

다단편집의 예	다단편집의 예
다단편집의 예	다단편집의 예
다단편집의 예	다단편집의 예
다단편집의 예	다단편집의 예
다단편집의 예	다단편집의 예
다단편집의 예	다단편집의 예
다단편집의 예	다단편집의 예
다단편집의 예	다단편집의 예
다단편집의 예	다단편집의 예
다단편집의 예	다단편집의 예
다단편집의 예	다단편집의 예
다단편집의 예	다단편집의 예
다단편집의 예	다단편집의 예

[그림 3-53] 2단 설정 예

5-7. 기타 편집

근래 거의 대부분의 응용프로그램은 대화형 형태의 프로그램으로 작성되어 이용자의편의를 돕고 있다. 원하는 기능에 대해 궁금 사항이 있으면 프로그램 내부에 설치된 도움말을 참조하면 쉽게 해결이 된다.

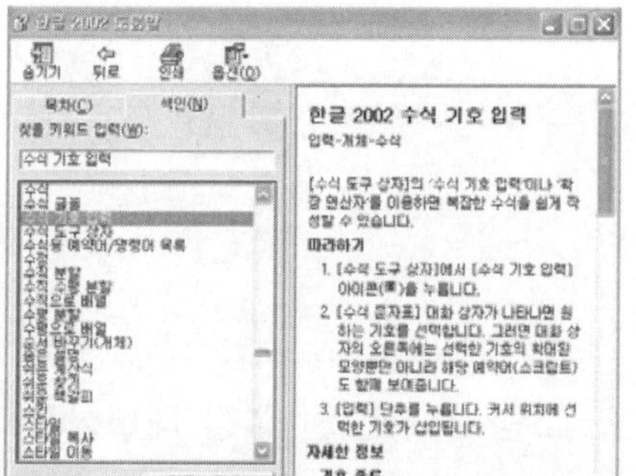

[그림 3-54] 도움말 활용 예

연습문제

1. 워드프로세서의 종류별 특징을 설명하라.

2. 대화형 프로그램에 대해 설명하라.

3. 수식편집 기능에 대해 미적분 표기법에 대해 실습하라.

4. 훈글의 버전별 강화된 기능에 대해 조사하라.

5. 향후 발전적인 워드프로세서의 방향에 대해 의견을 교환하라.

6. 훈글을 이용한 보고서의 첫 페이지를 만들어 보자.

7. 머리말과 꼬리말 사용법에 대해 실습하라.

8. 회사에서 사용되는 기안지에 대해 조사하고 그 형식에 맞추어 작성하라.

제4장 파워포인트 2002 실습

1. 파워포인트의 개요
2. 텍스트, 선, 그리기 편집
3. 개체 삽입과 편집
4. 마스터 유형과 디자인 서식
5. 다양한 애니메이션 효과

1. 파워포인트의 개요

파워포인트(PowerPoint)는 발표회나 강연회 등에서 발표(프레젠테이션 : presentation)를 하기 위해 기획안, 보고서, 제품소개 등을 슬라이드 형식으로 보여주는 저작도구이다. 파워포인트는 회사에서는 회사의 경영 목표와 경영 실적을 발표하거나 아이디어를 더 호소력 있게 설득할 수 있도록 도와주며, 학술대회나 기술발표 등에서는 이해를 돕기 위해 눈으로 보이는 문서 형식뿐만 아니라 애니메이션과 같은 기능들을 첨부하기도 하며, 표 그리기 도구, 차트 및 동영상 파일, 음악 클립들을 삽입하여 효과적이고 전문적인 프레젠테이션을 만들 수 있다.

문서작업을 활용하는 워드프로세서의 보고서 형식은 주로 텍스트로만 구성되어 프레젠테이션 형식과는 거리가 멀다. 규격화 된 형식의 보고서 작성에서 벗어나 개성과 이해를 돕기 위한 기발한 아이디어를 강조할 수 있으며 독특한 형태의 발표를 위한 문서작성이 가능하다. 파워포인트를 이용한 멀티미디어 기법이 이용된 프레젠테이션은 효율적이고 전문적인 내용을 상대방에게 강한 호소력으로 전달할 수 있다.

파워포인트는 MS 오피스를 설치하면 옵션으로 설치가 가능하도록 되어 있다. 마이크로소프트사에서 만든 발표 전문용 문서 저작 도구인 파워포인트는 강력한 멀티미디어 환경을 제공함으로써 전문적 지식의 범위까지도 광범위하고 쉽게 전달할 수 있다. 특히 전문 교육을 위주로 하는 대학생활에서의 사용 범위가 넓혀짐으로서 사회 진출을 앞둔 학생들에게는 발표력 향상과 의미전달을 향상시킨다. '두리번' 역시 이러한 발표력 향상을 위해 이번 강좌를 신청하였다.

다소 생소한 경험을 접하게 된 '두리번'은 이번 강좌를 통해 자신이 가지고 있는 지식을 여러 사람들에게 발표함에 있어 부끄러움과 덤벙되는 습관까지도 줄일 수 있을 것이라 기대한다. '두리번'은 선배들을 통해 회사에서 파워포인트로 자료를 만들어 보고서를 작성한다는 경험담을 듣고 사회 진출을 위한 준비과정에서 무엇이 필요한지를 배워야겠다고 다짐하고 있다.

1-1. 파워포인트 2002 실행하기

파워포인트는 앞서 밝힌바와 같이 오피스를 설치하면 옵션으로 설치가 가능하다. 응용프로그램 설치는 GUI(Graphic User Interface) 형태로 제공되기 때문에 설치에 어려움이 없을 것이다. 설치가 완료 되었으면 파워포인트를 실행해 보자.

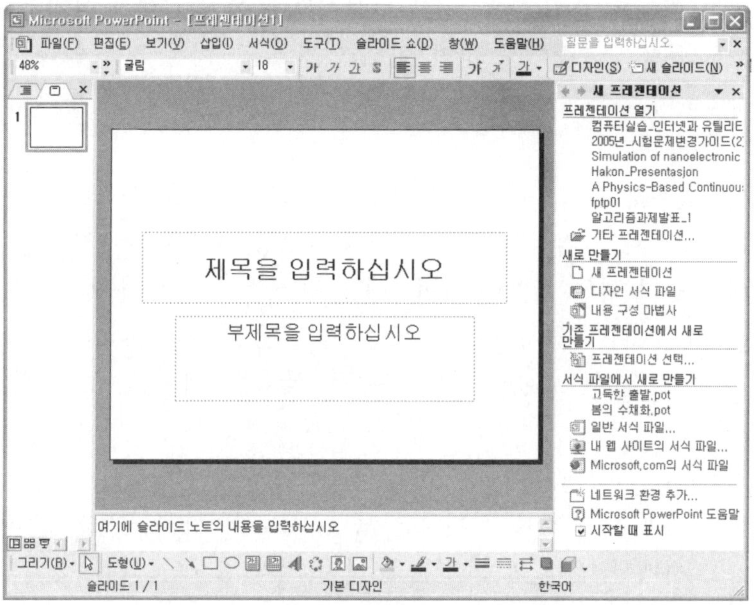

[그림 4-1] 파워포인트 실행 첫 화면

파워포인트를 실행하면 다음과 같은 새 프레젠테이션 만들기 창이 나오면서 프레젠테이션 만들 수 있는 방법을 사용자가 선택할 수 있도록 보여 준다. 파워포인트 97에서는 새 프레젠테이션을 팝업(pop-up) 창으로 첫 화면에서 보여주었지만 버전이 업그레이드되면서 다양한 기능들을 제공하기 위해 화면의 우측 부분에서 이러한 기능들을 대신한다.

파워포인트 2002에서는 [그림 4-1]과 같이 기존의 작업했던 내용들을 보여주기도 하고 새로 만들기에서 구성 형식을 취급할 수 있게 해주며 기존의 작업 형태를 이용하여 프레젠테이션을 만들 수 있도록 배려해 준다. 이중 새로운 프레젠테이션을 만들기 위해서는 새로 만들기 기능을 이용하게 된다.

① 내용구성 마법사 : 파워포인트에서 미리 만들어 놓은 양식을 이용하여 작업을 시작한다.
② 디자인 서식파일 : 디자인이 적용된 슬라이드를 선택한다.
③ 새 프레젠테이션 : 색상, 디자인 등이 없는 양식의 유형을 선택한다.
④ 기존 프레젠테이션 열기 : 이미 작성되어진 슬라이드를 목록 상에서 선택하거나 기타파일을 통하여 열기를 할 수 있다.

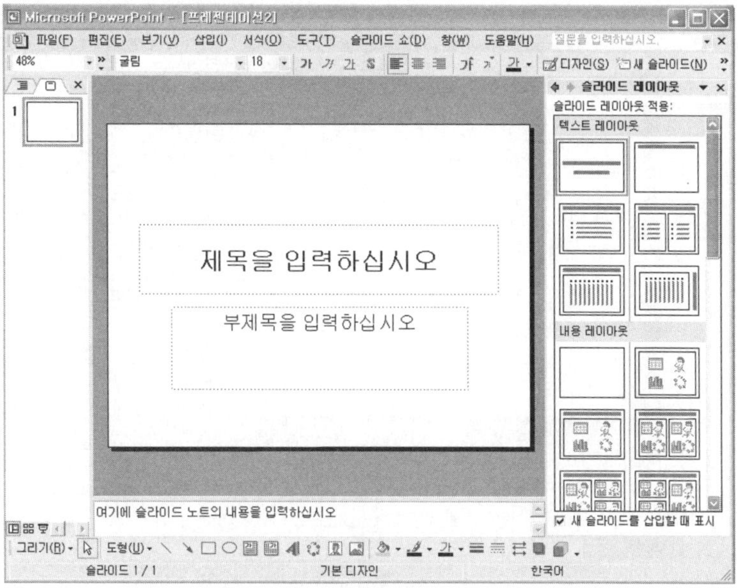

[그림 4-2] 새 프레젠테이션 실행 화면

내용구성 마법사를 이용하여 프레젠테이션을 만들 경우 파워포인트에 구성되어 있는 각종 양식을 참조하여 프레젠테이션에 대한 내용이나 디자인을 다양한 주제로 작성할 수 있으며 인터넷을 통해 새로운 양식을 다운받아 사용할 수 있다. 프레젠테이션 형식에는 전략제안, 진행상황 보고, 회사 홈 페이지, 프로젝트 소개, 정보 찾기, 마케팅 계획, 개인 홈페이지, 효율적인 회의 등 여러 가지 예제를 제시하므로 필요한 부분을 활용하면 된다.

우측에 있는 [새 프레젠테이션 만들기]를 클릭하게 되면 [슬라이드 레이아웃]을 선택 할 수 있는데 발표를 위한 보고서 형식을 지정 할 수 있다. 원하는 지정 형식을 선택하고 [확인]을 클릭하여 내용을 입력하면 된다.

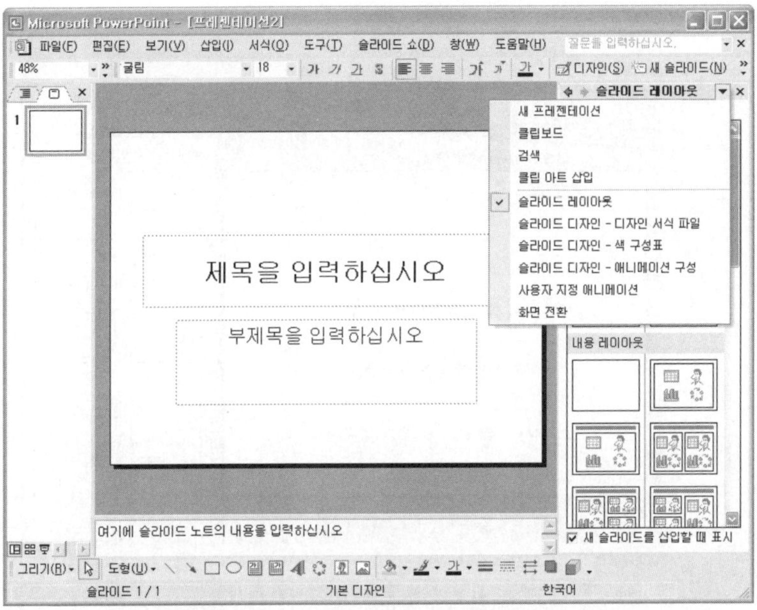

[그림 4-3] 새 프레젠테이션을 위한 지원

[슬라이드 레이아웃] 오른쪽 편에 있는 화살표 방향을 누르게 되면 작성하고자 하는 프레젠테이션의 레이아웃뿐만 아니라 [디자인 서식파일], [색 구성표], [에니메이션 구성], [사용자 지정 에니메이션]등을 활용 할 수 있도록 지원해 준다. 각각에 대한 내용은 이후 자세히 설명하도록 하겠다.

디자인 서식 파일을 이용하면서 빠른 문서 편집이 용이하고 손쉽게 작성이 가능하게 된다. 파워포인트는 다양한 서식파일들을 제공하는데 서식파일이라 함은 '프레젠테이션을 작성하는 사용자들을 위해 업무에서 많이 사용되는 양식들을 엄선하여 미리 만들어 제공함으로써 사용자들이 편리하게 사용할 수 있도록 한 파일'을 의미한다.

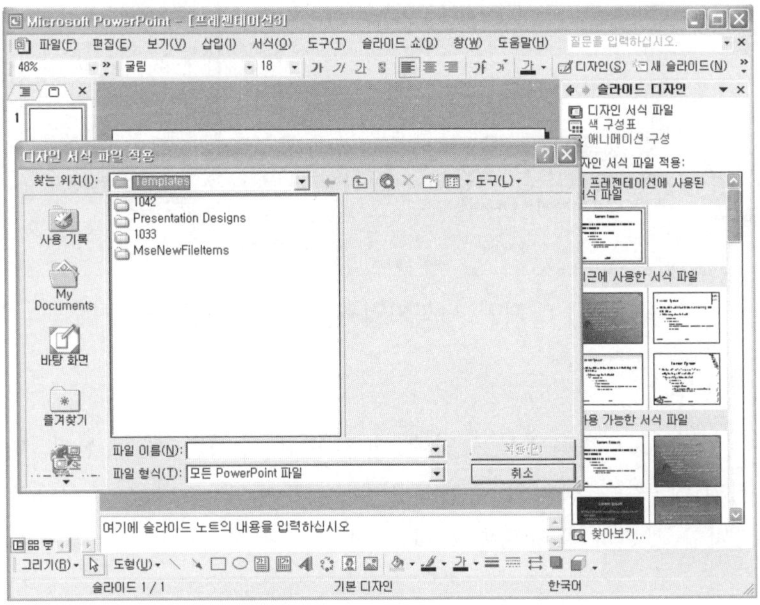

[그림 4-4] 디자인 서식파일

[디자인 서식파일]을 클릭하여 [그림 4-4] 우측 하단 부분의 찾아보기를 클릭하게 되면 제공되는 서식파일을 찾아 볼 수 있게 된다. '두리번'은 presentation Design에서 '농악의 흥겨움'을 선택하였다.

[그림 4-5] 디자인 서식파일-농악의 흥겨움 실행 예

오늘 '두리번'은 교양과목에서 농악에 대한 발표 준비를 해야 한다. 따라서 [디자인 서식파일]에 있는 농악의 흥겨움을 가지고 발표 준비를 결심한 '두리번'은 비록 서투르지만 간단하게 발표를 하려고 한다.

파워포인트의 왼쪽 하단 부분에 보면 세 개의 보기 단추가 있다. 제일 좌측편에 있는 [기본보기]는 가운데 보이는 작성하고자 하는 화면을 보여주는 것이다. 가운데 있는 [여러 슬라이드 보기]는 작성한 슬라이드를 여러 장 살펴봄으로써 잘못된 구성의 편집이나 수정을 위해 이용하게 된다.

또한 [슬라이드 쇼]의 경우 작성이 완료된 프레젠테이션의 발표에 이용된다. 물론 버튼을 눌러 사용도 가능하고 메인 메뉴에서 찾아서 클릭하여도 되며 단축키를 이용할 수도 있다. 첫 번째 슬라이드에 제목과 발표일자, 발표자에 대한 정보를 기입하고 '두리번'이 조사한 내용을 정리하여 제목을 포함한 5페이지 분량의 보고서를 작성하였다.

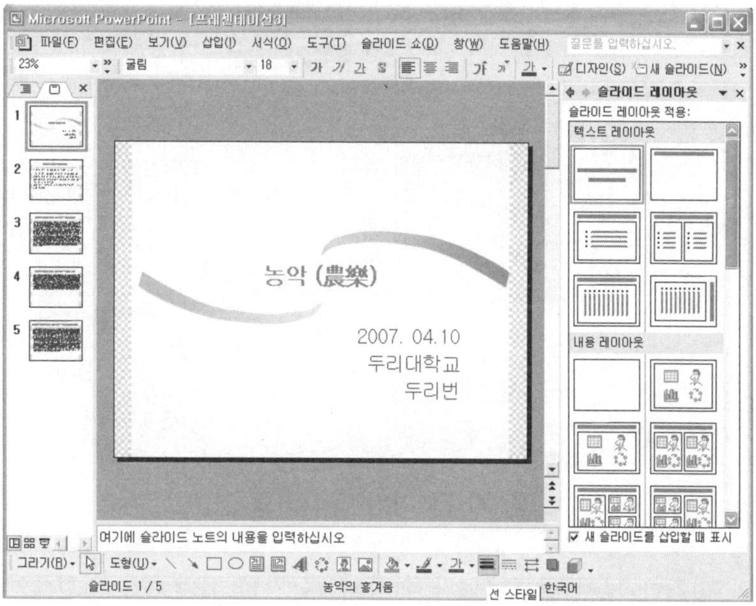

[그림 4-6] 디자인 서식파일을 적용한 프레젠테이션 작성 예

아직 '두리번'에게는 파워포인트 사용이 처음이라 어려운 부분이 있었지만 기본 사용법에 대한 내용은 일반 워드프로세서를 작성하는 형식으로 작성함으로써 간략하게 완성 할 수 있었다. 작성된 슬라이드를 기본 화면으로 보면서 이상 부분을 체크하고 슬라이드의 크기를 확대하여 세밀한 작업을 할 수도 있다.

또한 여러 슬라이드를 한꺼번에 살펴보면서 추가, 삭제 및 이동을 할 수 있다. 도구모음에서 [여러 슬라이드 보기]를 클릭하여 화면을 전환해 보자.

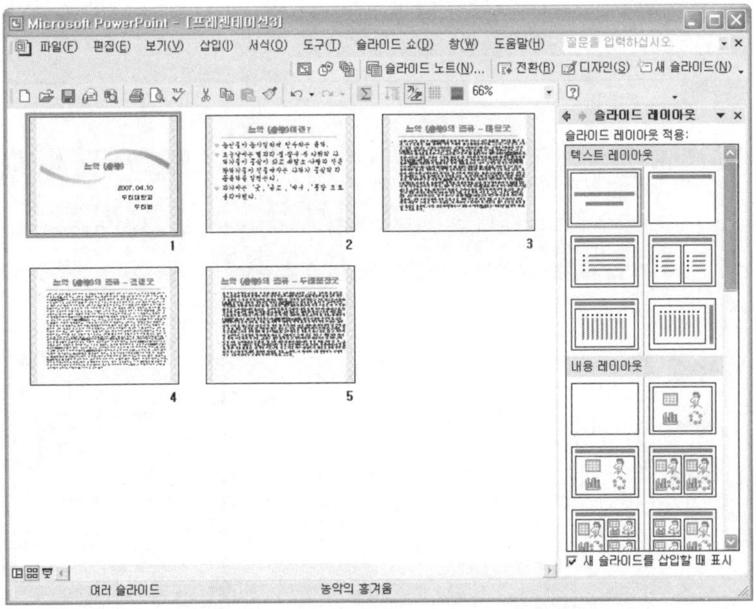

[그림 4-7] 여러 슬라이드 보기

발표자의 의도에 맞게 발표자료가 완성되었는지를 살펴보기 위한 [여러 슬라이드 보기] 외에도 [슬라이드 노트보기]가 있다. 메인 메뉴에서 [보기]를 클릭한 후 [슬라이드 노트보기]를 누르면 프레젠테이션 중에 필요한 설명을 메모해 두거나, 슬라이드 이미지나 설명문을 입력한 상자로 옮기고 크기를 바꿀 수 있어 발표자의 발표를 도와줄 수 있다. [슬라이드 노트 상자]를 마우스로 선택하면 슬라이드별로 필요한 연설자 노트를 만들 수 있고 이동줄을 이용하여 슬라이드 사이를 이동할 수도 있다.

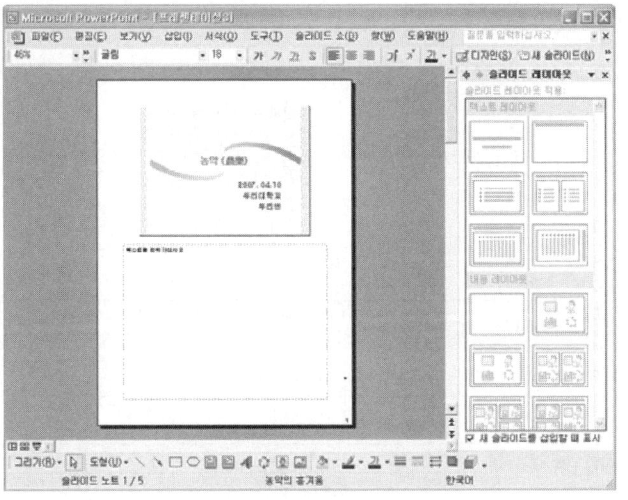

[그림 4-8] 슬라이드 노트 보기

'두리번'이 처음으로 작성한 문서를 저장해 보자. 작성된 프레젠테이션을 다시 사용해야 할 경우가 생길 수 있고, 간혹 시스템 다운과 같은 불가피한 상황을 예방하기 위해서라도 작성이 끝나지 않았을지라도 주기적으로 저장해주는 습관을 가지는 것이 필요하다. 파워포인트에서 기본적으로 저장되는 위치는 "My Documents" 폴더이다. 저장위치는 따로 설정할 수 있다. 기본적인 저장위치에 다른 폴더를 만들어 저장해 주는 것도 좋다. 저장을 원하는 폴더를 만들어 방금 작업한 내용들을 저장하자.

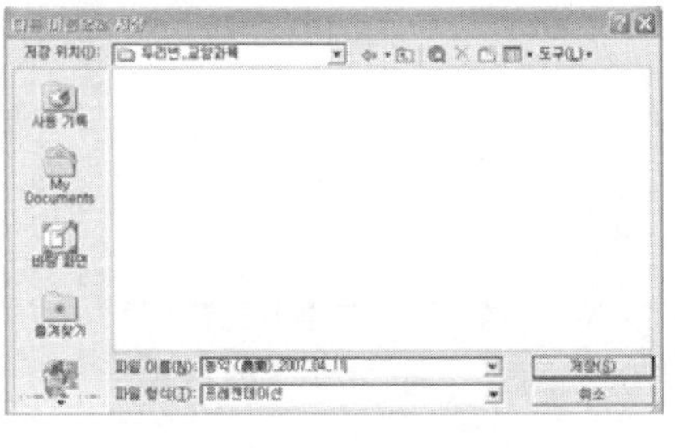

[그림 4-9] 문서 저장하기

파워포인트의 파일 형식 중 몇 가지 알아야 할 파일 형식을 아래 도표에 나타내었다. 파워포인트가 상위버전 일수록 다양한 파일 형식을 제공한다. 이는 기존의 파워포인트 하위버전에 모든 파일 형식을 취급하도록 하기 위함인 동시에 파일 형식을 웹상에서 처리해야 하는 경우도 생기므로 이를 대비하기 위함이기도 하다.

파일 형식	확장자	설 명
프레젠테이션	.ppt	파워포인트 프레젠테이션
Window 메타파일	,wmf	슬라이드 그림 파일로 사용
개요/RTF	,rtf	프레젠테이션 개요를 개요 파일로 사용
프레젠테이션 서식파일	.pot	프로젠테이션을 서식 파일로 사용
파워포인트 쇼	,pps	슬라이드 쇼로 시작하는 프레젠테이션

[표 4-1] 파워포인트 파일 형식

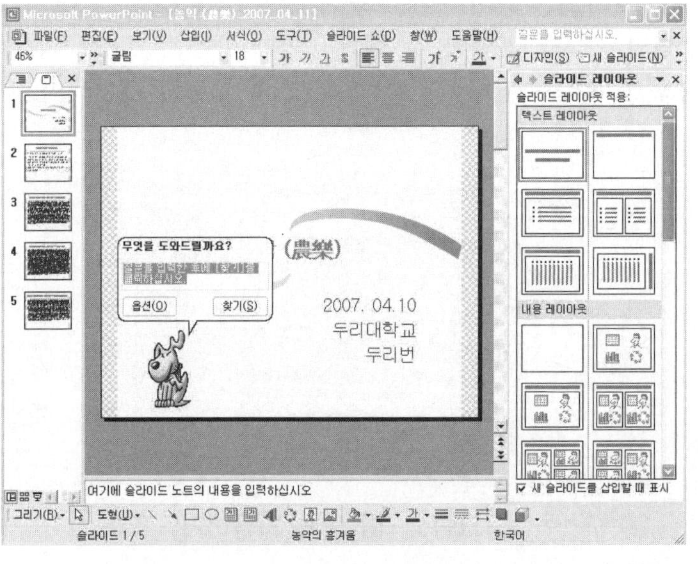

[그림 4-10] 파워포인트 도움말 실행 예

모든 응용프로그램이 그렇듯이 파워포인트에서도 강력한 도움말 기능이 있다. 프레젠테이션 작성 작업을 하다보면 기능에 대한 궁금증에 대해 지능적인 도움말 기능을 이용해 편리하게 도움을 받을 수 있다. 파워포인트 화면의 우측 상단 부분에 간략한 질문을 할 수 있고 세부 사항에 대해 알고자 한다면 단축키 F1을 클릭하거나 도움말을 클릭하면 된다.

우리가 물건을 구매할 때 가장 먼저 따지는 것은 당연히 물건의 품질일 것이다. 좋은 품질이 소비자 욕구를 자극시키듯 좋은 내용이 발표 내용을 알차게 구성해 준다. 그 다음으로 소비자가 살펴보는 것은 바로 디자인이다. 상품에 대한 포장을 아름답고 예쁘게 구성해 줌으로써 물건의 가치품질을 높여주는 역할을 하게 된다. 파워포인트는 이러한 물건의 품질을 포장해주는 역할을 한다. 당연히 내용이 좋아야 함은 말할 것도 없고 좀 더 쉽고 이해가 빠른 발표 자료를 만들기 위해 파워포인트가 이용되는 것이므로 우선은 좋은 내용을 담아야 할 것을 잊지 말기 바란다. 그러나 포장 또한 하나의 수단이 될 수 있으므로 가치를 높일 수 있는 포장의 수단으로 파워포인트를 이용할 수 있음도 기억해 주기 바란다.

2. 텍스트, 선, 그리기 편집

문서를 작성하다보면 작성하고자 하는 문서의 목적이 무엇인지를 정확히 이해하고 작성해야 목적에 맞는 문서를 작성할 수 있게 된다. 흔히 시작하면서 목적을 찾고자 하는 방법은 옳은 방법이 아니다. 전체 윤곽을 무엇을 설명하기 위한 것인지, 어떤 부분에 대해 이해를 시키고자 하는 것인지, 제품이나 장소, 물건 등을 소개 하고자 하는 것인지를 알아야 전체 맥락이 이어진다.

저작도구를 사용하여 문서를 작성하는 것은 하나의 수단이고, 수단에 해당하는 응용프로그램을 배운다는 것은 단지 사용법을 숙지하는 것이다. 이상적인 문서 작성법으로는 앞서 밝힌 바와 같이 정확한 목적을 이해하고 목적을 상기하면서 작성하는 방법을 택해야 할 것이다.

이번 장에서는 파워포인트를 사용하여 텍스트라던지 선 그리기, 그림의 편집 등에 대해 알아보겠다. '두리번'은 비록 서투르긴 하지만 교양과목의 과제물을 작성해 보았다. 주제는 '농악' 이었는데 '두리번'이 작성한 문서를 발표하자 담당 교수님은 좀 더 수정을 요하였다. 대학 수업에서 주제가 정해진 발표 수업을 자주 접하게 되는데 의도한 바를 정확히 이해하고 무엇을 중점적으로 포인트로 삼아야 하는지, 그리고 담당 교수님의 교수 방법은 대해 어떠한지 이해를 해야 좋은 점수를 받게 된다.

심기일전(心機一轉)하는 마음으로 '두리번'은 본인이 작성한 보고서를 다시 작성해 보기로 하였다. '두리번'의 선배인 '어리버리'도 이번 보고서 작성을 도와주기로 했는데 '어리버리'의 경험을 바탕으로 보고서의 전체 구성부터 살펴보기로 하였다. 보고서 즉 레포트(Report)는 정해진 양식을 바탕으로 한다. 즉 발표 형태의 수업에서 첫 번째 장은 표지이며 표지에 들어가야 할 내용은 무엇일까? 발표 하고자 하는 내용의 함축적 의미인 제목일 것이다. 또한 발표자의 이름과 소속이 들어가야 한다. 누가 발표를 하고 언제 발표를 하는지에 대해서도 기술하는 것이 좋으리라 본다.

'두리번'의 경우 파워포인트의 서식파일을 이용하였기 때문에 자동적으로 서식이 저장되어 첫 번째 슬라이드에 발표할 제목, 발표자의 소속 그리고 발표 일자를 기술하였다. 기술된 내용에 대해서는 비교적 옳은 생각을 한 것 같지만 소속과 발표일자가 제목보다 작은 글자가 되어야 할 것이다. 또한 발표한 사람에게 발표를 들은 학생들이 서면이나 이메일 등 연락할 방법을 취해서 궁금사항에 대해 질문을 할 수도 있으므로 연락처를 첨부하기로 하였다.

지적 사항에 대해서는 메모하는 습관을 들여야 하므로 첫 번째 슬라이드에 대한 문제점을 기술해 보았다.

① 제목의 크기와 발표자 소속, 발표일자 등의 글씨를 차별화 할 것
② 발표자의 연락처를 기술 할 것
③ 발표자의 연락처는 이메일로 정함

우선 제목을 좀 더 돋보이게 하고자 파워포인트 [그리기 마당]에 있는 [Word Art]를 이용하기로 하였다. [Word Art]를 클릭하게 되면 [Word Art 겔러리]가 팝업창으로 나타난다.

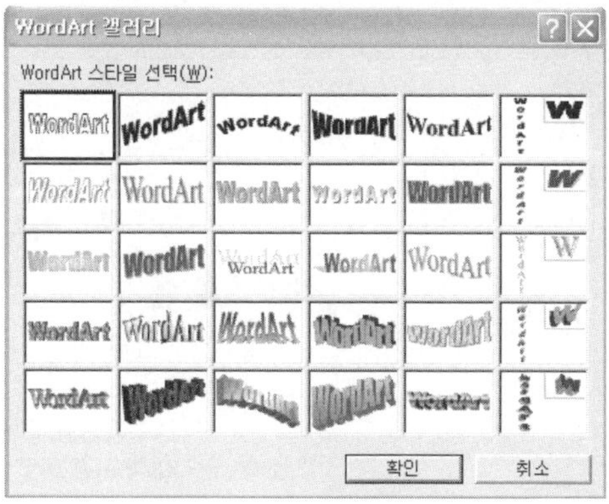

[그림 4-11] 파워포인트의 Word Art 겔러리

제목을 돋보이게 하기 위해 [Word Art] 중 스타일을 하나 선택 하였다. 그리고 발표일자를 조금 줄이고 '16' 사이즈로 줄이고 발표자의 소속을 좀 더 구체적으로 정해 주었다. 전체적인 안정감을 주기 위해서는 글자의 크기를 밑으로 가면서 크게 해주는 게 효과적 이다. 파워포인트에서는 프레젠테이션을 작성할 때 슬라이드에서 사용하는 모든 구성요소들을 의미 하며 그림, 도형, 문자열 상자, 소리, 동영상, 그래프 등의 개체를 이용하게 된다.

[그림 4-12] 파워포인트 그리기 마당

[그림 4-13]에서 텍스트 상자를 클릭하여 이메일 주소를 기입하였다. 몇 가지 지적 사항을 가지고 '두리번'이 첫 번째 슬라이드를 다음과 같이 수정하였다.

[그림 4-13] 그리기 마당 개체를 이용한 제목부분 수정

파워포인트의 아래 부분에 있는 그리기 마당에서 마우스를 살짝 올려놓으면 각 개체에 대한 제목을 알 수 있다. 도형이나 선 그리기, 타원 그리기, 사각형 그리기 등도 실습해 보기 바란다. 파워포인트의 Word Art 겔러리의 경우 개체 형태로 지정되기 때문에 크기 조절도 가능하고, 제목에만 활용할 수 있는 것은 아니다. 본문의 내용에서도 Word Art 활용이 가능하다. 모든 부분에 대해 한번쯤은 실습해 보는 것이 효과적일 것이다.

자 이제 본문에 들어갈 내용도 일부 수정해 보자. 발표 자료의 경우 발표자가 발표를 진행 할 경우 무엇을 발표할 것인지에 대해 먼저 개략적으로 밝혀 주어야 한다. 주로 목차 형태의 발표 내용들에 대한 순서를 알려 줌으로써 발표의 내용들이 무엇인지 그리고 그 발표 내용들을 어떠한 순서대로 발표 할 것인지에 대해 알려주는 것이 일반적이다. 내용이 아무리 좋다 하더라도 기본적인 발표 형식을 맞추지 못한다면 좋은 발표 자료라 할 수 없다.

'두리번'의 발표 자료는 목차가 빠져 있어 발표를 듣는 사람들에게 무엇을 어떠한 순서로 발표 할 것인지에 대해 알려주지 않아 정리되지 않은 느낌을 준다. 따라서 간략한 목차를 넣어 줌으로써 발표내용에 대해 정리해 준다.

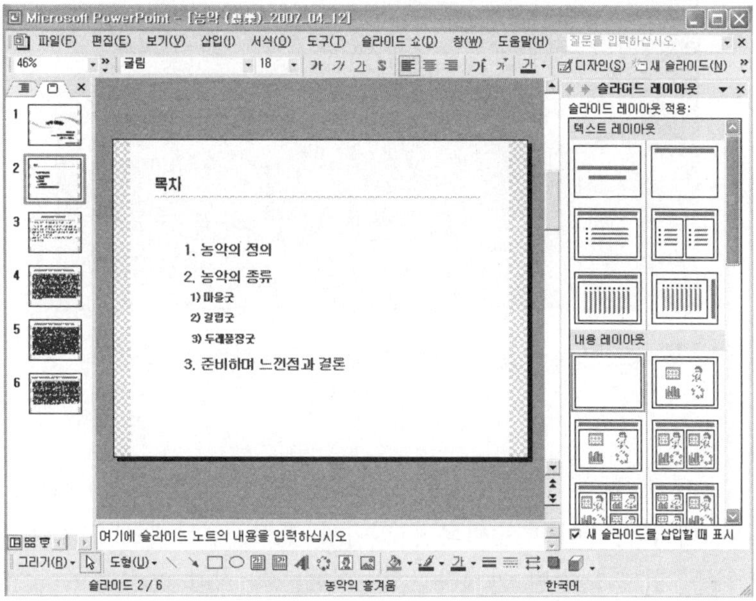

[그림 4-14] 목차 부분 삽입

착실히 준비한 내용 부분에 대해서는 일부 수정을 통해 내용을 충분히 살렸다. 그러나 파워포인트의 여러 가지 기능을 잘 살려서 발표 자료를 만든다면 더욱 바람직한 형태의 발표 자료가 될 것이다. 예를 들어 그림을 삽입하던지 내용 부분에 대한 관련 차트를 이용하는 방법도 바람직 할 것이다. 발표 자료를 만들면서 발표를 듣는 사람의 입장을 생각해 보면 좀 더 구체적으로 자료를 만들 수 있다. 다음 그림을 '마을굿'이라는 곳에 삽입해 보자.

[그림 4-15] '두리번'이 구한 마을굿 그림

그림이나 동영상 혹은 차트와 같은 보조 자료들이 첨가되기 위해서는 우선 그림 파일이나 데이터가 이미 준비되어 있어야 한다. 인터넷이나 서적 등을 통해 준비를 할 수도 있고 디지털 카메라 등을 이용하여 직접 준비할 수도 있다. 준비한 자료가 [그림 4-15]라 한다면 당연히 디지털 자료로 보유되어 있어야 한다. 이때 자료의 배치도 중요하다. 어디다 배치를 해야 그림 자료를 잘 활용할 수 있는가를 고려할 필요가 있다.

[그림 4-16] 마을굿 그림을 삽입한 모습

내용 부분도 일부 수정을 해 주는 게 좋다. 지금 '두리번'의 경우에는 모든 내용을 나열 식으로 기술 하였지만 발표라는 것은 정리가 되어 있어야 할 필요성이 있다. 각자 나름대로 내용을 간략히 만들어 보라. 나머지 부분에 대해서도 '두리번'의 자료를 참조하여 발표 자료를 수정해 보기 바란다.

3. 개체 삽입과 편집

이번 장에서는 파워포인트에서 강력한 기능을 제공하는 개체 삽입 방법들과 편집 부분에 대해 설명하도록 하겠다. 개체 삽입에서는 파워포인트가 제공하는 클립아트를 삽입하는 방법, 그림 삽입 방법, 도형 등을 만들어 회전 시키거나 색상을 입히는 방법, 챠트 만들기, 테이블을 만드는 방법 등이 주로 사용된다.

3-1. 클립아트 삽입 방법

특정 슬라이드에 그림을 삽입하는 방법하기 위해서는 [삽입]메뉴-[그림]-[클립아트] 선택를 선택한다. 단축아이콘은 [그리기 마당]에 있는 을 클릭 한다. 해당 클립아트 중에서 원하는 그림 선택 한 후 <삽입>을 누르면 된다.

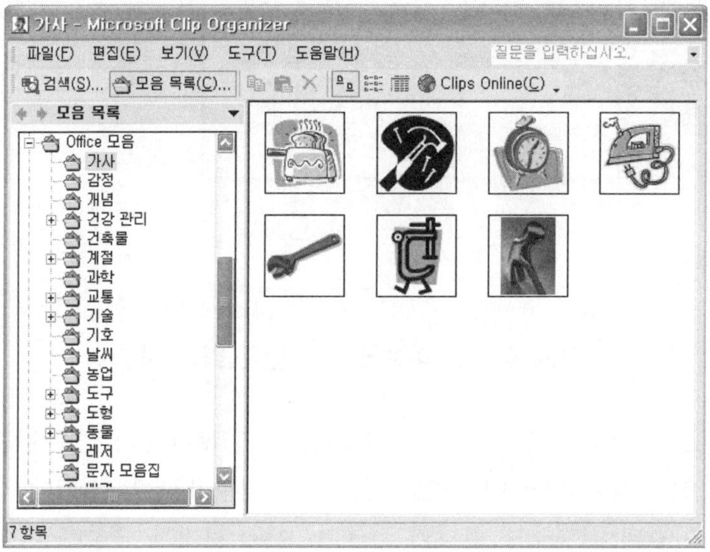

[그림 4-17] 클립아트 목록 중 가사의 클립아트

오피스에서 제공되는 클립보드는 파워포인트 뿐만 아니라 워드(word)에서도 사용이 가능하다. 삽입된 그림을 수정하려면 예를 들어 색상을 바꾸기를 원한다면 삽입된 그림에 마우스 오른쪽 버튼 클릭하고 메뉴 중 <그림 서식> 선택하여 <다시 칠하기> 선택해 원하는 색상으로 변경할 수 있다. 클립아트의 경우 인터넷과 본인의 컴퓨터가 연결되어 있다면 웹상에서 제공되는 클립아트를 이용할 수도 있다.

[그림 4-18] 클립아트 웹 목록 중 유적의 클립아트

삽입하는 방법은 드레그하는 방법도 있고 클립을 선택 한 후 복사하여 붙이는 방법도 있다.

[그림 4-19] 웹 목록 클립아트를 파워포인트에 복사

클립아트를 삽입하고 색상을 바꿔보자. 우선 웹 목록에서 캐릭터에 있는 아래 그림을 파워포인트에 삽입하여 크기를 적당히 조절해 보라.

[그림 4-20] 웹 목록 클립아트를 파워포인트에 삽입

삽입된 그림을 마우스 오른쪽으로 선택하여 <그림서식> 선택 후, <그림> - <다시 칠하기> 선택한다.

3-2. 문자열 편집

문자열을 편집하기 위한 방법은 비교적 쉽다. 문자의 색상이나 크기, 글꼴, 아래첨자 위첨자와 같은 글의 위치 등을 조절해야 하는 경우가 있다. 또한 간혹 세로로 문자를 구성해야 하는 경우나 각도를 주어야 하는 경우가 필요하다면 문자열 편집을 이용하면 된다. 파워포인트에서는 이런 모든 기능들이 가능하다. 물론 파워포인트 뿐만 아니라 다른 워드프로세서에서도 기능들이 향상되어 가능하다. 자 몇 가지 문자열 편집을 실습해 보자.

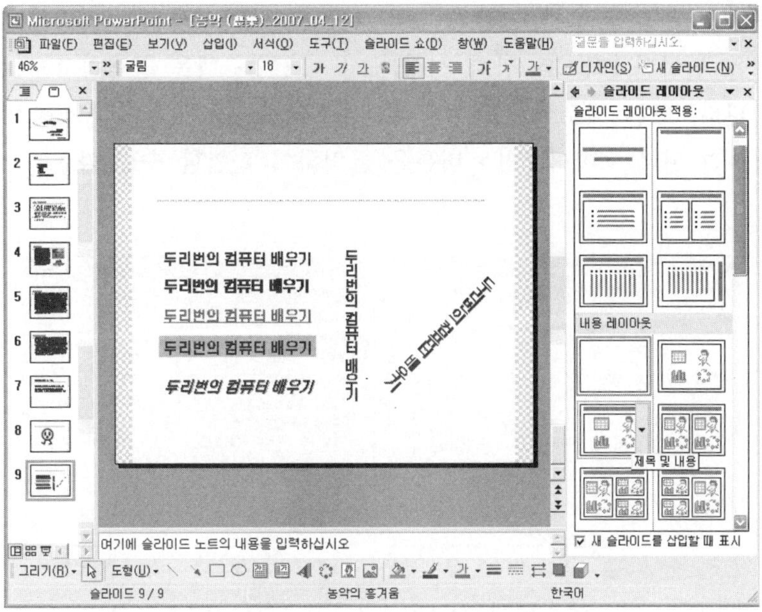

[그림 4-21] 문자열 편집

텍스트 문자열 삽입은 텍스트를 블록으로 설정한 후 마우스의 오른쪽 버튼을 클릭 하였을 때 [텍스트 상자 서식]에서 할 수 있다. 글자를 입력하고 텍스트 상자를 열어보라.

[그림 4-22] 텍스트 상자 메뉴

클릭 버튼을 누르면 아래 그림과 같은 텍스트 상자가 나타난다. 예를 들어 글자의 회전을 원하면 [텍스트 상자 서식]에서 <크기> 탭을 클릭하고 회전에 각을 입력하면 된다. 또한 세로쓰기를 원한다면 [그림 4-23] 우측처럼 <텍스트 상자> 탭을 클릭하면 된다. <미리보기> 버튼을 클릭하여 확인할 수 있다.

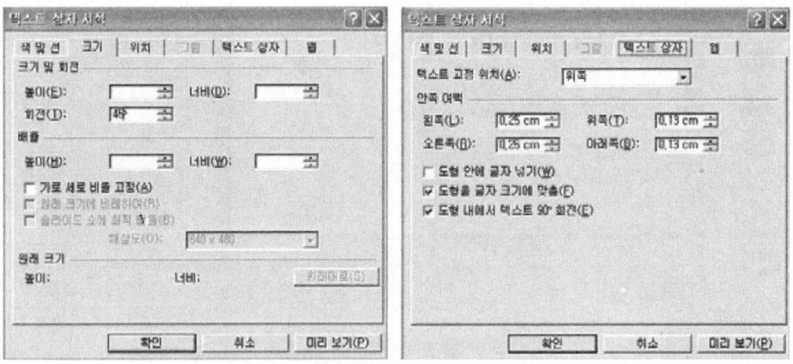

[그림 4-23] 텍스트 상자 메뉴 <크기>(좌), <텍스트 상자>(우)

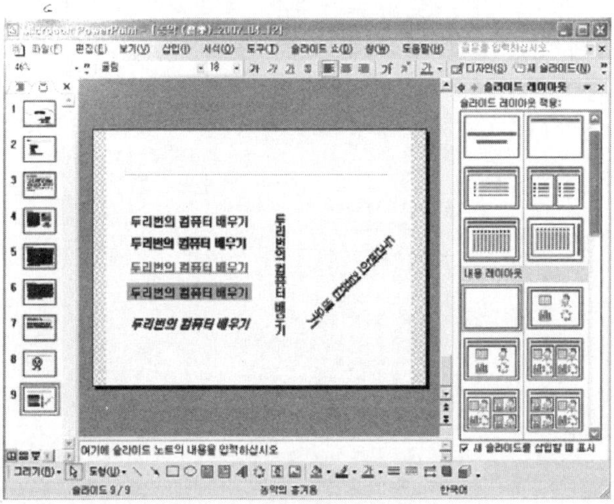

[그림 4-24] 텍스트 상자를 이용해 문자열 변환 예

3-3. 간단한 도형 그리기

파워포인트를 이용하여 간단한 도형을 그릴 수 있다. 이러한 도형은 여러 가지 형태로 이용될 수 있다. <그리기바>의 <도형>을 마우스로 선택하고 <기본도형>에서 육각형모양 선택하여 원하는 위치에 도형을 그린다. 도형의 크기 변경은 우선 도형을 마우스왼쪽으로 선택하고 8개의 사각형 점이 나타나면 마우스포인터를 점의 한곳으로 이동하면 화살표가 나타나게 되는데 마우스를 누른 상태로 원하는 크기만큼 늘이거나 줄일 수 있다.

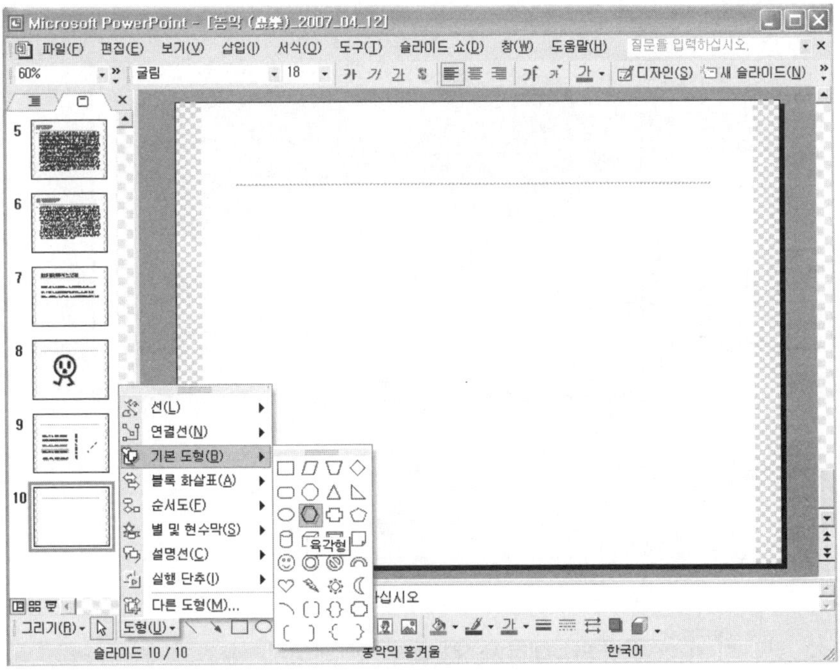

[그림 4-25] 그리기-도형-육각형 설정

도형 및 그리기 바에서 작업한 내용 복사하는 방법은 매우 간단하다. 만약 다른 슬라이드로 복사하고자 한다면 원하는 것을 마우스로 선택하고 단축기 Ctrl + C 를 누르던지 마우스의 오른쪽 버튼을 눌러 복사하기를 클릭한다. 원하는 위치에 가서 Ctrl + V(붙여넣기)를 누르면 된다. 동일한 슬라이드 내에서도 같은 모양의 도형이나 그림 등의 복사 작업도 가능하다.

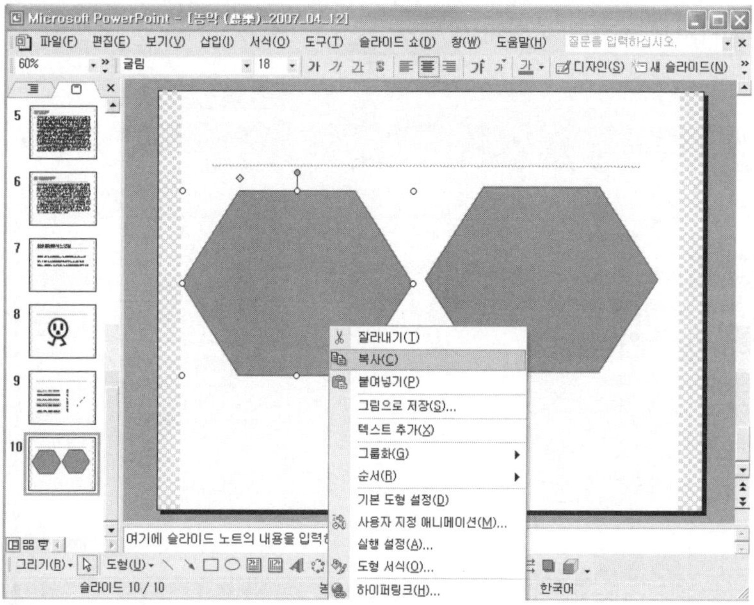

[그림 4-26] 도형 복사하기

도형의 원하는 각도만큼의 회전을 하고자 한다면 우선 도형을 선택하면 8개의 작은 사각형이 나타나게 된다. 이때 <그리기 바>에 있는 도형 위쪽에 회전 아이콘을 마우스로 누르면 도형에 초록색의 4개의 작은 원이 생기게 되는데 4개의 점 중 하나에 마우스를 가져가면 회전모양이 나타난다. 이것을 마우스를 누른 채 원하는 방향만큼 회전시키면 된다.

만약 내용 이해가 어렵다면 도형을 클릭하여 마우스 오른쪽 버튼을 클릭하면 [그림 4-27]이 팝업창이 생성된다. <크기> 탭에서 회전 각도를 주는 방법을 이용해도 된다.

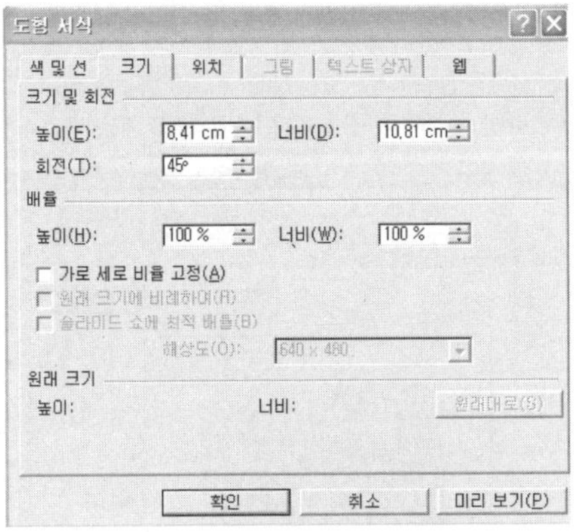

[그림 4-27] 도형서식 창

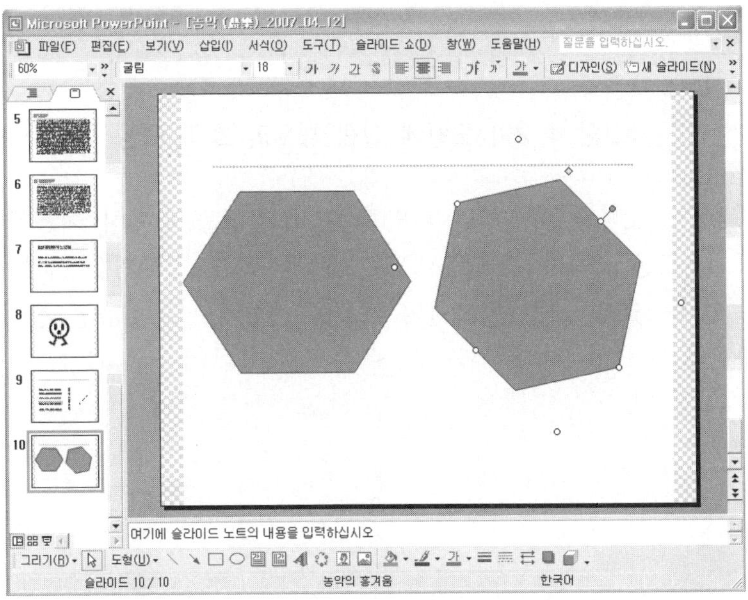

[그림 4-28] 도형의 회전 예

이번에는 그리진 도형에 사진 등의 그림 채우는 방법을 생각해 보자. 우선 <그리기 바>를 이용하여 도형을 먼저 그렸다면 그리기 바의 <채우기>아이콘 옆의 화살표를 선택한다. 여기서 <채우기효과>를 선택하고 <그림>을 선택하여 <그림 선택>을 마우스로 클릭하고 원하는 그림을 찾아서 확인 버튼을 누른다.

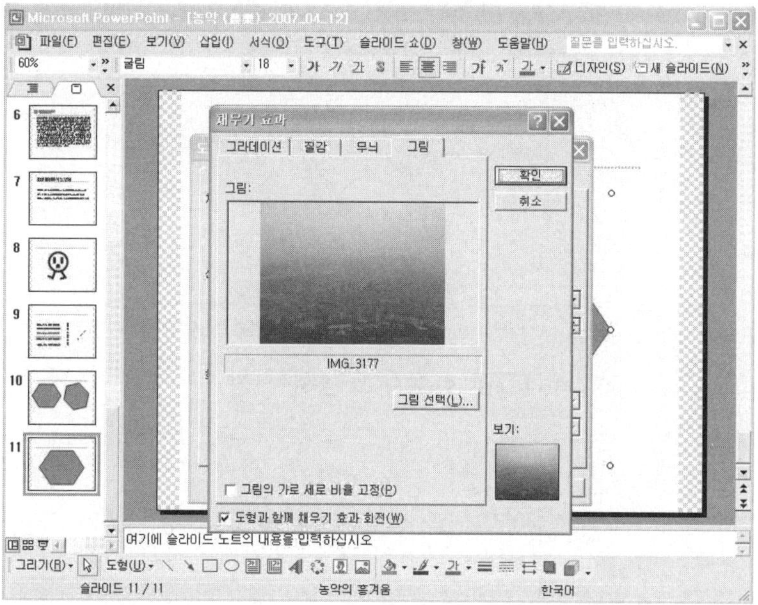

[그림 4-29] 도형에 그림 채우기 효과 적용

도형의 채우기 효과를 이용하면 다양한 문서 편집을 원활히 이용할 수 있다. 예를 들어 계보도를 그려야 할 경우에도 사용 될 수 있고 매핑을 시켜야 할 경우에도 사용 될 수 있다. 다양한 그림의 포맷이 가능하므로 실습을 통해 꼭 확인해 보기 바란다.

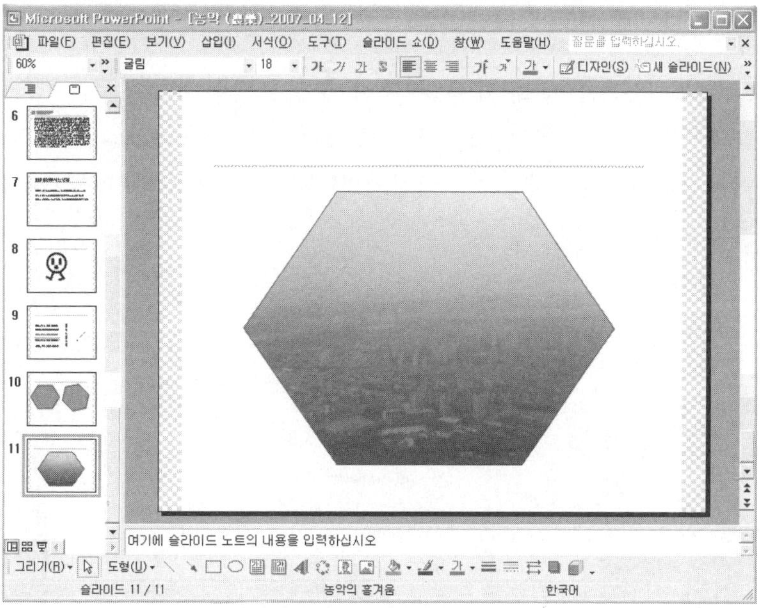

[그림 4-30] 도형에 그림 채우기 효과 적용 예

이렇게 완성 된 그림에 그림자 효과를 적용해 보자. 그림자 효과란 도형, 문자열, 모든 것에 그림자가 생기는 듯한 효과를 말한다. 방법은 원하는 도형이나 문자열을 선택하여 8개 사각형 점이 표시되면 <그리기바>의 <그림자설정> 선택하여 그림자의 크기를 적절히 조절하면 된다.

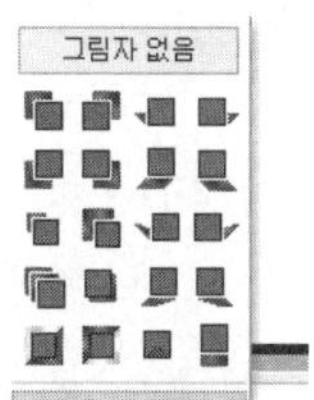

[그림 4-31] 도형에 그림자 설정

3-4. 파워포인트 조직도 이용방법

조직도란 특정 조직의 상,하,좌,우의 조직 구성을 알아보기 쉽게 구성한 것이다. 파워포인트에서는 조직도를 쉽게 그릴 수 있게 한 기능이 있다. 조직도 구성을 위해 화면 상단의 [메뉴표시줄]에서 [삽입]선택을 선택하고 부메뉴 중에서 [그림] - [조직도]를 선택한다.

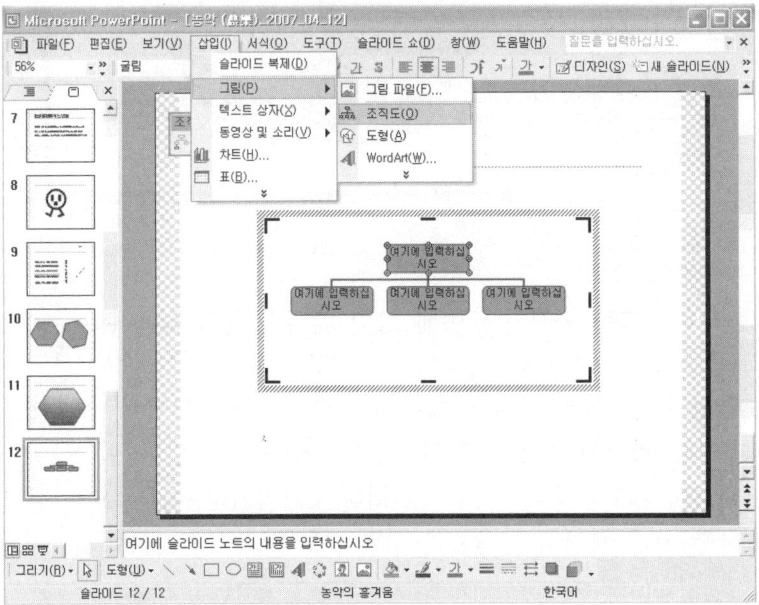

[그림 4-32] 조직도 설정

[그림 4-32]에서 보이는 바와 같이 미리 만들어진 형식의 구성에 내용을 입력하면 된다. 조직도 구성이나 그림 등도 도형에 채워 넣을 수 있다. 실습을 통해 이를 확인하고 간단한 조직 구성을 만들어 보라.

4. 마스터 유형과 디자인 서식

파워포인트로 발표 자료를 구성하다보면 회사의 로고나 소속 등을 바닥에 항상 나타나게도 할 수 있다. 이 때 이용되는 방법이 마스터이다.

[그림 4-33] 제목 마스트 적용 예

마스터 적용은 [보기]에서 [마스터] - [슬라이드 마스터]를 선택하여 만들 수 있다. 마스터의 적용은 비단 슬라이드 마스터에서만 이용되는 것은 아니다. 파워포인트에서 마스터의 적용은 슬라이드와 유인물 그리고 슬라이드 노트에서도 적용이 가능하다.

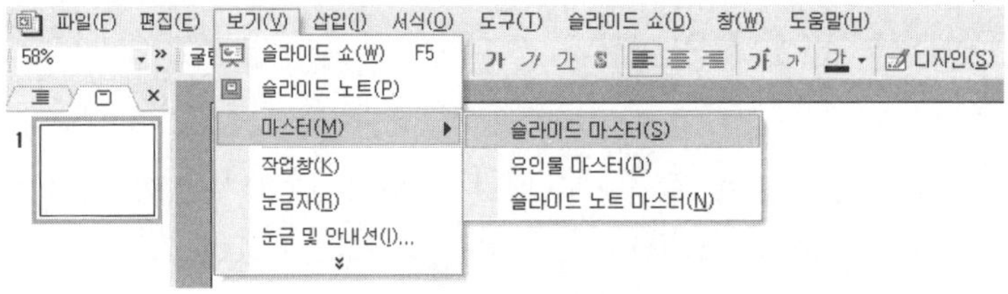

[그림 4-34] 마스트 열기

슬라이드 마스터는 제목 마스터와 본론의 마스터를 따로 구성할 수 있다. 일반적인 경우 내용 부분에서만 마스터를 적용하게 된다. 회사 로고와 같이 모든 슬라이드에 동일하게 들어가는 항목은 마스터에서 작업을 한다. 또한 마스터로 글꼴, 크기, 색 등 제목과 본문의 서식도 설정할 수 있다. 파워포인트의 새 프레젠테이션에서 새 슬라이드 구성을 선택한다. [그림 4-34]에서와 같이 슬라이드 마스터를 선택한다.

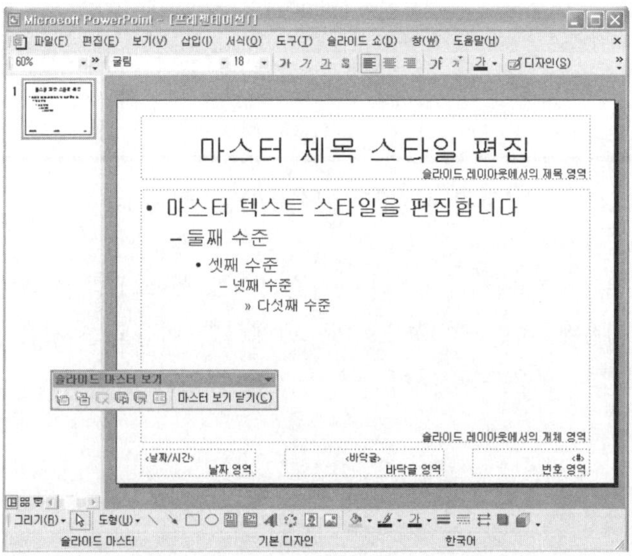

[그림 4-35] 마스트 열기 적용

그리기 도구모음에서 직사각형을 선택한 다음 마우스를 드래그하여 적당한 크기의 사각형을 그려 넣는다. 도형은 테두리선은 검정색으로 바탕색은 회색-50%로 설정한다.

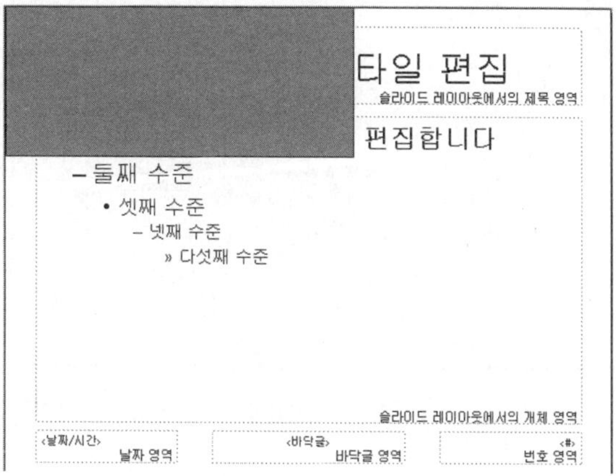

[그림 4-36] 마스트에서 사각형 만들기

두 번째 도형은 <도형>에서 '둥근 직사각형'을 선택하여 원호를 크게 만든다.

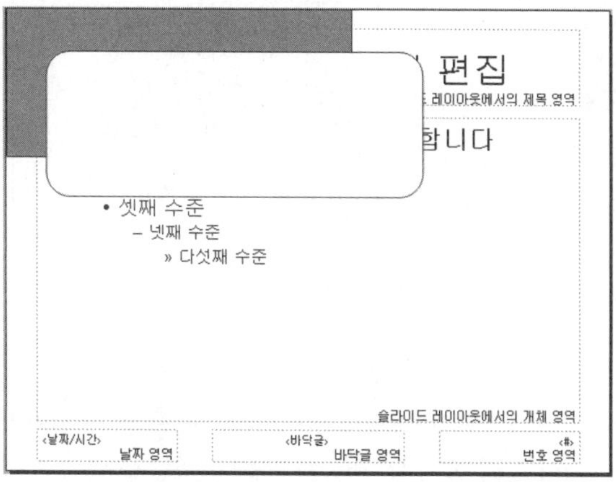

[그림 4-37] 마스트에서 둥근 사각형 만들기

만들어진 도형의 테두리선은 '없음'을 선택하고, 바탕색은 '흰색'을 적용한다.

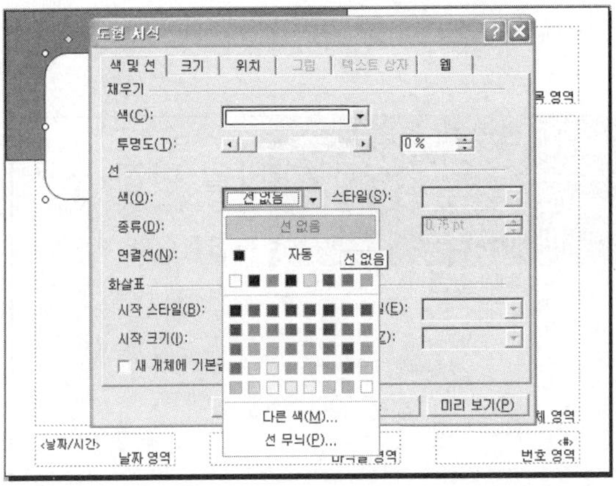

[그림 4-38] 둥근 사각형에 '선없음' 선택

사각형과 둥근 사각형 두 도형을 Shift를 누른 상태로 클릭하면 두 개체가 모두 잡힌다. '그리기 - 그룹'을 선택하여 하나의 개체로 만든다.

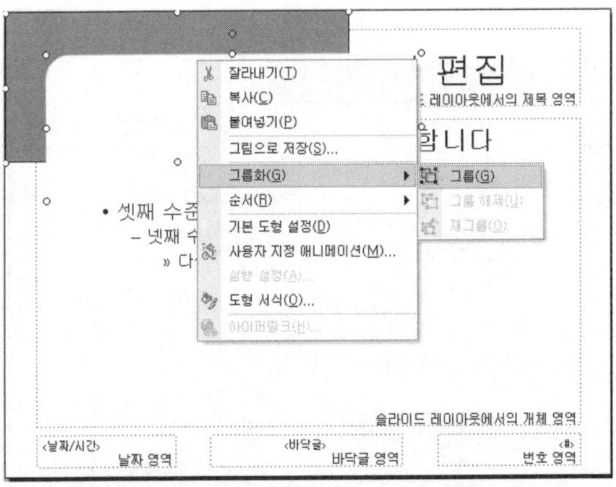

[그림 4-39] 두 도형의 그룹 설정

그룹으로 설정된 도형을 '편집-복사/붙여넣기'로 하나 더 생성하고 '그리기 - 회전/대칭 - 좌우대칭' 및 '상하대칭'을 적용하여 마스터 우측 하단에 배치한다.

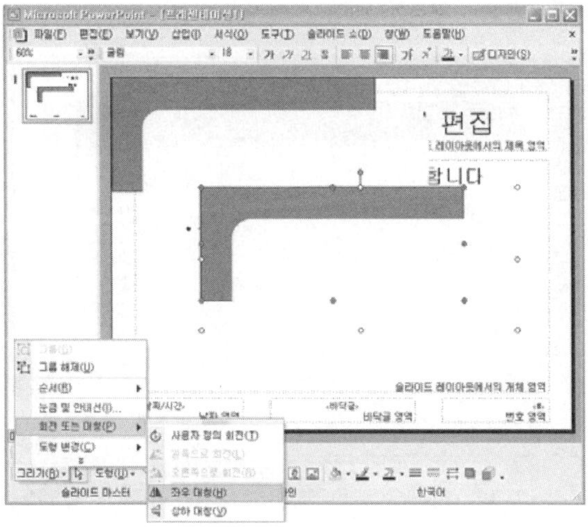

[그림 4-40] 도형의 복사 및 좌우/상하 대칭 적용

상단에 파란색 '둥근 직사각형' 과 흰색을 적용한 '직선'을 만들어 마스터에 추가 한다.

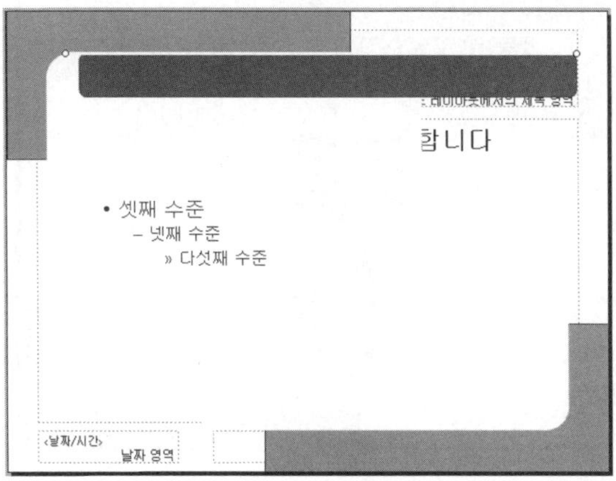

[그림 4-41] 새로운 도형과 직선 추가

방금 만든 파란색 둥근 사각형 도형 내부에 문자열을 추가한다. 도형을 선택하고 바로 문자를 입력하면 도형에 문자열 상자가 자동으로 씌워지면서 내용이 추가된다.

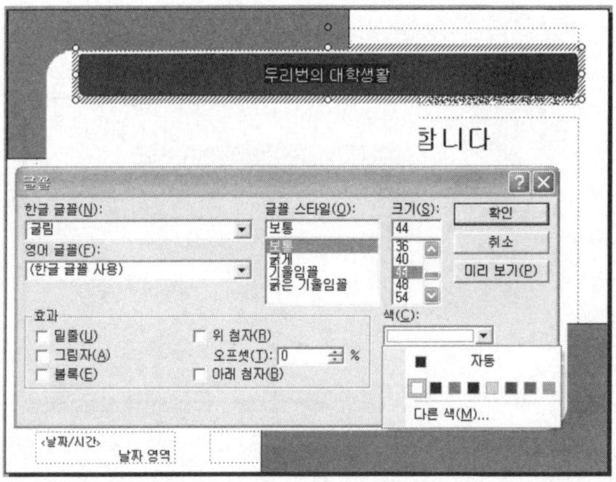

[그림 4-42] 도형에 글자 삽입

마스터에 적용할 이미지와 로고를 삽입하기 위하여 [삽입] - [그림] - [클립아트]를 선택하고 클립 갤러리에서 '찾기'를 누른 다음 학문에서 그림을 찾아 삽입한다.

[그림 4-43] 클립아트에서 그림 삽입

클립아트 그림을 슬라이드 중앙에 배치하고 본문 문자열과 색상이 잘 어울릴 수 있도록 [서식] [그림]에서 <그림> 탭에서 <이미지 조절>을 '희미하게'로 선택한다.

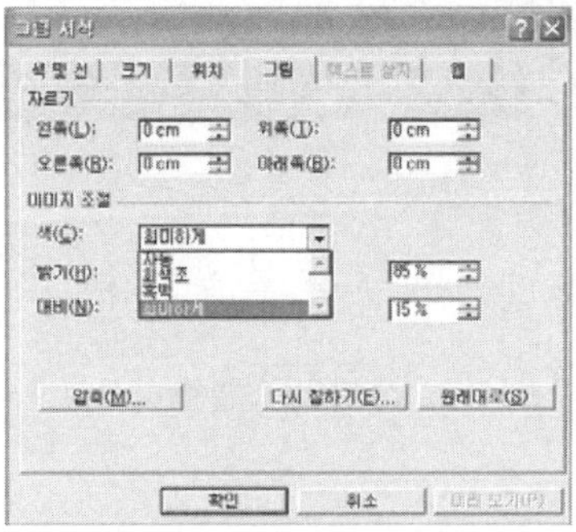

[그림 4-44] 그림 서식에서 이미지 조절 예

완성된 마스터 파일은 '두리번_마스터'라는 이름으로 '프리젠테이션 서식 파일(확장자가 *.pot)'로 저장한다. 슬라이드 파일(*.ppt)이 아닌 서식 파일로 저장해야만 다른 슬라이드 파일에 마스터에서 만들어진 디자인 서식을 적용할 수 있다. 저장 할 위치는 파워포인트의 디자인 서식이 모여 있는 'Templates' 폴더 안의 '디자인' 폴더에 저장한다.

[그림 4-45] 디자인 서식 파일로 저장

마스터 닫기로 마스터를 빠져 나가면 다음 그림과 같은 마스터가 형성된다.

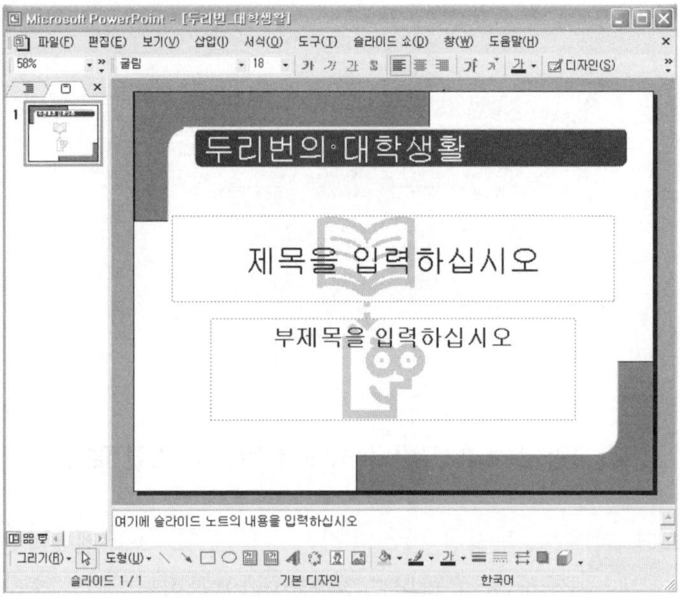

[그림 4-46] 마스터 완성 모습

자 이제 여러분들도 '두리번'처럼 마스터를 만들 수 있을 것이다. 만들어진 마스터는 발표 자료를 완성하는 동안 슬라이스에 계속 적용이 된다. 학교의 로고나 자신의 사진을 삽입할 수도 있다. 디지털 저장장치로 이동이 가능하다면 충분히 가능한 일이다.

이제 디자인 서식파일에 대해 알아보자. 이미 디자인 서식파일에 대해선 약간의 언급이 있었다. 본인이 원하는 형태의 마스터를 제작하여 디자인 서식 파일에 이용하는 방법도 있고 만들어진 다양한 디자인 서식파일을 이용할 수도 있다. 만약 방금 만들어진 마스터의 디자인 서식 파일을 적용할 수 있는 위치에 저장했다면 언제든지 사용이 가능하다.

[그림 4-47] 디자인 서식파일 찾기

적용방식은 간단하다. 원하는 디자인 서식 파일을 더블 클릭하거나 드래그하여 본문의 창으로 이동시키면 된다.

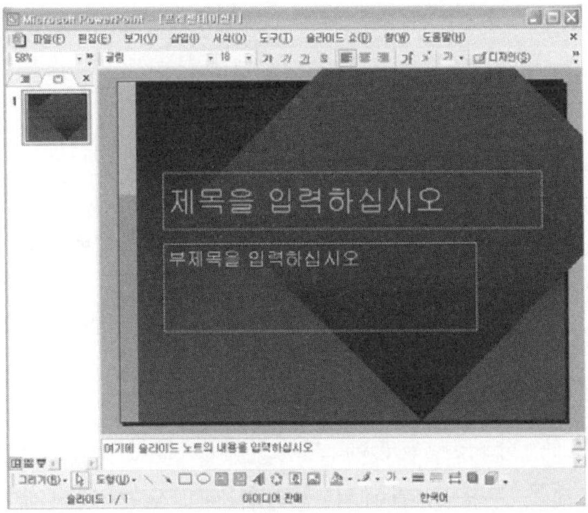

[그림 4-48] 디자인 서식파일 적용 예-아이디어판매

5. 다양한 애니메이션 효과

슬라이드상의 문자열, 정지영상, 동영상 등의 개체에 애니메이션을 설정하게 되면 강조의 기능과 프레젠테이션의 흐름을 부드럽게 전달해 줄 수 있어 발표자의 의도를 더욱 충족시킬 수 있다. '두리번'도 수업 중 텍스트로만의 의미 전달보다는 챠트, 예시, 비교 등의 수업 방식에 더욱 흥미를 가진다는 것을 알았다. 이러한 시각적 효과나 청각적 효과를 문서에 편집 시킬 수 있는 방법을 애니메이션 효과라 한다.

애니메이션 효과 지정은 슬라이드 보기나 여러 슬라이드 보기에서 작업할 수 있다. 슬라이드 전체에 대한 애니메이션 효과 지정도 가능하며 여러 슬라이드에 동시에 같은 효과를 지정 할 수 있다. 이번 장에서는 발표자의 설명을 더욱 이해하기 쉽게 만들어 주는 애에니메이션 효과에 대해 배워보자. '두리번', 준비 되었는가?

5-1. 문자열 애니메이션 효과

문자열 애니메이션이라 함은 슬라이드 보기 상에서 제목이나 문자열 개체에 애니메이션 효과를 설정하는 것이다. 이 때 애니메이션을 적용하기 위해서는 하나의 개체로 구성되어 있어야 한다. 간단히 실습해 보자.

다시 '두리번'의 발표 자료를 활용해 보자. 제목 부분에서 Word Art를 활용하여 제목을 만들었었다. 제목 부분을 위에서 천천히 내려오는 애니메이션 효과를 주기로 하자. 우선 제목의 '농악'을 위에서 아래로 내려오는 간단한 실습을 하겠다.

애니메이션 설정을 위해서는 개체를 지정한 다음 애니메이션을 설정해 주어야 한다. 개체가 지정되면 개체 주변으로 점이 생기거나 문자열의 경우에는 박스가 형성됨을 알 수 있다.

개체가 지정되었으면 [슬라이드 쇼]에서 [사용자 지정 애니메이션]을 선택한다.

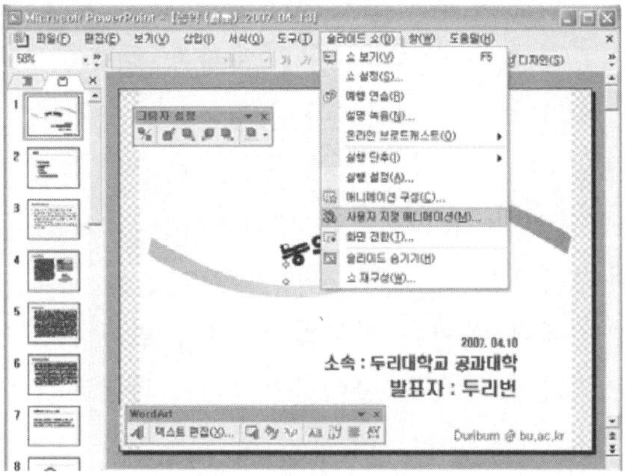

[그림 4-49] 개체 사용자 지정 애니메이션 설정

설정된 애니메이션은 [그림 4-50]과 같이 여러 기능을 제공하게 된다. 나타내기의 날아오기를 설정해 보자.

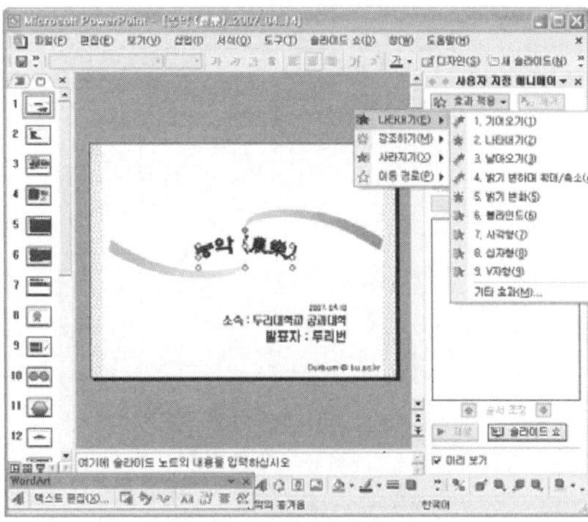

[그림 4-50] 애니메이션 지정

애니메이션이 지정되면 애니메이션 시작을 어떻게 할 것인지를 결정 할 수 있다. 예를 들어 '클릭할 때'를 설정하게 되면 마우스나 키보드로 키를 눌러 주어야 동작이 된다. '이전 효과와 함께'를 클릭하게 되면 다음 지정된 애니메이션과 동시에 동작을 하게 된다. 이러한 순서는 밑에 개체의 순서를 가지고도 알 수 있다. 정해진 액션의 종류에 따라 애니메이션이 수행된다고 생각하면 된다.

애니메이션 동작이 들어간 슬라이스는 애니메이션이 어떤 동작이 이루어지는지 바로 체크가 가능하다. [그림 4-51] 하단의 재생 버튼을 누르면 방금 작업한 애니메이션을 슬라이스 내에서 확인이 가능하다. 실제 발표 자료에서는 어떤 모습이 보일까 궁금하다면 슬라이드 쇼를 클릭하면 된다. 파워포인트의 경우 발표를 위한 슬라이드는 전체 화면에 나타나기 때문에 슬라이스 내에서 나타나는 모습과 다소 차이가 생길 수 있다.

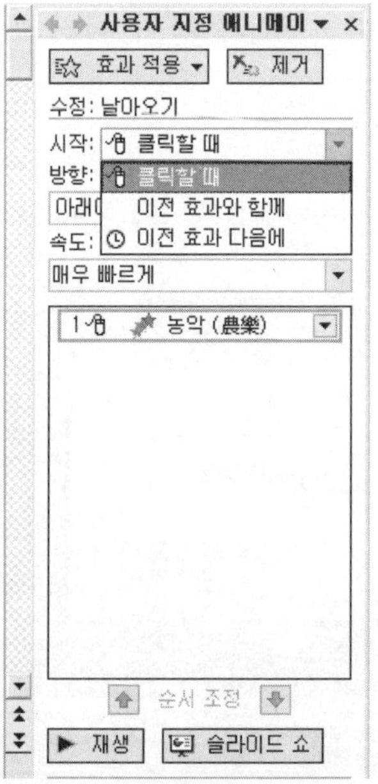

[그림 4-51] 사용자 지정 애니메이션

이번에는 한 슬라이스 안에 여러 개체에 대한 애니메이션 지정을 해보자. 사실 애니메이션 설정을 하고나면 그렇게 어렵지 않다는 것을 알게 될 것이다. 다음 그림을 참조하여 애니메이션 설정을 하라. 소속과 발표자가 들어가 있는 문자열에 대한 애니메이션도 같은 사용자 지정 애니메이션을 설정하자.

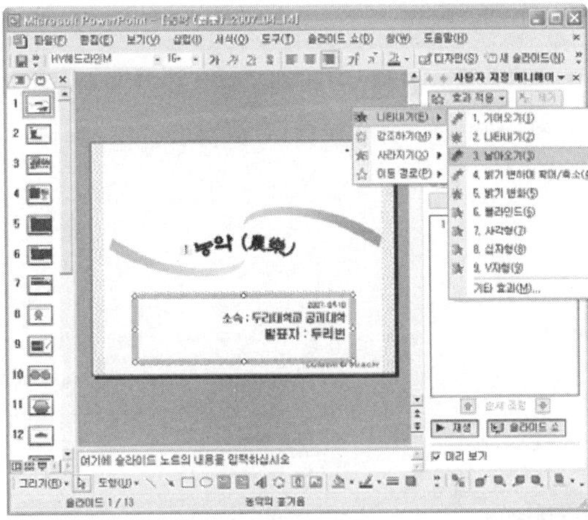

[그림 4-52] 두 번째 지정 애니메이션 설정

설정된 두개의 애니메이션은 순서와 속도, 방향 조정이 가능하다.

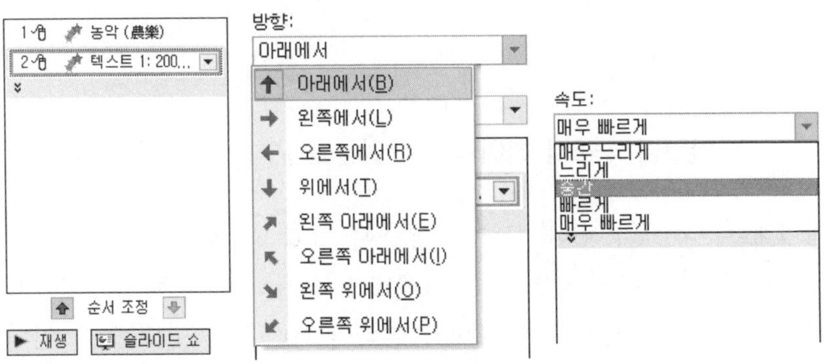

[그림 4-53] 애니메이션 조건 설정

5-2. 하이퍼링크 추가

동영상이나 음성을 포함한 소리파일 등과 같은 내용도 발표 중간에 삽입이 가능하다. 실제 내용의 질적 향상을 위해서는 사실적 자료를 넣어주는 것이 필요하다. 인터넷이 연결된 환경이라면 신문과 같은 자료를 하이퍼링크로 추가 시켜 줌으로써 발표 자료에 사실 확인이 쉽다.

'두리번'이 작성하고 있는 두 번째 슬라이스를 가지고 하이퍼링크를 삽입 해 보자. 하이퍼링크를 설정할 개체를 선택한다. 그 다음 [슬라이드 쇼] 메뉴에서 [실행설정] 명령을 선택한다.

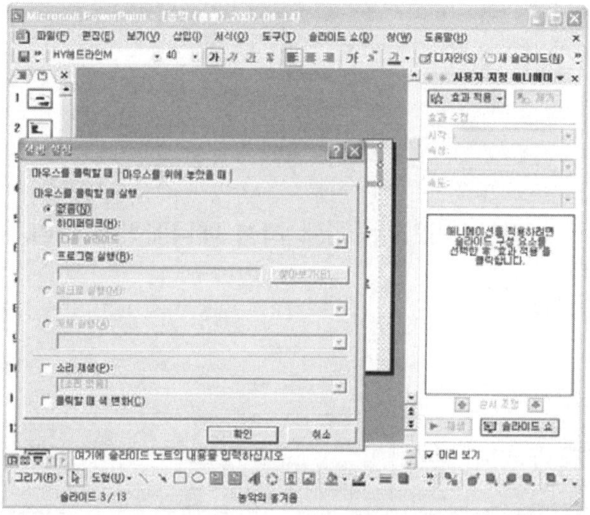

[그림 4-54] 하이퍼링크 설정을 위해 실행설정

실행설정에는 두 가지 탭이 있다. 마우스를 클릭 할 때 실행설정이 되는 경우와 마우스를 설정한 위에 놓았을 때 이벤트가 발생하여 자동으로 실행설정이 되는 경우다. 하이퍼링크는 발표 자료내의 슬라이드에서 할 수도 있고 인터넷에 연결도 가능하다.

프로그램 실행 버튼을 누르면 컴퓨터 내 동작이 가능한 응용프로그램을 연결시킬 수 있다. 물론 동영상이나 그림파일 등도 연결이 가능하다. 또한 소리 재생 버튼을 누르게 되면 음성 신호를 삽입 할 수 있다. [슬라이드 쇼]-[실행단추]를 클릭 하게 되면 개체가 아닌 버튼 형태를 이용할 수도 있다.

[그림 4-55] 프로그램에서 동영상 설정의 예

연 습 문 제

1. 본인에 소개를 파워포인트로 작성하고 발표하자.

2. 파워포인트에서 수식사용을 위한 MathType에 대해 조사하라.

3. 새로운 디자인 서식 파일을 구할 수 있는 방법에 대해 조사하라.

4. 파워포인트의 새로운 버전에서 강화된 기능에 대해 조사하라.

5. 파워포인트의 그리기 마당에 있는 도형의 설명선과 클립보드를 이용해 4단 생활 만화를 그려보라.

6. 특정회사 홍보를 하고자 한다면 파워포인트의 어떤 기능들이 유용하게 이용될 수 있는지 그룹별로 토론해 보라.

7. 애니메이션의 프로그램 기능을 이용해 간단한 응용프로그램을 파워포인트에서 실행해 보라.

8. 나만의 파워포인트 템플릿을 작성해 보라.

제5장 엑셀 2002 활용

1. 엑셀의 개요
2. 데이터 입력 및 편집
3. 셀 서식
4. 함수활용 수식계산
5. 차트 만들기
6. 피벗테이블과 데이터 분석

1. 엑셀의 개요

마이크로소프트(Microsoft)사에서 개발한 사무용 프로그램 팩키지인 Office XP (Experience)에 포함된 프로그램인 엑셀(EXCEL)은 스프레드 시트(Spread Sheet) 종류의 프로그램으로 자동 계산, 수식 작성, 차트 작성, 데이터관리 및 분석 등을 일괄 처리할 수 있는 응용프로그램이다. 지속적인 발전으로 엑셀은 단순한 스프레드 기능에서 벗어나 수식과 함수, 문서의 작성, 데이터베이스(DB) 기능으로 워크시트 데이터를 정렬, 필터, 검색, 분석하여 정보의 체계적 관리를 수행하고, 이를 위한 쿼리(Query) 및 매크로(Macro) 기능 등도 갖추고 있다.

엑셀 2002에서 새롭게 보강된 기능들을 살펴보면 다음과 같다.

①	사용자 중심의 인터페이스 기능	: 화면 우측에 별도의 작업 창
②	스마트 태그 기능	: 사용자 메뉴를 필요할 때 마다 제공
③	향상된 워크시트 기능과 인쇄 기능	: 탭 색, 워크시트 보호 기능의 간편화
④	편리한 함수 사용	: 확장된 자동 합계, 함수 인수 도구, 함수마법사의 권장 함수
⑤	편리한 웹 연동	: 웹 페이지 자동 업데이트, 일부 범위만 선택하여 e-메일 보내기
⑥	풍부한 데이터 솔루션	: 데이터 연결 마법사, XML 지원
⑦	향상된 피벗 테이블 보고서와 피벗 차트	: 추가 대상 목록의 사용, 피벗 테이블의 웹 컴포넌트 기능 강화

1-1. 엑셀 2002 실행하기

① 시작 : 윈도우 바탕화면 [시작] ➡ [모든 프로그램] ➡ [Microsoft Office Excel]을 선택한다.(또는 바탕화면의 Microsoft Excel 아이콘을 선택한다)

② 종료 : 메뉴의 [파일] ➡ [끝내기(X)]를 선택한다.(또는 프로그램 창 오른쪽 상단의 종료버튼을 사용한다)

1-2. 엑셀의 화면구성

(1) 화면구성 소개

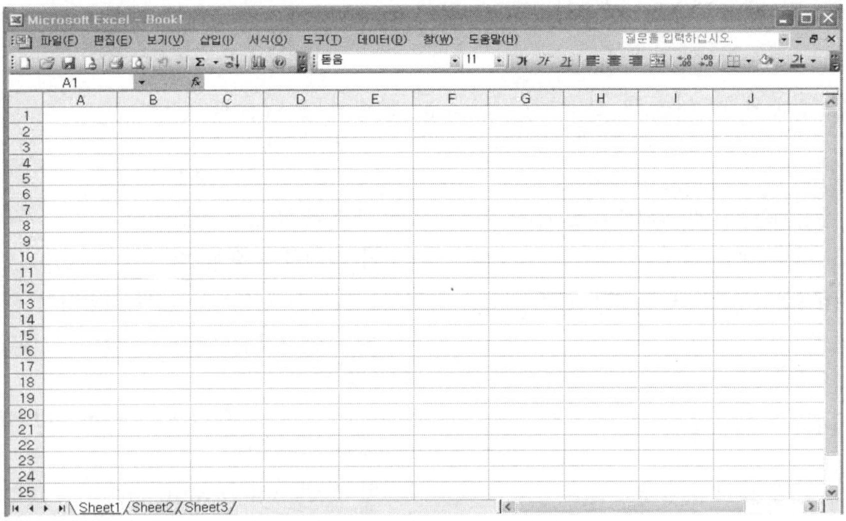

[그림 5-1] 엑셀의 화면구성

① 제목 표시줄 : 응용프로그램과 파일이름, 아이콘 표시단추, 전체화면 표시단추, 닫기단추 등이 들어 있는 프로그램 창 상단의 표시줄을 말한다.

② 메뉴 표시줄 : 엑셀 작업에서 사용할 수 있는 명령을 분류하여 모아 놓은 곳이다. 메뉴 표시줄의 주 메뉴를 누르면 하위 메뉴가 나타나는 풀다운 메뉴 방식으로 되어 있다.

③ 도구 모음 : 메뉴 표시줄에서 선택할 수 있는 명령을 빠르게 선택하여 수행할 수 있도록 아이콘 형태로 모아놓은 곳이다.

④	이름 상자와 : 수식입력줄	이름 상자는 현재 선택되어 있는 셀(활성셀)의 주소를 표시하고, 수식 입력줄은 현재 셀의 내용을 보여 준다.
⑤	워크시트 :	실제 문서를 입력하고 계산하는 작업 공간이다.
⑥	행머리글 :	1,……, 65536 순서의 아라비아 숫자로 표시된다.
⑦	열머리글 :	A,……, IV 순서의 알파벳 문자로 표시되며 256개의 열이 있다.
⑧	시트탭 :	현재 통합 문서에 포함되어 있는 워크시트의 이름을 나타낸다.

2. 데이터 입력 및 편집

2-1. 데이터의 종류

(1) 문자데이터

① 문자, 공백, 숫자의 조합으로 이루어진다.
② 기본적으로 왼쪽으로 정렬된다.
③ 숫자를 문자데이터로 입력하려면 인용부호를 붙여야 한다.

(2) 수치데이터

① 0에서 9까지의 숫자와 +, -, /, $, % 등의 특수 문자들을 사용할 수 있다.
② 기본적으로 오른쪽으로 정렬된다.
③ 마침표(.)는 소수점으로 인식한다.
④ 분수는 날짜로 인식되지 않도록 하기 위해 앞에 “0”을 함께 입력한다.

(3) 날짜와 시간데이터

① 날짜는 연, 월, 일을 “-” 또는 “/”로 구분하고 시간은 시, 분, 초를 “:”으로 구분하여 입력한다.
② 같은 셀에 날짜와 시간을 나타내려면 날자와 시간사이에 공백을 입력해야 한다.

(4) 수식데이터

① 수식은 반드시 등호(=)로 시작해야 한다.
② 셀에 입력된 데이터를 수식으로 사용할 경우 일반적으로 상수데이터를 그대로 사용하지 않고 데이터가 입력된 셀의 셀 주소를 참조한다.
③ 기본적으로 수식에 사용한 데이터의 종류에 따라 정렬방식이 결정된다.

(5) 연산기호

① 산술연산자 : (예) +(더하기), -(빼기, 음수), *(곱하기), /(나누기), %(백분율), ^(지수)
② 비교연산자 : 데이터의 크기를 비교하여 참(TRUE) 또는 거짓(FALSE)을 결과로 되돌리는 연산자를 비교연산자라고 한다.
(예) >(크다), <(작다), =(같다), >=(크거나 같다), <=(작거나 크다), <>(같지 않다)
③ 문자열 결합 : (예) &

2-2. 통합문서관리

(1) 데이터 입력, 수정, 내용지우기

각각의 셀에 데이터들을 입력하려면 데이터를 입력할 셀을 선택한 후, 데이터를 입력하고 Enter↵ 키를 누르거나 화살표키를 누른다. 이미 입력되어 있는 내용의 일부를 수정하려면, ① 수정데이터가 입력되어 있는 셀로 셀포인트를 이동한 후 F2 키를 눌러 수정한다. ② 수정데이터가 입력되어 있는 셀로 셀포인트를 이동한 후 더블클릭하여 수정한다. ③ 수정데이터가 입력되어 있는 셀로 셀포인트를 이동한 후 수식입력줄로 커서를 옮겨 직접 수정할 수 있다.

또 이미 입력한 데이터를 지우려면, ① 지울 데이터가 입력되어 있는 셀로 셀포인트를 이동한 후 Delete 키를 누른다. ② 지울 데이터가 입력되어 있는 셀로 셀포인트를 이동한 후 오른쪽 클릭의 단축메뉴 중 [내용지우기]를 선택한다.

(2) 범위 지정하기

① 연속적으로 이어져 있는 셀 범위를 지정할 때는 시작부분에서 마우스 왼쪽 단추를 누른 채 드래그 한다.

② 비연속적인 셀 범위를 선택하려면 먼저 첫 번째 셀 범위를 선택한 후 Ctrl 키를 누른 상태에서 필요한 범위를 지정한다.

③ 행 또는 열 단위로 선택하려면 행머리글 또는 열머리글을 눌러 지정한다.

(3) 데이터 채우기

데이터 채우기란 일정한 범위에 동일한 데이터나 연속되는 데이터를 쉽게 입력할 수 있는 기능이다.

① 동일 데이터 채우기 : 채우기 핸들을 이용하여 연속된 여러 셀에 동일한 데이터를 입력한다.

② 연속 데이터 채우기 :채우기 핸들과 Ctrl 키를 동시에 이용하여 1씩 증가하는 연속 데이터를 입력한다.

③ 일정한 간격으로 채우기 : 일정한 간격으로 증가 또는 감소하는 연속데이터를 입력한다.

(4) 워크시트 삽입, 삭제, 이동/복사, 이름바꾸기

워크시트 하단에 있는 시트탭에서 마우스 오른쪽 단추를 이용하여 실행한다.

(5) 파일 저장하기

작성한 통합문서를 디스크에 기록하는 것을 저장이라고 한다. 통합문서의 이름은 저장하기 전까지는 Book1, Book2, Book3,... 으로 설정된다. 통합문서를 저장할 때 파일의 확장명은 ".xls"로 자동 설정된다.[메뉴의 파일 ➡ 저장/다른 이름으로 저장 선택]

[그림 5-2] 파일 저장하기

(6) 새로만들기

새로만들기 명령은 Book으로 시작하는 이름을 가진 통합문서를 새로 준비할 때 사용하는데, 엑셀 2000 이하 시리즈보다 한층 편리해졌다.[메뉴의 파일 ➡ 새로만들기 선택]

[그림 5-3] 새로 만들기

(7) 파일 열기

파일 열기 명령은 여러 디스크에 저장되어 있는 파일을 엑셀 프로그램으로 읽어 들여 내용을 보거나 다시 편집할 수 있도록 한다.[메뉴의 파일 ➡ 열기 선택]

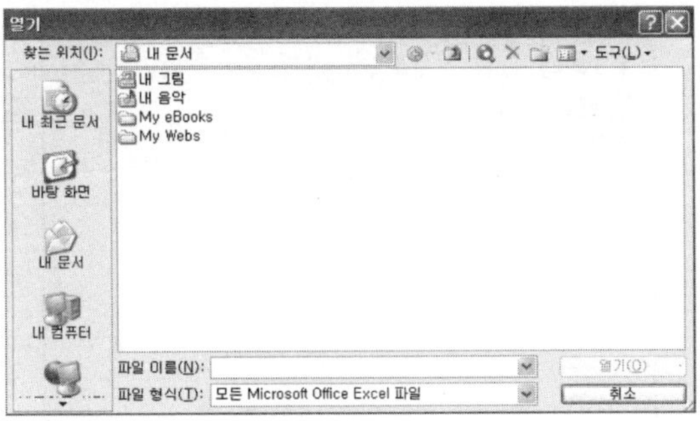

[그림 5-4] 파일 열기

3. 셀 서식

일반적으로 셀 서식은 워크시트상의 셀이나 셀 범위를 대상으로 시각적인 효과를 주기 위한 목적으로 원하는 형태로 서식을 지정하기 위해 주로 사용한다. [메뉴의 서식 ➡ 셀 선택] 또는 마우스 오른쪽 단추 클릭을 하면 셀 서식 기능이 있는데 각 탭의 구체적인 내용은 다음과 같다.

(1) 표시형식

워크시트에 입력된 데이터가 화면에 나타나는 방식을 표시형식이라고 한다. 표시형식을 변경해도 원래 입력한 데이터의 값은 영향을 받지 않는다. 셀서식에서 기본적으로 제공하는 표시형식으로 표현할 수 없을 경우, [사용자 지정]에서 사용자가 직접 약속된 코드를 사용하여 표시형식을 지정할 수도 있다.(예 - #"원", #"병"등)

(2) **맞춤**

셀 데이터를 어느 쪽 기준으로 정렬할 지를 설정하는 기능이다.(텍스트 맞춤, 방향, 조정)

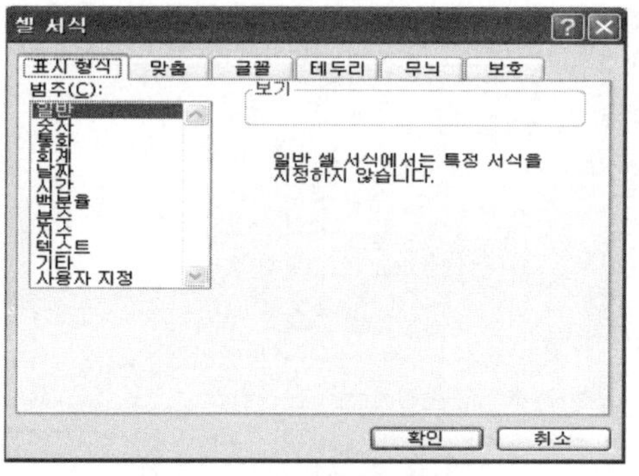

[그림 5-5] 셀 서식

(3) **글꼴** : 글꼴 크기, 스타일 등 데이터의 글꼴을 변경할 수 있다.

(4) **테두리** : 셀 테두리에 괘선을 표시한다. 셀에 대각선도 가능하다.

(5) **무늬** : 셀의 바탕색, 무늬모양, 무늬색을 지정한다.

4. 함수활용 수식계산

함수란 반복적이고 복잡한 일련의 계산과정을 엑셀에서 미리 정해진 수식(예약어)에 의해 연산되도록 작성한 하나의 약속이다. 일반 연산에서 "1+2"는 "+"라는 기호는 1과 2의 값을 서로 더하라는 세계적인 공통의 약속이라면 엑셀에서는 함수인 "=SUM(1, 2)"를 사용하면 1과 2의 합계를 구하라는 일종의 약속이다.

실제 실무에서 사용하는 계산이 다양한 만큼 엑셀에서 함수 또한 매우 다양하다. 단순한 합계를 계산하는 함수에서 어려운 각종 공식 등 함수의 종류는 약 300여 종류가 있다. 이러한 엑셀 함수는 각종 계산과 분석을 위하여 단독으로 사용될 수도 있고, 엑셀의 매크로 프로그래밍에도 기본적인 명령어(예약어)로도 사용된다.

4-1. 엑셀 함수의 종류

엑셀 함수는 데이터베이스 함수, 날짜와 시간 함수, DDE와 외부 함수, 공학 함수, 재무 함수, 정보 함수, 논리 함수, 찾기와 참조 함수, 수학과 삼각 함수, 통계 함수, 텍스트 함수 등이 있다.

(1) 데이터베이스 함수

① DAVERAGE : 데이터베이스나 목록에서 찾을 조건과 일치하는 열의 값의 평균을 구한다.

▶ 구문 : DAVERAGE(database, field, criteria)

- Database :	데이터베이스를 구성하는 셀 범위로서 데이터베이스는 레코드(행)와 필드(열)로 이루어진 관련 데이터들의 목록이다. 데이터베이스의 첫째 행에는 각 열의 레이블이 들어 있다.
- Field :	어떤 필드가 함수에 사용되는지를 나타낸다. "나이" 또는 "수확량" 처럼 큰 따옴 표로 묶은 열 레이블로 Field 인수를 지정하거나, 첫째 필드에 1, 둘째 필드에 2 등 필드 번호로 Field 인수를 지정할 수 있다.
- Criteria :	찾을 조건이 들어 있는 셀 범위로서 최소한 열 레이블 하나와 그 아래 셀 하 나가 있는 범위이면 찾을 조건 인수로 사용할 수 있다.

(예) 자산의 재고 중 수량이 50개 이상인 자산의 금액 평균과 수량의 평균을 구하면 다음과 같다.

D11 = =DAVERAGE(C1:D8,D1,G10:G11)

	A	B	C	D	E	F	G
1	품 명	단 가	수 량	금 액	비 고		
2	모니터	155,000	48	7,440,000.00			
3	키보드	15,000	41	615,000.00			
4	마우스	7,000	90	630,000.00			
5	그래픽카드	175,000	56	9,800,000.00			
6	메인보드	120,000	33	3,960,000.00			
7	LAN카드	23,000	150	3,450,000.00			
8	스피커	37,000	27	999,000.00			
9							
10	수량이 50개이상 자료만 대상으로			금 액			수 량
11	금액평균:DAVERAGE			4,626,667			>=50
12	수량평균:DAVERAGE			99			

[그림 5-6] DAVERAGE 함수

② DSUM : 데이터베이스의 필드에서 찾을 조건과 일치하는 값들의 합을 구한다.

▶ 구문 : DSUM(database, field, criteria)

(예) 자산의 재고 중 수량이 50개 이상인 자산의 금액 합계와 수량의 합계를 구하면 다음과 같다.

D11 = =DSUM(C1:D8,D1,G10:G11)

	A	B	C	D	E	F	G
1	품 명	단 가	수 량	금 액	비 고		
2	모니터	155,000	48	7,440,000.00			
3	키보드	15,000	41	615,000.00			
4	마우스	7,000	90	630,000.00			
5	그래픽카드	175,000	56	9,800,000.00			
6	메인보드	120,000	33	3,960,000.00			
7	LAN카드	23,000	150	3,450,000.00			
8	스피커	37,000	27	999,000.00			
9							
10	수량이 50개이상 자료만 대상으로			금 액			수 량
11	금액합계:DSUM			13,880,000			>=50
12	수량합계:DSUM			296			

[그림 5-7] DSUM 함수

(2) 날짜와 시간 함수

① NOW : 현재 날짜와 시간의 일련번호를 구한다.

▶구문 : NOW( )

(예) 현재 날짜와 시간을 입력하는 NOW 함수

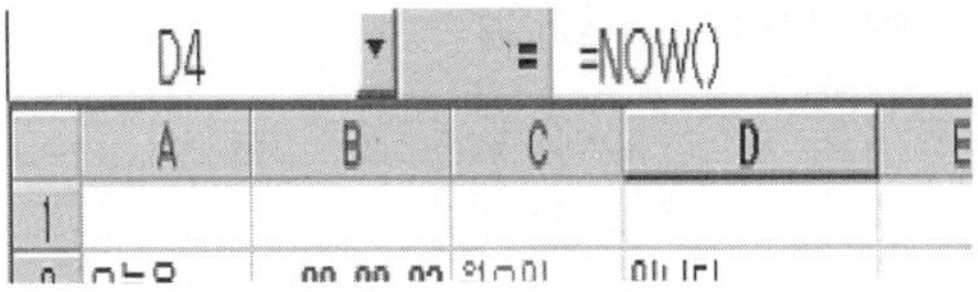

[그림 5-8] NOW 함수

② TODAY : TODAY 함수는 현재 날짜를 알려주는 함수이다. 가계부나 기타 경리 서류에서 다른 함수와 중첩해서 간단하지만 여러 가지 작업을 할 수 있는 함수이다.

▶ 구문 : TODAY( )

(예) 현재 날짜를 알려주는 TODAY 함수

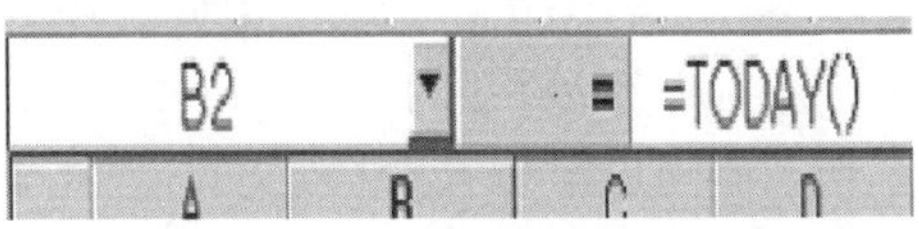

[그림 5-9] TODAY 함수

(3) 재무 함수

① FV : FV(Future Value)는 대표적인 재무 함수의 하나로 말 그대로 미래 가치를 계산할 때 사용된다. 이와 비슷한 함수는 PV(Present Value)가 있다. 여기에서 가치란 어떤 투자에 대한 가치를 말한다. 쉽게 생각해서 일정한 이율을 가진 은행에 현재 얼마씩 몇 년간 예금을 하면 얼마가 될까? 와 같은 계산을 할 때 사용된다.

▶ 구문 : FV(rate, nper, pmt, pv, type)

- Rate :	기간 당 이율
- Nper :	납입 총 횟수
- Pmt :	정기적으로 적립하는 금액으로서 일반적으로 Pmt에는 기타 비용과 세금을 제외한 원금과 이자가 포함된다. Pmt를 생략하면 Pv 인수를 반드시 포함해야 한다.
- Pv :	현재 가치 또는 앞으로 지불할 일련의 납입금의 현재 가치를 나타내는 총액으로서 Pv를 생략하면 0으로 간주하며 이 경우 Pmt 인수를 반드시 포함해야 한다.
- Type :	0또는 1로 납입 시점을 나타낸다. Type을 생략하면 0으로 간주한다.

(예) 지금부터 1년 후의 특별한 일로 저축을 한다고 가정을 해보자. ₩100,000을 저축 계좌에 예금하고 연이율 6%가 매월 복리로 계산되어 적용된다. 월이율은 6%/12 또는 0.5% 이다. 앞으로 12달 동안 매월 초에 ₩10,000을 예금한다면 12달 후에 계좌에 예금된 돈은 얼마나 될까?

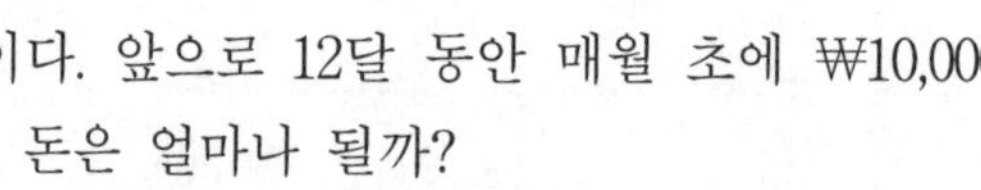

[그림 5-10] FV 함수

② PV : 투자액의 현재 가치를 계산한다. 현재 가치는 앞으로 지불할 일련의 납입금의 현재 가치의 총합이다. 예를 들어 돈을 빌릴 때 대출금은 대출자에게 현재 가치가 된다.

▶ 구문 : PV(rate, nper, pmt, fv, type)

- Rate : 이자 지급 기간 당 이율이다. 예를 들어 10% 연이율의 자동차 구입 대출금을 매달 상환한다면 월이율은 10%/12 또는 0.83% 이다. 수식에 이율을 10%/12 , 0.83% , 0.0083으로 입력한다.
- Nper : 납입 총 횟수
- Fv : 미래 가치 또는 최종 상환 후의 현금 잔고이다. Fv를 생략하면 0으로 간주된다.(예를 들어 대출금의 미래 가치는 0) 예를 들어 특별한 계획을 위해 18년 동안 \5,000,000을 저축하려 한다면 \5,000,000가 미래 가치이다. 이자율을 추정하여 매달 얼마를 저축해야 하는지 결정할 수 있다. Fv를 생략할 경우 Pmt 인수는 반드시 포함해야 한다.
- Type : 0 또는 1로 지불하는 시점을 표시한다.

(4) 논리 함수

① AND : 인수가 모두 TRUE이면 TRUE를 표시하고, 하나 또는 그 이상의 인수가 FALSE 이면 FALSE를 나타낸다.

▶ 구문 : AND(logical1, logical2, ...)

- TRUE또는 FALSE로 판정 받을 조건으로 1에서 30개까지 가능하다.
- 배열이나 참조 영역 인수에 텍스트나 빈 셀이 들어 있으면 그 값은 무시된다.
- 인수는 TRUE 또는 FALSE로 판정 받는 논리값 이거나 논리값이 포함된 배열이나 참조 영역이어야 한다.
- 지정한 범위에 논리값이 없으면 #VALUE! 오류값을 표시한다.

(예) 평균 점수가 70점 이상인 학생 중 영어는 80점 이상, 수학은 85점 이상, 국어는 75점 이상이 되는 학생에게만 표창장을 주기로 한다. 이런 경우 AND와 IF 함수를 중복해서 사용하여 다음과 같이 구할 수 있다.

K13 = =(IF(AND(H13>=70,F13>=80,G13>=85,E13>=75),"O",""))

	A	B	C	D	E	F	G	H	I	J	K
1											
2	오늘은	99-08-23	월요일	입니다.							
3											
4	학번	이름	생년월일	생일 유무	국어	영어	수학	평균	평가	순위	표창장여부
5	1	박기업	72-03-04		45	50	45	46.66666667	불합격	11	
6	2	강현규	73-08-04	O	47	55	50	50.66666667	불합격	10	
7	3	조경호	72-03-24		50	60	55	55	불합격	9	
8	4	변우식	78-04-09		55	65	60	60	불합격	8	
9	5	변신애	73-08-03	O	60	70	65	65	불합격	7	
10	6	김영애	71-02-16		65	75	70	70	예비합격	6	
11	7	채인영	69-08-06	O	70	80	75	75	예비합격	5	
12	8	정승윤	74-03-02		75	85	80	80	예비합격	4	
13	9	채승헌	96-11-14		80	90	85	85	합격	3	O
14	10	김형백	72-12-25		85	95	90	90	합격	2	O
15	11	김선하	71-02-25		90	100	95	95	합격	1	O
16											

[그림 5-11] AND 함수

② IF : logical_test를 평가하여 그 값이 TRUE면 값을 나타내고 FALSE면 다른 값을 나타낸다. IF를 사용하여 값이나 수식에 대한 조건부 검사를 할 수 있다.

▶ 구문 : IF(logical_test, value_if_true, value_if_false)

- Logical_test :	TRUE나 FALSE로 평가할 수 있는 값이나 수식이다. 예를 들면 A10=100은 논리식이다. 셀 A10의 값이 100일 경우 이 수식은 TRUE로 평가된다. 그렇지 않을 경우에는 FALSE로 평가된다. 이 인수에서는 모든 비교 계산 연산자를 사용할 수 있다.
- Value_if_true :	Logical_test가 TRUE일 경우 구한 값이다. 예를 들어 이 인수가 "예산 미달"이라는 문자열이고 Logical_test 인수가 TRUE일 경우 IF 함수는 "예산 미달" 텍스트를 나타낸다. Logical_test가 TRUE 이고 Value_if_true가 공백일 경우 이 인수는 영(0)을 나타낸다. TRUE를 나타내려면 이 인수에 대해 TRUE 논리값을 사용한다.

- Value_if_false : Logical_test가 FALSE일 경우 구한 값이다. 예를 들어 이 인수가 "예산 초과"라는 문자열이고 Logical_test 인수가 FALSE일 경우 IF 함수는 "예산 초과"라는 텍스트를 나타낸다. Logical_test가 FALSE이고 Value_if_false를 생략한 경우(즉 value_if_true 뒤에 쉼표가 없을 경우) FALSE 논리값이 나타난다. Logical_test가 FALSE이고 Value_if_false가 공백일 경우(즉 Value_if_true 뒤에 괄호 다음에 쉼표가 있을 경우) 영(0)값이 나타난다.

(예) 4차에 걸친 수학시험 결과 80점 미만의 학생의 낙제여부를 표시하면 다음과 같다.

G3 = =IF(F3>80,"통과","낙제")

	A	B	C	D	E	F	G
1	수학시험성적						
2	학생	1차시험	2차시험	3차시험	4차시험	평균	통과/낙제
3	김철수	87	90	79	96	88.00	통과
4	이영희	92	94	94	97	94.25	통과
5	박대성	96	95	95	80	91.50	통과
6	희귀한	81	70	81	68	75.00	낙제
7	조상규	81	88	88	85	85.50	통과

[그림 5-12] IF 함수

③ NOT : 인수 값의 역을 표시한다. 값이 특정 값과 같지 않은지 확인할 때 NOT을 사용한다.

▶ 구문 : NOT(logical)

- Logical : TRUE 또는 FALSE로 평가될 수 있는 값이나 표현식으로서 Logical이 FALSE면 TRUE를 Logical이 TRUE면 FALSE를 표시한다.

④ OR : TRUE인 인수가 있으면 TRUE를, 모든 인수가 FALSE이면 FALSE를 돌려준다.

▶ 구문 : OR(logical1, logical2, ...)

- TRUE 또는 FALSE를 검사할 조건으로서. 30개까지 지정할 수 있다.
- 인수는 반드시 논리값 또는 논리값을 포함하는 배열이나 참조 영역이어야 합니다.
- 텍스트 또는 빈 셀을 포함하는 배열이나 참조 영역의 인수 값은 무시됩니다.
- 지정한 범위가 논리값을 포함하지 않은 경우 #VALUE! 오류값을 표시합니다.

⑤ TRUE : 논리값을 TRUE로 표시한다.

▶ 구문 : TRUE( )

(5) 찾기와 참조 함수

① CHOOSE : index_num을 사용하여 인수 목록에서 값을 구한다. CHOOSE 함수를 사용하여 29개까지의 값 중에서 하나를 색인 번호로 선택할 수 있다. 예를 들어 value1에서 value7까지가 요일을 나타내고 index_num이 1에서 7까지의 번호일 때 CHOOSE 함수는 요일 중 하나를 구한다.

▶ 구문 : CHOOSE(index_num, value1, value2, ...)

- Index_num	선택할 인수를 지정한다. Index_num은 반드시 1에서 29까지의 수이거나 1에서 29까지의 숫자를 포함하는 셀에 대한 수식이거나 참조 영역이어야 한다. index_num이 1이면 CHOOSE는 value1을, 2이면 value2를 구하며 나머지도 이와 같은 방법으로 구한다. index_num이 1보다 작거나 목록의 최대값보다 크면 #VALUE! 오류값을 표시한다. index_num이 분수이면 소수점 이하를 잘라서 정수로 변환한다.

- Value1, value2, … : CHOOSE 함수가 index_num에 따라 값이나 작업을 선택할 때 사용되는 인수로29개까지 지정할 수 있다. 인수는 숫자, 셀 참조 영역, 정의된 이름, 수식, 매크로 함수, 텍스트 등이다.

(예) 코드번호 맨 앞 숫자 1개를 문자열추출함수로 추출하고, 1을 "전공서적", 2를 "수필서적", 3을 "소설서적"으로 하여 서적 종류를 나타내면 다음과 같다.

C4 =CHOOSE(LEFT(A4,1),"전공서적","수필서적","소설서적")

	A	B	C	D	E	F	G
2	<도서대여현황>						
3	코드번호	서명	종류	대여횟수	대여금	수입	대여순위
4	3450A	소나기	소설서적	9번	1,000원	9,000원	8
5	3468D	사랑과 꽃	소설서적	11번	1,000원	11,000원	7
6	1626F	EXCEL	전공서적	15번	2,000원	30,000원	1
7	2892G	갈매기의 꿈	수필서적	4번	1,500원	6,000원	11
8	1349H	워드프로세서	전공서적	13번	2,000원	26,000원	2
9	3656J	동백꽃	소설서적	8번	1,000원	8,000원	9
10	1659H	비주얼베이직	전공서적	13번	2,000원	26,000원	2
11	2037J	지란지교	수필서적	12번	1,500원	18,000원	4
12	1493N	전산회계	전공서적	7번	2,000원	14,000원	5
13	2136K	백두산산행기	수필서적	5번	1,500원	7,500원	10
14	1537P	윈도우	전공서적	6번	2,000원	12,000원	6
15	2628D	언어	수필서적	3번	1,500원	4,500원	12
16	평 균						

[그림 5-13] CHOOSE 함수

② VLOOKUP : 표의 가장 왼쪽 열(Column)에서 특정 값을 찾아 지정한 열에서 같은 행에 있는 값을 구한다. 비교값이 찾으려는 데이터의 왼쪽 열에 있으면 HLOOKUP 대신 VLOOKUP을 사용한다.

▶ 구문 : VLOOKUP(lookup_value, table_array, col_index_num, range_lookup)

- Lookup_value :	배열의 첫째 열에서 찾을 값이다. Lookup_value는 숫자, 참조 영역 또는 문자열을 지정할 수 있다.
- Table_array :	데이터를 찾을 정보표이다. 데이터베이스나 목록과 같은 범위의 참조 영역 또는 범위 이름을 사용한다. range_lookup이 TRUE이면 table_array의 첫 열에 있는 값은 오름차순(…, -2, -1, 0, 1, 2, … , A-Z, FALSE, TRUE)으로 정렬되어 있어야 하며 그렇지 않으면 VLOOKUP은 정확한 값을 찾지 못할 수 있다. range_lookup이 FALSE이면 table_array는 정렬하지 않아도 된다. 데이터 메뉴에서 정렬 명령의 오름차순을 선택하면 데이터를 오름차순으로 정렬할 수 있다. table_array의 첫 열의 값으로 텍스트, 숫자, 논리값을 지정할 수 있다. 대소문자를 구분하지 않는다.
- Col_index_num :	비교값과 같은 행에 있는 값을 표시할 table_array의 열 번호이다. col_index_num이 1이면 table_array의 첫 열에서 해당하는 행의 값을 찾고, col_index_num이 2이면 table_array의 둘째 열에서 값을 찾는 방법이다. col_index_num이 1보다 작으면 #VALUE! 오류값을 표시하고 col_index_num이 table_array의 열의 수보다 크면 #REF! 오류값을 표시한다.
- Range_lookup :	VLOOKUP이 정확하게 일치하는 값을 찾을 것인지, 근사값을 찾을 것인지를 결정하는 논리값이다. TRUE이거나 생략되면 정확한 값이 없는 경우 근사값, 즉 lookup_value보다 작은 값 중에서 최대값을 찾는다. FALSE이면 정확하게 일치하는 값을 찾으며 만일 일치하는 값이 없으면 #N/A 오류값을 표시한다.

(예) 우리대학교의 신입생 지원현황을 학과 구분코드표를 참조하여 작성하면 다음과 같다.

E8 =VLOOKUP(RIGHT(B8,1),구분코드표,2,FALSE)

<신입생 지원현황>

구분코드	수검번호	이름	지원학과	지원점수	면접평가	면접점수	합격여부
1001M	1001	두리번	경영정보학과	300	B	15	합격
1002O	1002	신은희	유아교육학과	240	A	20	합격
1003P	1003	한대문	공무원양성학과	286	A	20	합격
1004D	1004	이정호	패션디자인학과	249	C	10	합격
1005M	1005	김기호	경영정보학과	230	D	5	합격
1006O	1006	박춘식	유아교육학과	302	B	15	합격
1007P	1007	한제민	공무원양성학과	279	B	15	합격
1008D	1008	까칠이	패션디자인학과	264	F	0	불합격
1009M	1009	동양인	경영정보학과	264	C	10	합격
응시생수				평균			

구분코드	학과
M	경영정보학과
O	유아교육학과
P	공무원양성학과
D	패션디자인학과

[그림 5-14] VLOOKUP 함수

③ HLOOKUP : 표나 배열의 첫째 행(row)에서 값을 찾아 지정한 행에서 해당하는 열의 값을 구한다. 비교값이 데이터 표의 첫째 행에 있고 지정한 행의 수만큼 아래를 검색할 때 HLOOKUP 함수를 사용한다.

▶ 구문 : HLOOKUP(lookup_value, table_array, row_index_num, range_lookup)

- Lookup_value : 표의 첫째 행에 있는 값으로서 값, 참조 영역, 문자열 등이 될 수 있다.
- Table_array : 데이터를 찾으려는 정보 표로서 범위의 참조 영역이나 범위 이름을 사용한다.

table_array의 첫째 행의 값은 텍스트, 숫자, 논리값 등이 될 수 있다.
range_lookup이 TRUE면 table_array의 첫째 행의 값은 반드시 오름차순(...-2, -1, 0, 1, 2,... , A-Z, FALSE, TRUE)으로 정렬되어 있어야 하고, 그렇지 않으면 정확한 값을 찾을 수 없다.
range_lookup이 FALSE면 table_array가 정렬되지 않아도 무방하다.
대소문자의 구분은 없다.

- Row_index_num : 구하려는 값이 있는 table_array의 행 번호이다. row_index_num이 1이면 table_array의 첫 번째 행의 값을, 2이면 두 번째 행의 값을 찾는다. row_index_num이 1보다 작은 경우 #VALUE! 오류값을 표시하고 row_index_num이 table_array의 행의 수보다 크면 #REF! 오류값을 표시한다.

- Range_lookup : HLOOKUP이 정확하게 일치하는 값을 찾을 것인지 근사값을 찾을 것인지를 지정하는 논리값으로서 TRUE거나 생략되면 근사값을 찾는다. 즉 정확하게 일치하는 값이 없으면 lookup_value보다 작은 값 중에서 가장 큰 값을 찾는다. FALSE면 HLOOKUP은 정확하게 일치하는 값을 찾으며 만일 찾지 못하면 #N/A 오류값을 표시한다.

(예) HLOOKUP 함수를 활용하여 자동차 판매현황표를 작성하면 다음과 같다.

D11 fx =HLOOKUP(B11,품명,3,FALSE)

<자동차 판매현황>

품명	SM5	로미오	베르나	아반떼	레조
가격	1800	1100	1200	1400	1700
인기색상	BLACK	RED	GOLD	WHITE	PERL WHITE
선호도	11%	16%	25%	30%	29%

종류	가격	인기색상	11월 대수	12월 대수
로미오	1100만원	RED	9	11
베르나	1200만원	GOLD	46	76
아반떼	1400만원	WHITE	50	99
SM5	1800만원	BLACK	12	16
레조	1700만원	PERL WHITE	30	88

[그림 5-15] HLOOKUP 함수

④ INDEX : 표나 범위의 값이나 값에 대한 참조 영역을 구한다. INDEX 함수에는 배열형과 참조 영역형의 두 가지 형태가 있다. 배열형은 항상 값이나 값의 배열을 돌려주고, 참조 영역형은 참조 영역을 나타낸다.

▶ 구문 : INDEX(array, row_num, column_num)

- 배열의 지정한 셀이나 셀 배열의 값을 나타낸다.

▶ 구문 : INDEX(reference, row_num, column_num, area_num)

- 참조 영역의 지정한 셀이나 셀 범위에 대한 참조 영역을 나타낸다.

(예) E17 셀에 =INDEX(G3:G13, MATCH(A17,B3:B13,0)) 와 같은 수식을 입력하였다. 지금은 A17 셀에 데이터가 없기 때문에 #N/A 라는 에러가 생겼다. 하지만 A17 셀에 아무 학생의 이름을 입력하게 되면, 그 학생의 평균 점수가 출력되고, 이름을 입력하면 평균점수가 자동으로 출력될 것이다.

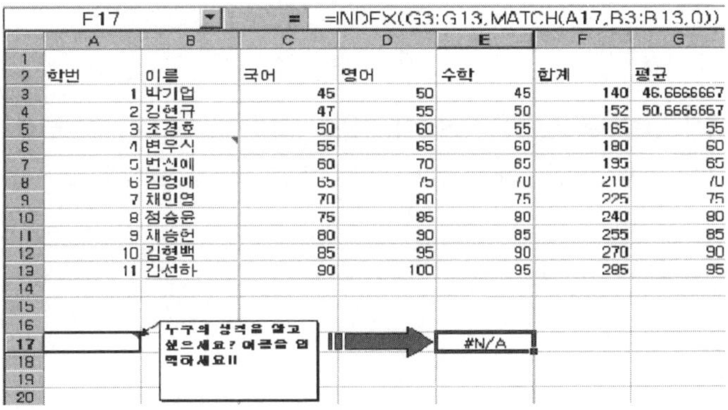

	A	B	C	D	E	F	G
1							
2	학번	이름	국어	영어	수학	합계	평균
3	1	박기업	45	50	45	140	46.6666667
4	2	김현규	47	55	50	152	50.6666667
5	3	조경호	50	60	55	165	55
6	4	변우식	55	65	60	180	60
7	5	변신애	60	70	65	195	65
8	6	김영배	65	75	70	210	70
9	7	채인영	70	80	75	225	75
10	8	정승윤	75	85	80	240	80
11	9	재승헌	80	90	85	255	85
12	10	김형백	85	95	90	270	90
13	11	김선하	90	100	95	285	95
14							
15							
16							
17					#N/A		
18							
19							
20							

[그림 5-16] INDEX 함수

(6) 통계 함수

① AVERAGE : 산술 평균을 구한다.

B15 = =AVERAGE(B4:B13)

	A	B	C	D	E	F	G
1	전기사용내역(Vlookup 함수 이용)						
2	사용기간(5/4~6/3)						
3	호수	사용량 (kw/h)	요금	추가요금률	공급가액	세액	합계
4	101호	200	5,000	0.40	7,000	700	7,700
5	102호	99	3,990	0.20	4,788	479	5,267
6	103호	156	4,560	0.40	6,384	638	7,022
7	104호	135	4,350	0.30	5,655	566	6,221
8	105호	146	4,460	0.30	5,798	580	6,378
9	201호	250	5,500	0.50	8,250	825	9,075
10	202호	245	5,450	0.50	8,175	818	8,993
11	203호	299	5,990	0.50	8,985	899	9,884
12	204호	200	5,000	0.40	7,000	700	7,700
13	205호	163	4,630	0.40	6,482	648	7,130
14	합계	1,893	48,930	4	68,517	6,852	75,369
15	평균	189.3	4,893.0	0.4	6,851.7	685.2	7,536.9

[그림 5-17] AVERAGE 함수

② COUNT : 인수 목록에서 숫자를 포함한 셀과 숫자의 개수를 구한다. COUNT를 사용하면 숫자 범위나 배열에서 숫자 필드의 항목수를 구할 수 있다.

③ COUNTA : 인수 목록에서 공백이 아닌 셀과 값의 개수를 구한다. COUNTA를 사용하면 범위나 배열에서 데이터를 가진 셀의 개수를 계산할 수 있다.

(예) 회사의 근무인원을 COUNTA 함수를 이용하여 구하면 다음과 같다.

B15 = =COUNTA(A3:A12)

이름	시작일	종료일	근무일	근무개월	일당	급여
강정국	98.06.12	98.12.15	186	6	₩ 1,240	230,640
김선희	98.10.19	98.12.14	56	2	₩32,000	1,792,000
나길순	98.11.26	99.06.15	201	7	₩20,000	4,020,000
박선우	98.05.02	98.07.16	75	2	₩50,000	3,750,000
박혜선	98.11.24	99.01.17	54	2	₩40,000	2,160,000
배진아	98.10.05	98.11.18	44	1	₩20,000	880,000
변진영	98.11.26	98.12.19	23	1	₩ 1,542	35,466
이영희	98.09.17	99.01.20	125	4	₩35,200	4,400,000
조훈형	98.11.28	98.12.21	23	1	₩25,400	584,200
황철수	98.07.29	98.08.22	24	1	₩15,400	369,600
			급여총계			18,221,906
					평균	1,822,191
근무인원	10명					

[그림 5-18] COUNTA 함수

④ MAX : 인수 목록에서 최대값을 구한다.

C18 = =MAX(B4:B13)

전기사용내역(Vlookup 함수 이용)

사용기간(5/4~6/3)

호수	사용량 (kw/h)	요금	추가요금률	공급가액	세액	합계
101호	200	5,000	0.40	7,000	700	7,700
102호	99	3,990	0.20	4,788	479	5,267
103호	156	4,560	0.40	6,384	638	7,022
104호	135	4,350	0.30	5,655	566	6,221
105호	146	4,460	0.30	5,798	580	6,378
201호	250	5,500	0.50	8,250	825	9,075
202호	245	5,450	0.50	8,175	818	8,993
203호	299	5,990	0.50	8,985	899	9,884
204호	200	5,000	0.40	7,000	700	7,700
205호	163	4,630	0.40	6,482	648	7,130
합계	1,893	48,930	4	68,517	6,852	75,369
평균	189.3	4,893.0	0.4	6,851.7	685.2	7,536.9

사용량
1이상 10%
51이상 20%
101이상 30%
151이상 40%
201이상 50%

구분	사용량
최고사용량	299
최저사용량	99

VLOOKUP함수를 이용한 사용량 추가요금 계산

MAX, MIN함수를 이용한 계산

[그림 5-19] MAX 함수

⑤ MIN : 인수 목록에서 최소값을 구한다.

C19 = =MIN(B4:B13)

전기사용내역(Vlookup 함수 이용)						
사용기간(5/4~6/3)						
호수	사용량 (kw/h)	요금	추가요금률	공급가액	세액	합계
101호	200	5,000	0.40	7,000	700	7,700
102호	99	3,990	0.20	4,788	479	5,267
103호	156	4,560	0.40	6,384	638	7,022
104호	135	4,350	0.30	5,655	566	6,221
105호	146	4,460	0.30	5,798	580	6,378
201호	250	5,500	0.50	8,250	825	9,075
202호	245	5,450	0.50	8,175	818	8,993
203호	299	5,990	0.50	8,985	899	9,884
204호	200	5,000	0.40	7,000	700	7,700
205호	163	4,630	0.40	6,482	648	7,130
합계	1,893	48,930	4	68,517	6,852	75,369
평균	189.3	4,893.0	0.4	6,851.7	685.2	7,536.9

사용량
1이상 10%
51이상 20%
101이상 30%
151이상 40%
201이상 50%

구분	사용량
최고사용량	299
최저사용량	99

VLOOKUP함수를 이용한 사용량 추가요금 계산

MAX, MIN함수를 이용한 계산

[그림 5-20] MIN 함수

⑥ RANK : 수의 목록에 있는 어떤 수의 순위를 구한다. 수의 순위는 목록에 있는 다른 수와의 상대 크기를 말한다. 목록을 정렬하면 수의 위치와 순위가 같아질 수 있다.

I7 = =RANK(F7,$F$7:$F$18)

<전자제품 판매계산서>						
상품명	가격	수량	판매가격	할인율	할인가격	판매순위
냉장고	₩932,000	7대	₩6,524,000	0.023	₩150,052	3
세탁기	₩674,000	3대	₩2,022,000	0.012	₩24,264	8
비디오	₩593,000	8대	₩4,744,000	0.034	₩161,296	4
오디오	₩532,000	3대	₩1,596,000	0.053	₩84,588	9
컴퓨터	₩1,463,000	6대	₩8,778,000	0.094	₩825,132	1
프린터	₩385,000	7대	₩2,695,000	0.047	₩126,665	6
TV	₩842,000	3대	₩2,526,000	0.073	₩184,398	7
스토브	₩194,000	6대	₩1,164,000	0.048	₩55,872	10
전자레인지	₩214,000	3대	₩642,000	0.083	₩53,286	11
가스렌지	₩384,000	9대	₩3,456,000	0.038	₩131,328	5
에어컨	₩1,603,000	5대	₩8,015,000	0.049	₩392,735	2
선풍기	₩42,000	8대	₩336,000	0.023	₩7,728	12
총계	₩7,858,000	68대				
평균						

[그림 5-21] RANK 함수

⑦ LEFT : LEFT는 지정한 문자수에 따라 문자열의 첫 문자부터 원하는 수만큼의 문자를 표시한다.

(예) LEFT("Sale Price", 4)를 입력하면 왼쪽부터 4자인 "Sale"을 출력해 주는 것이다. 이 기능을 이용해서 나이를 계산하는 식을 만들어보자.

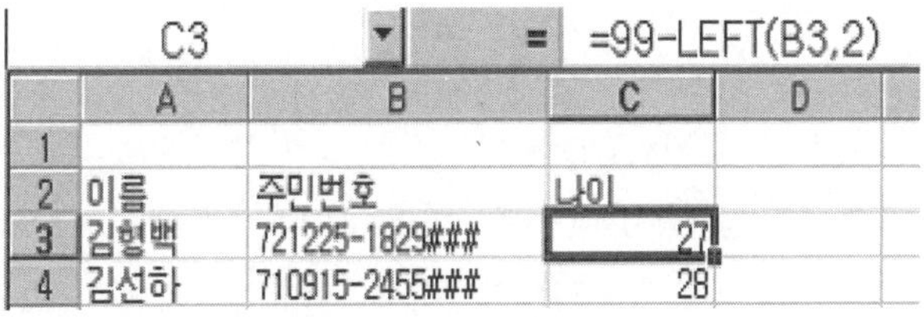

[그림 5-22] LEFT 함수

⑧ RIGHT : RIGHT는 지정한 문자수에 따라 문자열의 마지막 문자부터 지정된 개수의 문자를 표시한다.(LEFT 함수 참조)

⑨ MID : MID는 지정한 문자수에 따라 문자열의 지정한 위치로부터 지정한 개수의 문자를 표시한다.

(예) 주민등록번호에서 생년월일 다음 첫 번째 자리수가 1이면 남자, 2이면 여자로 하여 남녀 성별을 구분해보자.

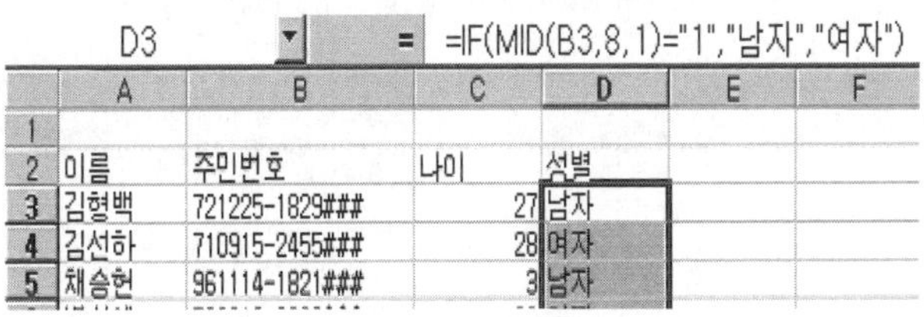

[그림 5-23] MID 함수

5. 차트 만들기

차트는 워크시트의 데이터를 쉽게 알아볼 수 있도록 막대나 선 또는 원의 조각 등 그래픽으로 나타낸 것이다. 워크시트의 데이터들을 그래프 형태의 차트로 만들면 크기와 비교할 내용을 한눈에 쉽게 파악할 수 있어서 의사전달 및 보고에 효과적이다.

5-1. 차트마법사

차트마법사는 워크시트의 데이터들을 이용하여 자동으로 쉽게 차트를 작성할 수 있도록 도와주는 기능으로서, 차트 작성에 필요한 데이터를 선택하거나 차트 종류의 선택 및 제목 등의 선택을 대화상자를 통해서 순서대로 수행할 수 있도록 안내해 준다. 여기에서는 먼저 차트를 그릴 범위를 설정한 후에 차트마법사를 이용하여 차트를 작성하는 방법을 단계별로 설명하기로 한다.

5-2. 차트마법사 4단계

① 차트마법사 1단계 : 메뉴의 삽입 ➡ 차트 선택(또는 화면상단 도구모음줄에서 차트아이콘 선택) ➡ 차트 종류 선택 단계(여기서는 세로막대형 선택)

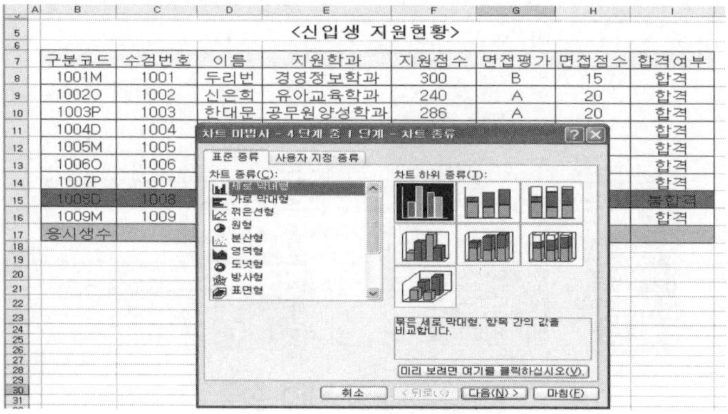

[그림 5-24] 차트마법사 1단계

② 차트마법사 2단계 : 나타날 데이터의 범위를 조정하는 단계, 이때 데이터계열이 2개 이상일 경우 마우스와 Ctrl 키를 함께 사용한다.

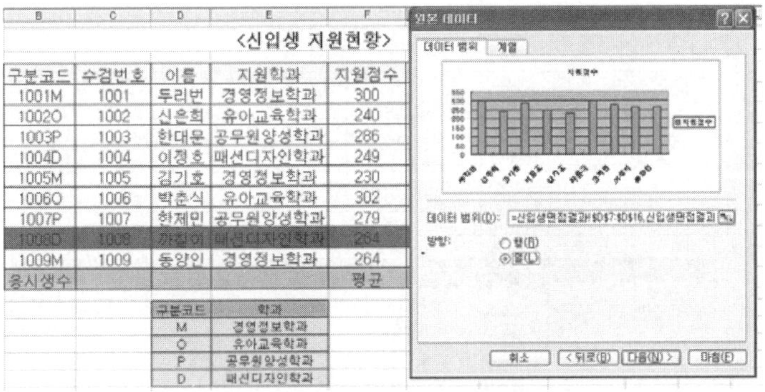

[그림 5-25] 차트마법사 2단계

③ 차트마법사 3단계 : 제목, 축, 눈금선, 범례, 데이터 레이블, 데이터 테이블의 내용을 변경하거나 선택할 수 있다.

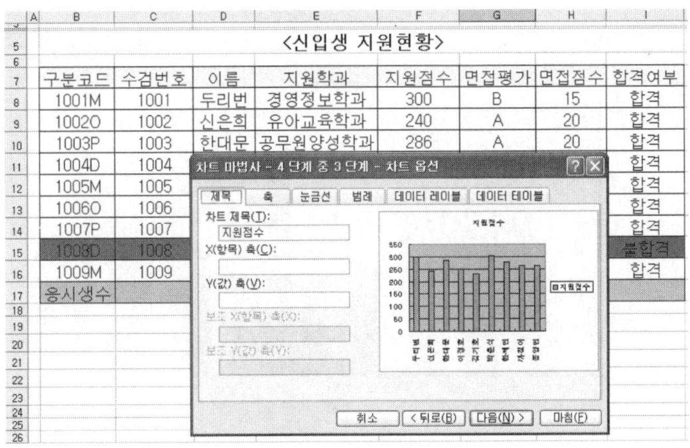

[그림 5-26] 차트마법사 3단계

④ 차트마법사 4단계 : 작성한 차트를 삽입할 위치를 지정(새로운 시트로 또는 워크시트에 삽입 둘 중 선택) 하고 마침을 선택한다.

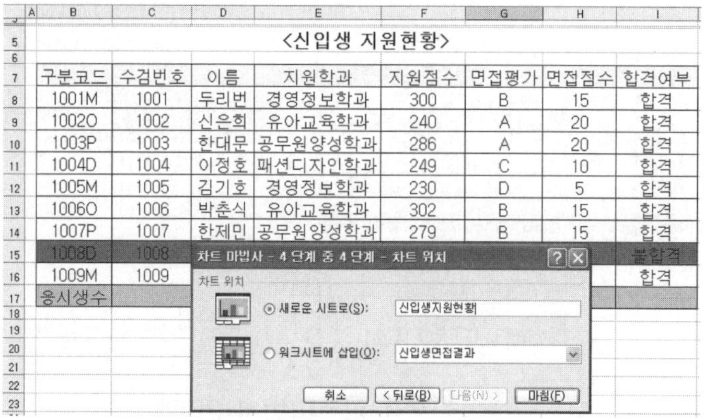

[그림 5-27] 차트마법사 4단계

⑤ 최종 완성된 차트

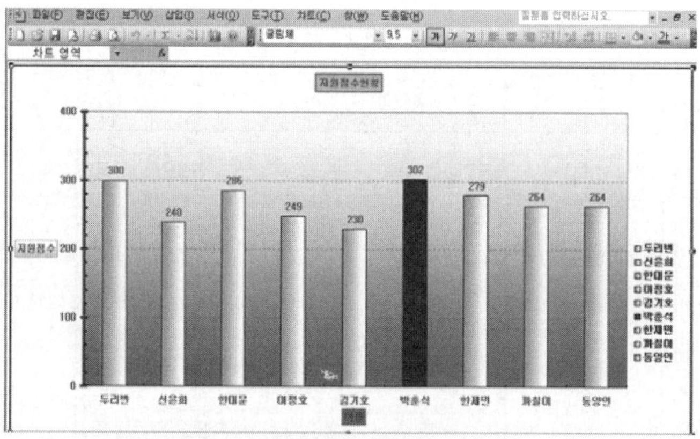

[그림 5-28] 최종 완성된 차트

6. 피벗테이블과 데이터 분석

피벗테이블은 많은 양의 데이터를 빠르고 쉽게 요약, 분석해주는 대화형 테이블이다. 테이블의 행과 열을 중심축으로 하여 원본 데이터를 다르게 요약하여 보거나, 다른 페이지를 표시하여 데이터를 필터링하거나, 관심 있는 영역의 하위 수준을 나타낼 때 사용되는 기능으로 피벗(Pivot)은 말 그대로 중심축을 의미한다. 일단 피벗테이블을 만들고 나서 다시 설명을 하도록 하자.

6-1. 피벗테이블 만들기

① 피벗테이블을 만들기 위해 [데이터-피벗테이블/피벗차트 보고서]를 선택하면 피벗테이블/피벗차트 마법사가 나타나는데, 피벗차트 마법사는 모두 3단계로 구성된다. 각 항목의 의미와 사용법을 하나씩 살펴보자.

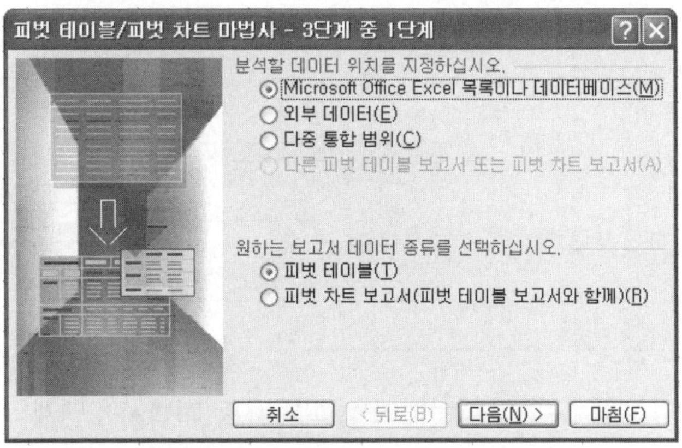

[그림 5-29] 피벗테이블/피벗차트 마법사 1단계

▶ 엑셀 목록이나 데이터베이스 워크시트의 레이블 된 열이나 행에 있는 데이터로 피벗테이블이나 피벗 차트 보고서를 만들 때 선택한다.

▶ 외부데이터 통합 문서나 엑셀이 아닌 파일이나 데이터베이스에 저장된 데이터로 피벗테이블이나 피벗 차트 보고서를 만든다.

▶ 여러 개의 워크시트 범위로 한 피벗테이블이나 피벗 차트 보고서를 만든다.

▶ 다른 피벗테이블 또는 피벗 차트 같은 통합 문서에 있는 다른 피벗테이블 보고서로 피벗테이블이나 피벗 차트 보고서를 만든다. 현재 엑셀의 목록을 이용한 작업을 하고 있으므로 첫 번째 "엑셀 목록이나 데이터베이스"를 선택하고 [다음]을 선택한다.

② 두 번째 단계는 피벗테이블이 참조할 데이터의 범위를 지정하는 부분이다. 항목을 포함한 원본데이터의 범위를 선택한 후 [다음]을 선택한다.

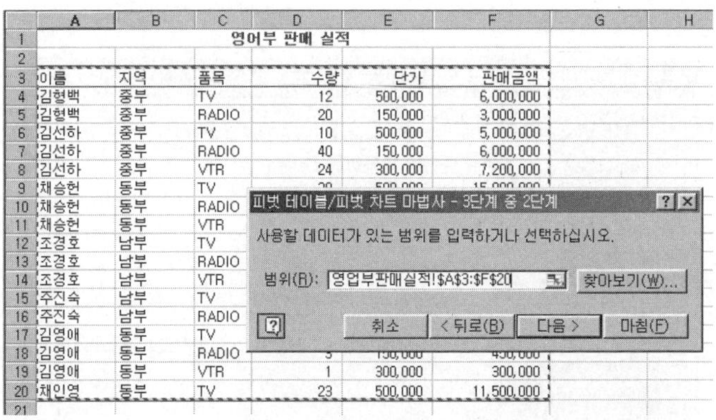

[그림 5-30] 피벗테이블/피벗차트 마법사 2단계

③ 마지막 단계는 피벗테이블을 만들 위치를 정해주는 부분이다. 현재 워크시트에 삽입하려면 기존 워크시트를 선택한 후 피벗테이블을 만들 셀을 지정해주고, 별도의 시트에 만들려면 "새 워크시트"를 선택한다. 그러면 시트에 다음과 같이 피벗테이블의 윤곽이 나오게 되는데, 이 윤곽에 맞춰서 원하는 형태로의 테이블을 만들어주면 된다.

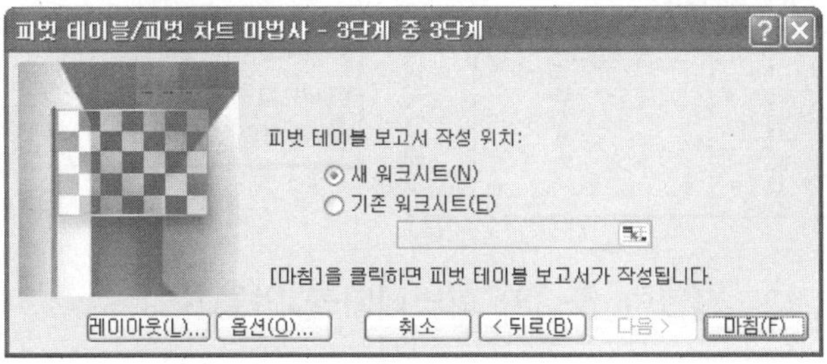

[그림 5-31] 피벗테이블/피벗차트 마법사 3단계

④ "피벗테이블 도구모음"에서 원하는 항목을 행이나 열 필드로 끌고 가서 비어 있는 행이나 열을 채워주는 식으로 피벗테이블을 만들게 된다. 여기에서는 각 사원별로 품목별로 판매한 수량이 어떻게 되는지를 테이블로 만들어 보자. 따라서 이름 항목을 행 필드, 품목을 열 필드, 그리고 수량을 데이터 필드로 끌고 가서 떨어뜨리면(Drag & Drop) 피벗테이블이 완성된다.

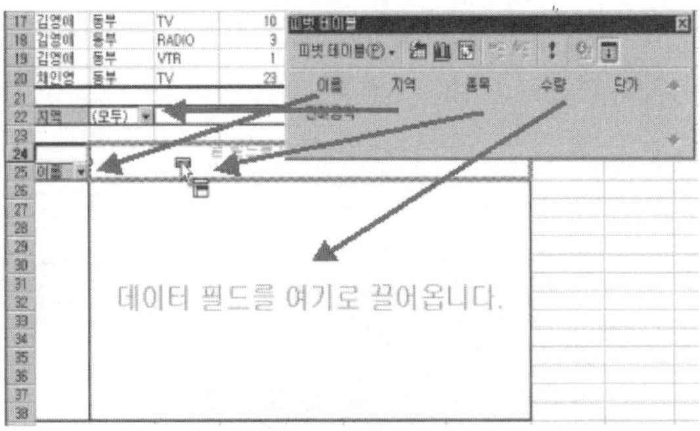

[그림 5-32] 피벗테이블 도구모음

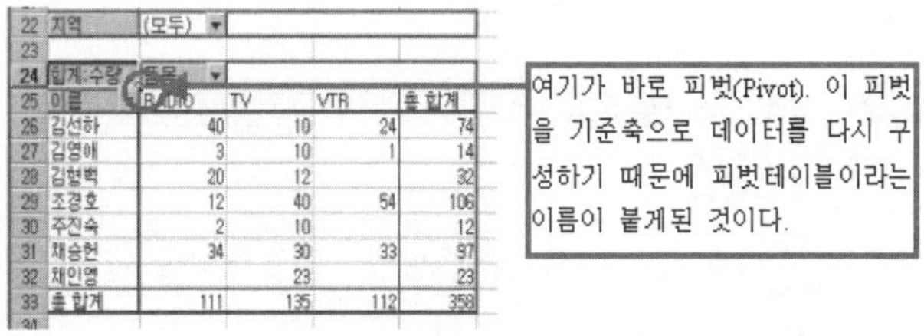

[그림 5-33] 피벗테이블 만들기-1

완성된 피벗테이블에서 보면 알 수 있듯이 관련된 합계를 비교할 때, 특히 요약할 긴 수치 목록이 있는 경우 각 수치에 대해 몇 가지 사실을 비교할 때 유용하게 사용할 수 있다. 일단 피벗테이블이 만들어진 다음에는 비교하려는 대상에 따라 자유롭게 모양도 변경할 수 있다. 우선 피벗테이블은 어떻게 이루어져 있는지 살펴보자.

6-2. 피벗테이블 구성요소

피벗테이블 보고서는 다음의 요소들로 구성된다. 피벗테이블은 기본 데이터를 사용자의 의도대로 피벗을 중심으로 다시 테이블을 만드는 것이다. 따라서 데이터의 구조도 바뀌게 된다.

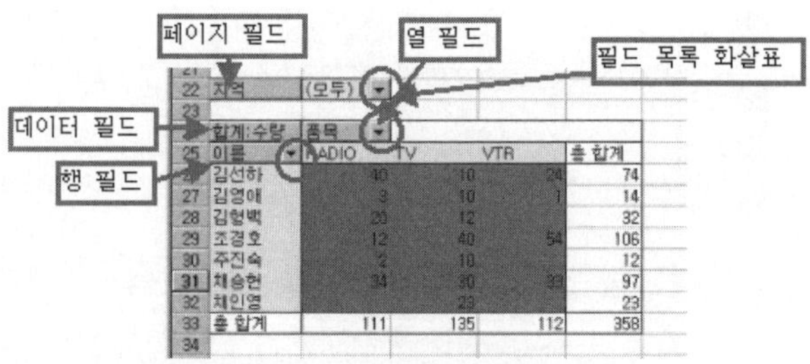

[그림 5-34] 피벗테이블 만들기-2

피벗테이블을 구성하는 각 요소들의 내용은 다음과 같다.

① 행 필드 :	피벗테이블 보고서에서 행 방향으로 지정된 원본 데이터의 필드이다.
② 열 필드 :	피벗테이블 보고서에서 열 방향으로 지정된 필드이다. 위 보기에서는 품목이 열 필드 하나이지만 여러 개의 열 필드가 있을 수 있다.
③ 페이지 필드 :	페이지 방향 또는 필터 방향으로 지정된 필드이다. 위 보기에서는 지역이 보고서를 지역별로 필터링할 때 사용할 수 있는 페이지 필드이다. 지역 필드를 사용하여 동부 지역의 요약 데이터만 볼 수도 있고, 남부 지역의 요약 데이터만 볼 수도 있다.
④ 데이터 필드 :	요약할 데이터가 들어 있는 원본 목록이나 데이터베이스의 필드이다. 위 보기에서는 수량 합계가 데이터 필드이다.
⑤ 필드 목록 화살표 :	각 필드 오른쪽에 있는 화살표이다. 이 화살표를 클릭하여 화면에 보이게 할 항목을 선택한다.

6-3. 피벗테이블 활용 데이터 분석

데이터를 분석할 때 각 필드별로 요약된 항목만 볼 수 있다. "필드 목록 화살표"를 클릭한 후 보고 싶은 데이터만 선택하면 된다.

① 행 필드인 이름 항목의 목록 화살표를 클릭한다.

22	지역	(모두)			
23					
24	합계:수량	품목			
25	이름	RADIO	TV	VTR	총 합계
26	김선하	40	10	24	74
27	김영애	3	10	1	14
28	김형백	20	12		32
29	조경호	12	40	54	106
30	주진숙	2	10		12
31	채승헌	34	30	33	97
32	채인영		23		23
33	총 합계	111	135	112	358

[그림 5-35] 피벗테이블로 데이터분석-1

② 화면에 표시할 항목만 선택한다. 기본적으로 모든 항목이 선택되어져 있으므로 표시하지 않을 항목은 선택을 해제한다.

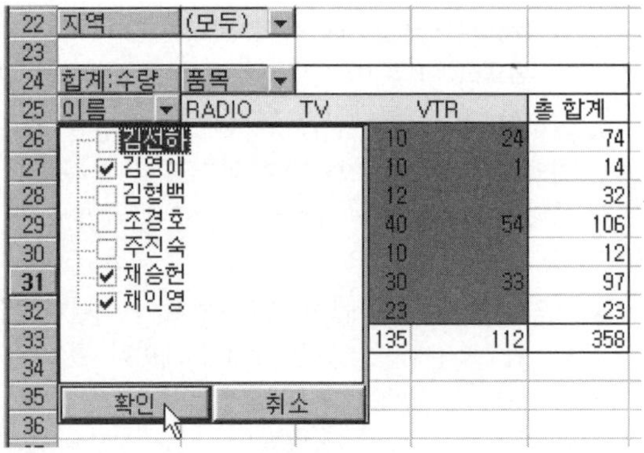

[그림 5-36] 피벗테이블로 데이터분석-2

③ 선택한 항목으로만 테이블이 다시 구성되었다. 이렇게 필드 목록 화살표를 이용해서 데이터를 요약할 수 있다.

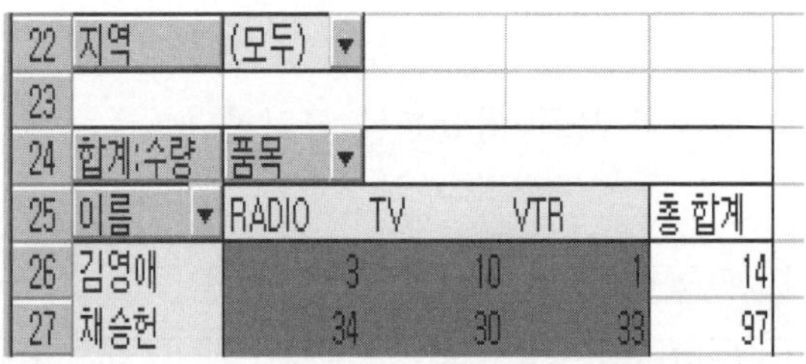

[그림 5-37] 피벗테이블로 데이터분석-3

④ 계속해서 열 필드 목록 화살표를 클릭. 목록이 나타나면 RADIO만 선택을 해제한다.

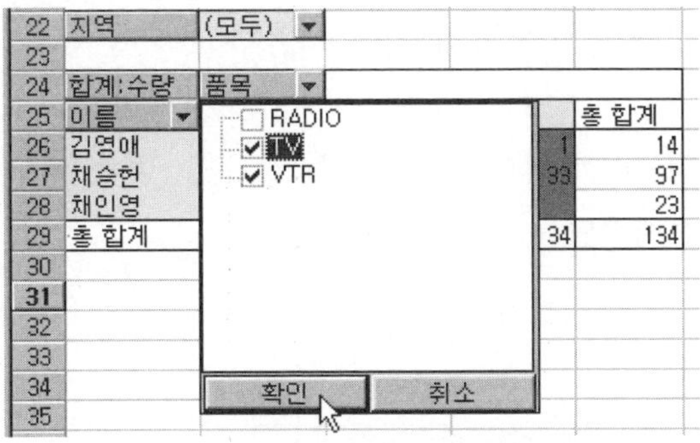

[그림 5-38] 피벗테이블로 데이터분석-4

⑤ 최종적으로 김영애, 채승헌, 채인영의 TV와 VTR 판매수량만 볼 수 있다. 이런 방법을 통해서 데이터를 분석해 나가는 것이다.

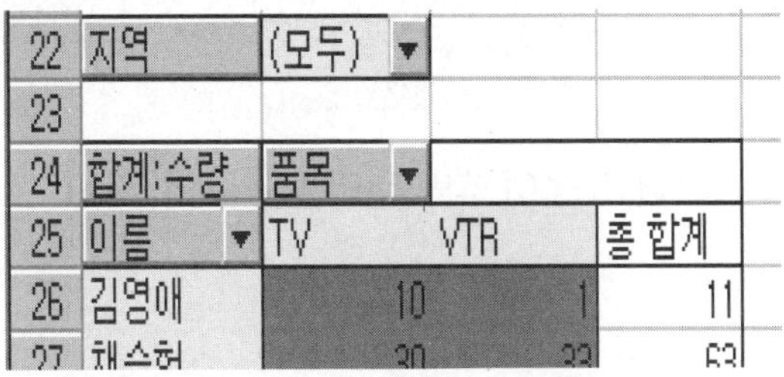

[그림 5-39] 피벗테이블로 데이터분석-5

6-4. 피벗테이블 삭제하기

피벗테이블을 삭제할 때 일반적인 셀 삭제방법으로 삭제하면 안 된다. 물론 삭제는 가능하지만 잘못하면 피벗테이블의 전체적인 윤곽이 잘못되는 경우가 있기 때문에 피벗테이블의 삭제는 다음 과정을 따른다.

① 피벗테이블 내부를 선택한 후 마우스 오른쪽 버튼으로 단축메뉴를 나타낸 후 [선택 ➡ 전체테이블]을 클릭한다. 그러면 피벗테이블 전체의 범위가 선택된다.

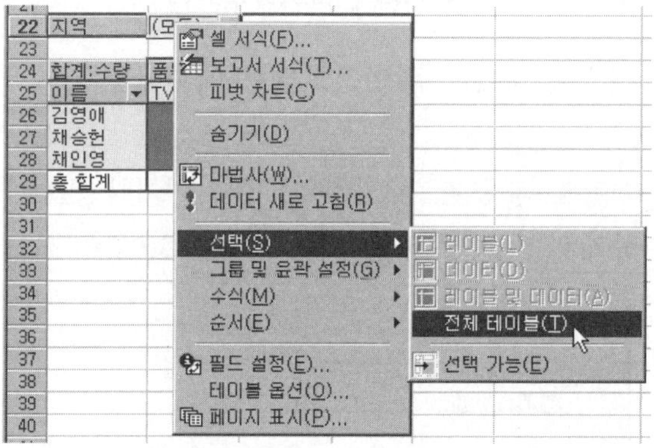

[그림 5-40] 피벗테이블 삭제하기-1

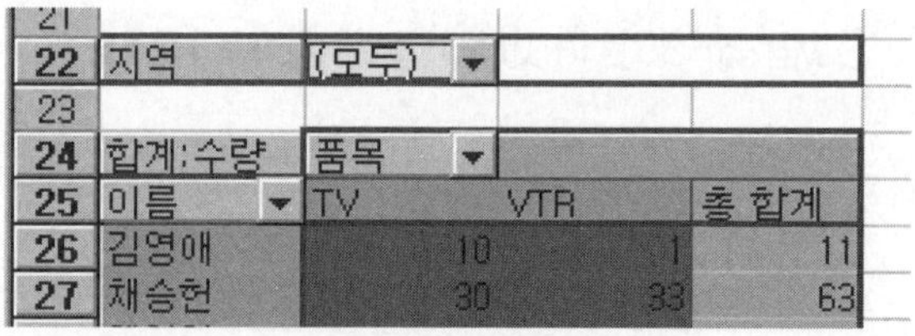

[그림 5-41] 피벗테이블 삭제하기-2

② 피벗테이블 전체를 선택한 후 편집메뉴에서 [지우기 ➡ 모두]를 선택하면 피벗테이블이 삭제될 것이다.

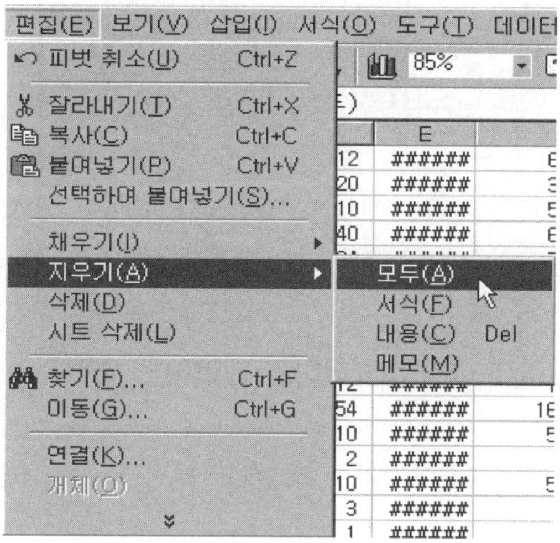

[그림 5-42] 피벗테이블 삭제하기-3

6-5. 피벗테이블 레이아웃 조정하기

차트에서와 마찬가지로 피벗테이블도 레이아웃을 자유롭게 조정할 수 있는데, 피벗테이블의 레이아웃을 조정해서 다양한 각도에서 데이터를 분석할 수 있다.

① 판매금액을 피벗테이블에 포함시켜보자. 피벗테이블의 레이아웃 조정은 피벗 테이블 마법사를 이용하는 것이 좋다. 피벗테이블 내부를 선택한 후 마우스 단축메뉴에서 [마법사]를 선택한다.

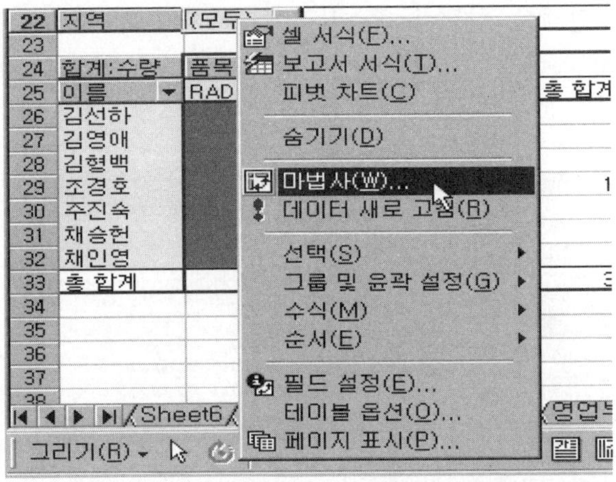

[그림 5-43] 피벗테이블 레이아웃 조정하기-1

② 피벗테이블 마법사의 3단계가 나타난다. 레이아웃을 조정하기 위해 "레이아웃" 버튼을 클릭한다.

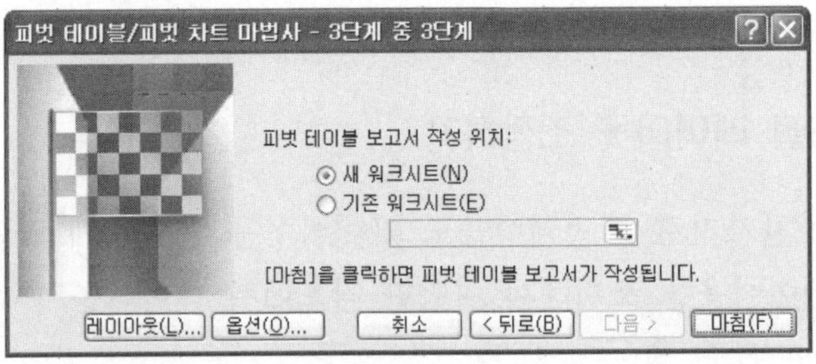

[그림 5-44] 피벗테이블 레이아웃 조정하기-2

③ 현재 만들어진 피벗테이블의 레이아웃이 나타난다. 오른쪽의 항목 버튼에서 피벗테이블에 추가할 항목을 해당 필드로 끌고 간다. 반대로 피벗테이블 필드에 항목 버튼으로 끌고 나오면 해당 항목은 피벗테이블에서 삭제된다.

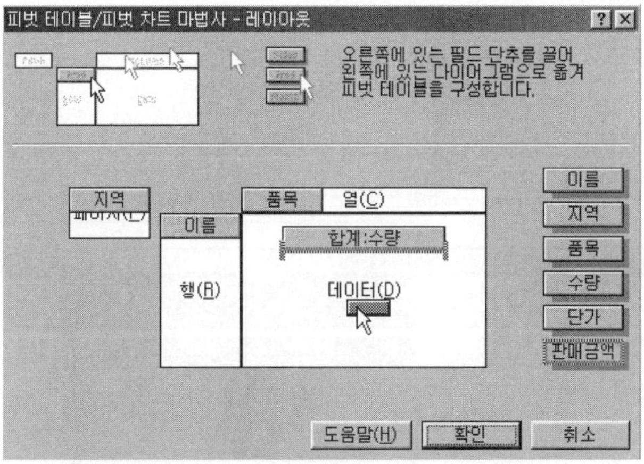

[그림 5-45] 피벗테이블 레이아웃 조정하기-3

④ 변경된 레이아웃을 확인한 후 [확인]을 클릭한다. 다시 마법사 3단계 대화상자가 나타나는데, 여기에서 [마침]을 클릭하면 레이아웃 조정이 끝난다.

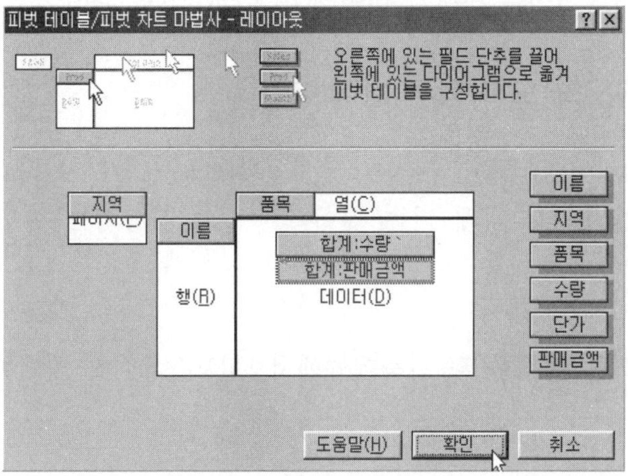

[그림 5-46] 피벗테이블 레이아웃 조정하기-4

⑤ 시트의 피벗테이블이 변경되었다. 이 과정을 통해서 항목의 추가나 삭제 등 피벗테이블의 레이아웃을 조정할 수 있다.

22	지역	(모두)				
23						
24			품목			
25	이름	데이터	RADIO	TV	VTR	총 합계
26	김선하	합계:수량	40	10	24	74
27		합계:판매금액	6000000	5000000	7200000	18200000
28	김영애	합계:수량	3	10	1	14
29		합계:판매금액	450000	5000000	300000	5750000
30	김형백	합계:수량	20	12		32
31		합계:판매금액	3000000	6000000		9000000
32	조경호	합계:수량	12	40	54	106
33		합계:판매금액	1800000	20000000	16200000	38000000
34	주진숙	합계:수량	2	10		12
35		합계:판매금액	300000	5000000		5300000
36	채승헌	합계:수량	34	30	33	97
37		합계:판매금액	5100000	15000000	9900000	30000000
38	채인영	합계:수량		23		23
39		합계:판매금액		11500000		11500000
40	전체 합계:수량		111	135	112	358
41	전체 합계:판매금액		16650000	67500000	33600000	117750000

[그림 5-47] 피벗테이블 레이아웃 완성

6-6. 데이터 필드의 요약 함수 변경하기

기본적으로 데이터 필드의 항목은 "합계" 함수로 계산이 된다. 해당 항목이 모두 합쳐져서 화면에 나타나게 되는 것이다. 이 때 사용되는 함수는 사용자가 임의로 변경할 수 있다.

① 데이터 필드를 선택한 뒤 단축메뉴에서 [필드 설정]을 선택한다.

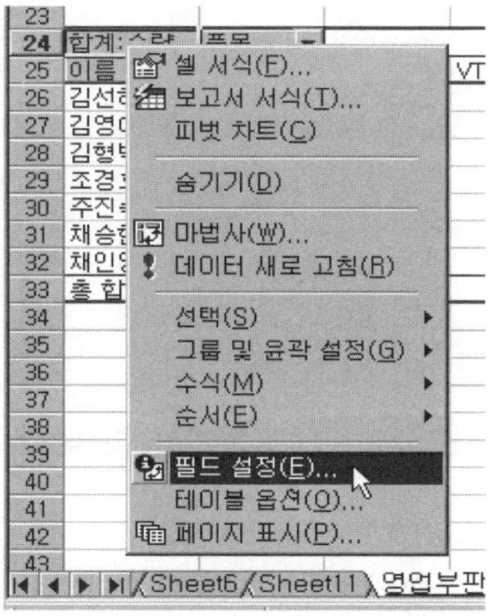

[그림 5-48] 필드 설정

② "피벗 테이블 필드" 대화상자가 나타난다. 사용할 함수란에서 "평균"을 선택한 후 [확인]을 선택한다.

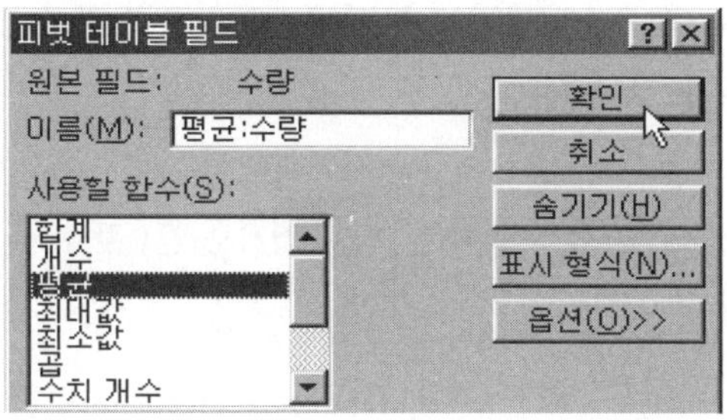

[그림 5-49] 피벗테이블 필드에서 함수 사용

③ 다음 그림처럼 데이터 필드에 판매수량의 "평균"이 나타나게 된다. 이 방법을 통해 원하는 함수로 데이터를 요약할 수 있다.

22	지역	(모두)			
23					
24	평균:수량	품목			
25	이름	RADIO	TV	VTR	총 합계
26	김선하	40	10	24	24.66666667
27	김영애	3	10	1	4.666666667
28	김형백	20	12		16
29	조경호	12	40	54	35.33333333
30	주진숙	2	10		6
31	채승헌	34	30	33	32.33333333
32	채인영		23		23
33	총 합계	18.5	19.28571429	28	21.05882353

[그림 5-50] 피벗테이블에서 함수 사용 결과

6-7. 사용자 정의 계산 사용하기

피벗테이블을 만든 다음 사용자 정의 계산을 통해 데이터필드에 적용된 계산을 변경할 수 있다. 이 방법은 주로 기준 항목에 대한 차이값 등을 일괄 계산할 때 많이 사용된다. 영업부의 김형백이 판매한 실적을 기준으로 삼고 다른 사람들과 비교를 해보자.

① 피벗테이블 내의 셀을 선택한 뒤 마우스 오른쪽으로 단축메뉴를 표시하고, [필드 설정] 항목을 선택한다.

② "피벗 테이블 필드" 대화상자가 나타나면 [옵션] 버튼을 선택해서 옵션 설정 메뉴를 표시한다.

③ 계산의 종류를 "기준값과의 차이"로 선택하고, 기준 필드를 "이름", 기준 항목을 "김형백"으로 선택한다. 이 옵션을 통해서 피벗테이블내의 모든 데이터가 김형백의 판매 수량을 기준으로 차이값이 나타나게 되는 것이다.

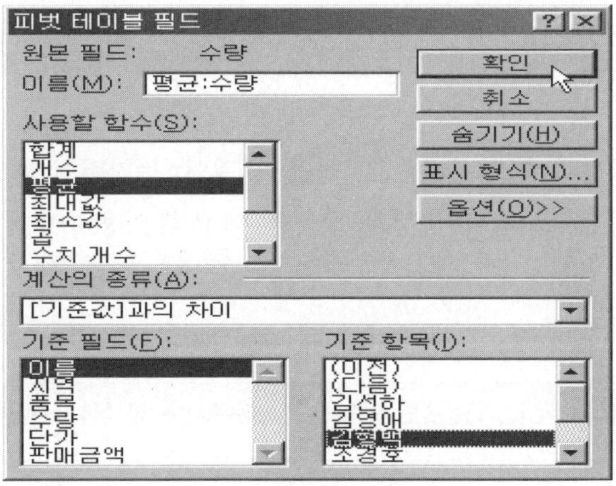

[그림 5-51] 피벗테이블 필드 데이터분석

④ 피벗테이블의 모든 데이터가 김형백의 판매를 기준으로 해서 그 차이값으로 표시되었다.

22	지역	(모두)			
23					
24	평균:수량	품목			
25	이름	RADIO	TV	VTR	총 합계
26	김선하	20	-2	24	8.666666667
27	김영애	-17	-2	1	-11.33333333
28	김형백				
29	조경호	-8	28	54	19.33333333
30	주진숙	-18	-2	0	-10
31	채승헌	14	18	33	16.33333333
32	채인영	-20	11	0	7
33	총 합계				

[그림 5-52] 피벗테이블에서 데이터 표시

이상과 같이 사용자정의 계산을 통해 기본 수식 외의 특별한 조건으로 계산을 수행할 수 있다. 다양한 결과를 분석해야하는 데이터베이스 작업에서 피벗테이블은 이처럼 무시할 수 없는 막강한 분석 도구인 것이다.

연 습 문 제

※ 다음은 증권사에 신입사원으로 취업 예정인 두리번에게 내려진 문제이다. 데이터를 입력하고 비워진 셀의 값들을 엑셀을 이용하여 구하시오.

지점장	지점	지점ID	주식수	주가	수수료	반올림	수익순위	보너스
두리번	부산		2,400	8,000원				
이정호	서울		2,800	3,500원				
김기호	부산		3,500	13,500원				
한대문	대구		1,800	9,500원				
까칠이	서울		5,300	1,000원				
신은희	대구		1,200	15,000원				

<지점별 ID>

서울	부산	대구
S	B	D

1. 지점 ID는 지점별 ID 표를 참조하여 입력하시오.

2. 수수료는 주가의 5.75%를 적용하여 구하시오.

3. 반올림은 수수료를 기준으로 하여 소수 자릿수가 없도록 나타내시오.

4. 수익순위는 반올림 수수료를 기준으로 하여 내림차순으로 구하시오.

5. 보너스는 수익순위가 1위=1000만원, 2위=500만원, 3위=300만원 순으로 지급하고 나머지는 0원으로 처리하시오.

6. 모든 공란의 데이터값을 구하고 지점장과 수익순위를 축으로 해서 차트를 작성하시오.

제6장 인터넷 & 정보검색

1. 인터넷의 개요
2. 인터넷 주소
3. 프로토콜
4. WWW
5. 정보검색엔진
6. 정보화 사회와 인터넷 윤리
7. 컴퓨터 범죄와 예방

1. 인터넷의 개요

인터넷은 International Network의 약자이며 전 세계의 수많은 컴퓨터들이 연결된 대규모의 컴퓨터 연결망이다. TCP/IP 프로토콜을 이용하여 정보를 전송하는데, TCP/IP (Transmission Control Protocol/Internet Protocol)는 네트워크에 접속하기 위해 이용되는 100여 가지 통신규약의 집합으로 망의 일부가 파손되어도 남아있는 망을 이용하여 통신이 가능한 신뢰성 있는 통신규약이다.

1-1. 인터넷 역사

1969년 미 국방성에서 군사적인 목적으로 사용하기 위해서 구축한 ARPANET에서 처음 시작 하였다.

년 도	역사적 사건
1970년	USENET 시작
1982년	TCP/IP 도입
1983년	ARPANET이 군사용 MILNET과 민간용 ARPANET으로 분리
1984년	DNS 소개
1986년	NSFNET 등장으로 빠른 속도의 인터넷 사용 가능
1989년	WWW 연구 시작
1990년	ARPANET 해체
1991년	고퍼 개발
1992년	WWW 시작

현재 190여 국가에서 인터넷을 사용하고 있으며 그 수요는 계속 늘어나고 있는 추세이다.

1-2. 인터넷 서비스

(1) 원격 접속(Telnet)

인터넷을 통해 지리적으로 멀리 떨어진 컴퓨터에 접속하여 프로그램을 실행하거나 자료를 사용하는 서비스이다. 해당 원격 컴퓨터를 사용할 수 있는 계정이 있어야 한다. 이 서비스를 이용하여 인터넷을 통한 PC 통신 접속이 가능하다. 텔넷의 URL형식은 telnet://chollian.dacom.co.kr 이다.

(2) 파일 전송(FTP : File Transfer Protocol)

인터넷을 통해 파일을 전송할 수 있는 서비스이다. 일반적으로 사용자 계정이 있어야 하는데, 사용자 계정 없이 누구나 무료로 파일을 다운받을 수 있는 FTP 서버를 Anonymous FTP 서버라고 한다. FTP의 URL형식은 ftp://ftp.dacom.co.kr 이다.

(3) WWW(World Wide Web)

현재 가장 많이 사용되고 있는 인터넷 서비스이다. 하이퍼텍스트 기능을 중심으로 다양한 멀티미디어 정보를 즐길 수 있는 서비스이다. 처음 WWW이 나왔을 때는 텍스트만을 제공하는 서비스였기 때문에 사람들이 많이 사용하지 않았다. 그러다가 1992년 일리고 대학의 NCSA(National Center for Supercomputing Applications)에서 모자익(Mosaic)이라는 그래픽 기반의 사용자 프로그램이 나오면서 폭발적인 인기를 끌기 시작하였다. 그 후 모자익을 만들었던 마크 엔드리센이 전문 경영인 제임스 클라크와 네스게이프(Netscape Co.)라는 회사를 설립하여 모자익보다 성능이 뛰어난 네스케이프라는 브라우저를 내놓으면서 WWW이 한층 더 인기를 끌게 되었고 오늘에 이르게 된 것이다.

(4) 전자우편(E-Mail)

인터넷을 통해 다른 사람들과 편지를 주고받을 수 있는 서비스이다. 상대방의 전자우편 주소만 알면 빠른 시간 내에 편지를 보낼 수 있으며, 파일 첨부도 가능하다.

① 전자우편 주소 형식

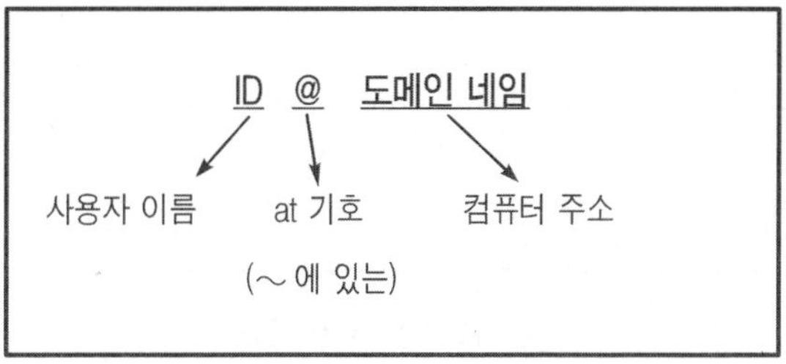

[그림 6-1] 전자우편 주소 형식

② 메일 서버(Mail Server)

SMTP(Simple Mail Transfer Protocol) 서버는 기본적인 메일 전송을 담당하는 서버이고, POP3(Post Office Protocol version3) 서버는 메일 수신 서버이다.

(5) 유즈넷(Usenet)

같은 관심사를 가진 사람들끼리 의견을 교환하고 토론할 수 있는 인터넷 게시판이다. NNTP(Network News Transfer Protocol) 프로토콜을 사용한다. 포스팅(Postiong)은 뉴스그룹에 글을 올리는 것이고, 뉴스그룹은 유즈넷에서 주제별로 세분화하여 나눠놓은 게시판이다. 유즈넷의 URL형식은 news:han.comp.mail 이다.

뉴스그룹	내 용
alt	특별한 성격을 구분하기 어려운 다양한 분야
biz	사업에 관련된 내용
comp	컴퓨터에 관련된 내용
rec	예술, 오락, 취미 분야
sci	컴퓨터 분야를 제외한 과학이나 의학 등에 관련된 내용
soc	정치, 문화에 대한 내용
talk	토론 자체를 즐기는 사람들의 모임으로 정치적인 이슈, 종료 문제 등에 관한 내용
news	뉴스그룹에 관련된 내용
misc	판매, 홍보, 구직, 투자 상담 등 잡다한 내용
han	한글로 되어 있는 뉴스그룹

[표 6-1] 뉴스그룹

(6) 고퍼(Gopher)

정보를 메뉴 방식으로 검색할 수 있도록 만든 인터넷 서비스이다. 베로니카(Veronica)는 고퍼를 쉽게 검색할 수 있도록 도와주는 검색 도구이다. 고퍼의 URL형식은 gopher://gopher.krnic.net 이다.

(7) 웨이즈(WAIS : Wide Area Information Service)

여러 곳의 데이터베이스에서 정보를 검색해 주는 서비스이다.

(8) IRC(Internet Relay Chat)

인터넷에서 채팅을 할 수 있도록 해주는 서비스이다.

1-3. 인터넷 관련 기관

(1) ISOC(Internet Society)

인터넷 본래의 목적인 "정보의 교환"을 달성하기 위해 순수하게 자발적으로 참여한 사람들에 의해 구성된 비영리 민간단체이다.

(2) IAB(Internet Architecture Board)

인터넷의 기술 운영과 인터넷의 지도에 그 책임을 진다. 즉, 이 위원회는 인터넷에서의 작업 방법과 통신 방법 그리고 접속 방법에 관한 기술을 표준화시키는 책임을 갖고 있다.

(3) IETF(Internet Engineering Task Force)

인터넷에 관한 기술적 문제를 해결하는데 관심을 가진 자발적인 참가자들로 구성이 된다.

(4) NIC(Network Information Center)

도메인 네임 할당, IP 주소를 부여하고 관리하는 기구이다. 최상위 기관은 미국에 있는 InterNIC이며, 한국은 KRNIC에서 그 기능을 담당한다.

2. 인터넷 주소

인터넷에 연결된 컴퓨터는 사용자들이 접속할 수 있도록 고유한 인터넷 주소를 가진다.

2-1. IP 주소(IP Address)

인터넷에 연결된 모든 컴퓨터가 가지는 가장 기본적인 주소이다. 32비트로 이루어지며, 8비트씩 10진수 4자리로 나누어 점(.)으로 구분하여 표시한다. 네트워크의 크기에 따라 5개의 클래스로 구분된다.

(예) 164.120.24.1

2-2. 도메인 네임(Domain Name)

숫자로 된 IP Address 보다 쉽게 사용할 수 있도록 문자로 지정한 주소이다. 숫자로된 IP주소를 외우기 힘들기 때문에 '도메인 이름' 이라고 불리우는 영어단어로 된 이름을 별도로 가진다. 결국 IP 주소와 도메인 이름은 같은 것이다.

(1) 기본 구조

- 컴퓨터이름.기관이름.기관종류.국가명 : www.dyu.ac.kr
- 컴퓨터이름.기관이름.기관종류 : www.naver.com

제일 오른쪽을 최상위 도메인이라고 하며, 오른쪽에서 왼쪽으로 오면서 범위가 축소된다.

도메인	기관의 종류	도메인	기관의 종류
com	기업체	edu	교육기관
gov	정부기관	org	비영리단체
net	네트워크 관리 기관	mil	군사기관

[표 6-2] 기관별 최상위 도메인

도메인	국가명	도메인	국가명
au	오스트레일리아	jp	일본
at	오스트리아	kr	한국
de	독일	tw	대만
fr	프랑스	uk	영국
ca	캐나다	kp	북한

[표 6-3] 국가별 최상위 도메인

도메인	기관의 종류	도메인	기관의 종류
re	연구기관	ac	대학교
go	정부기관	es	초등학교
or	비영리단체	ms	중학교
co	기업체	hs	고등학교
nm	네트워크 관리 기관	sc	특수학교
pe	개인		

[표 6-4] 국내 기관 도메인

(2) 도메인 계층

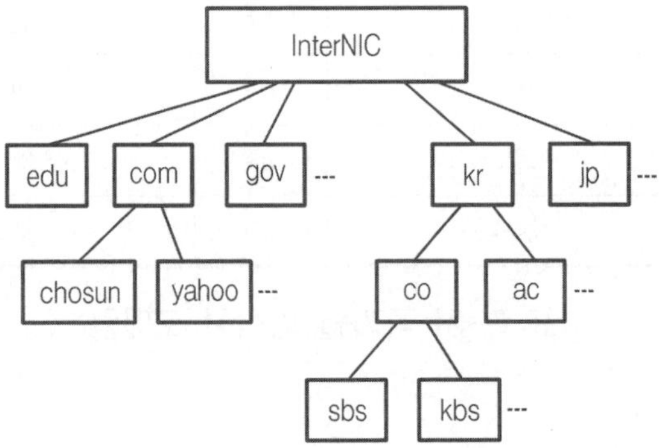

[그림 6-2] 도메인 계층

(3) DNS(Domain Name System)

실제 인터넷 접속은 IP 주소로 수행되기 때문에 도메인 네임을 입력하면 그에 해당하는 IP 주소를 찾아야 한다. 도메인 네임을 IP 주소로 변경해 주는 기능을 가진 컴퓨터를 DNS라고 한다.

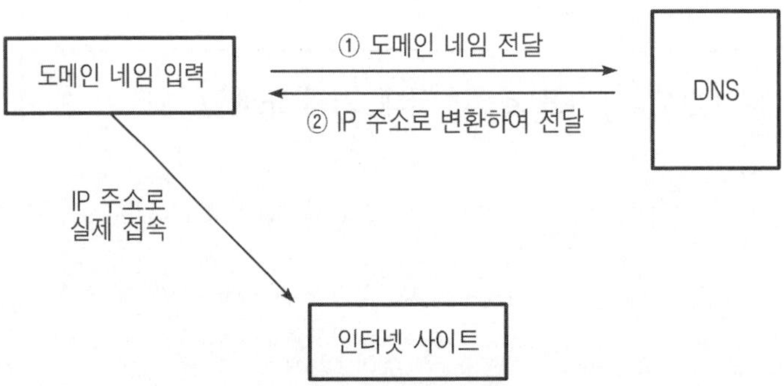

[그림 6-3] DNS 동작 과정

2-3. 인터넷 접속 방법

(1) SLIP/PPP 방식(Serial Line Internet Protocol/Point-to-Point Protocol)

모뎀과 전화선을 이용하여 인터넷에 접속하는 방법이다. 인터넷을 할 수 있도록 인터넷 접속회선을 제공해 주는 ISP(Internet Service Provider) 업체의 서버에 연결하여 인터넷을 사용한다.

구분	SLIP	PPP
속도	9600bps 이하	9600bps 이상
오류검출	불가능	가능
압축	없음(CSLIP 이용)	기본 제공
전송회선	비동기 회선	동기, 비동기 회선
프로토콜	IP만 지원	다중 프로토콜 지원

[표 6-5] SLIP과 PPP의 비교

(2) 고속전용선

LAN(Local Area Network)에 연결되어 있는 회사나 학교 등에서 인터넷을 접속하는 방법이다. 속도가 빠르며 항상 인터넷에 연결되어 있기 때문에 시간에 제약 없이 사용할 수 있지만 유지비용이 많이 든다.

(3) ISDN(Integrated Services Digital Network)

음성, 데이터, 비디오 등의 정보를 하나의 디지털 회선에 통합하여 제공하는 서비스이다. 모뎀을 이용하는 것보다 속도가 빠르며 인터넷을 하면서 전화나 팩스 등을 사용할 수 있다.

(4) ADSL(Asymmetric Digital Subscriber Line)

전화회선을 통해 높은 주파수 대역으로 디지털 정보를 전송하는 방식이다. 다운로드의 속도는 빠르고 업로드의 속도는 그보다 느리다.

(5) 케이블 망(Cable Network)

케이블 모뎀을 이용하여 케이블 TV 망을 통해서 빠른 속도로 데이터 전송을 한다.

3. 프로토콜

프로토콜(Protocol)이란 컴퓨터들 간에 통신을 하기 위한 일종의 약속과 절차이며 수많은 종류의 프로토콜이 존재한다. 통신하는 쌍방 중의 어느 누구라도 약속된 규정을 철저하게 준수하지 않으면 근본적으로 통신이 이루어질 수 없는 것이다.

(1) TCP/IP(Transmission Control Protocol/Internet Protocol)

다른 기종간의 접속이 가능하도록 한 프로토콜이다. TCP와 IP 프로토콜을 주요로 하는 프로토콜로 전 세계적인 규모의 인터넷을 구성하는 기반이다. TCP와 IP 뿐만 아니라 UDP, ICMP, ARP, RARP 등 관련 프로토콜을 통칭한다. 1993년 TCP/IP에 기반한 WWW 서비스가 확산되면서 컴퓨터 통신망의 실질적인 표준이 되었다.

우리가 일반적으로 많이 접한 통신 프로토콜 계층은 OSI의 7계층에서 TCP는 OSI의 4번째 계층인 전송 계층에 해당되고, IP는 3번째 네트워크 계층에 해당된다. 하지만 TCP/IP라고 하면 일반적으로 인터넷에서 사용하는 전체 프로토콜을 대변하고 있다.

(2) HTTP(Hyper Text Transfer Protocol)

웹에서 사용되는 프로토콜로 하이퍼텍스트 문서를 송/수신하는 역할을 한다.

요청과 응답 방식으로 동작하며, 클라이언트가 요청한 정보를 서버가 전송한 다음에 접속을 중단하는 비연결 방식으로 작동한다. 하이퍼텍스트 형식으로 된 문서를 전송하기 적합하도록 설계되었다. WWW이 개발되면서 새로 나온 프로토콜이다. 여기서 클라이언트란 사용자의 브라우저 프로그램(예 : Netscape, Mosaic, Lyux, Explorer 등)을 말하는 것이고, 서버란 사용자가 원하는 문서를 갖고 있는 곳이며 클라이언트에게 문서를 보내주는 시스템을 말한다. 'HyperText Transfer'의 약자이긴 하지만 HTML 형식의 문서뿐 아니라 일반문서, 음성정보, 화상데이터 등 모든 형식의 데이터 파일을 전송할 수 있다.

(3) SLIP/PPP(Serial Line Internet Protocol/Point to Point Protocol)

SLIP나 PPP 모두 전화선을 이용하여 인터넷 호스트에 연결하기 위해 사용하는 프로토콜이다. SLIP는 모뎀이나 직렬 라인을 통한 접속에 사용되고 데이터 압축 기능과 에러 감지 능력이 없다. PPP는 모뎀을 사용하여 접속하여 네트워크에 연결된 것처럼 만들어 준다. 데이터 압축 기능과 에러 감지 기능을 갖고 있으며 SLIP보다 안정적이고 인터넷의 표준으로 사용된다.

(4) OSI 7계층

OSI(Open Systems Interconnection) 7계층은 기종이 서로 다른 컴퓨터간의 정보교환을 원활히 하기 위해 ISO(International Organization for Standardization, 국제표준화 기구)에서 제정한 것으로, 네트워크를 이루고 있는 구성 요소들을 계층적 방법으로 나누고 각 계층의 표준을 정한 것이다.

OSI 7계층은 크게 하위계층과 상위계층으로 나눈다. 하위계층은 물리 계층, 데이터링크 계층, 네트워크 계층이며 데이터 전송 기능을 담당하는 계층으로 인접 노드간의 데이터 전송과 목적지까지의 데이터 전송을 담당한다. 상위계층은 전송 계층, 세션 계층, 표현 계층, 응용 계층이며 통신처리 기능을 담당하는 계층으로 파일, 데이타베이스에 대한 작업을 한다.

① 제1계층 : 물리 계층
- 최하위계층으로 장치간의 물리적인 접속을 제어하기 위한 기능을 제공하는 계층
- 데이터 부호화 방식, 신호형식, 데이터 충돌 감지 등을 정의
- 대표 프로토콜 : ITU-T 권고안 중 V.24, EIA의 RS-232C

② 제2계층 : 데이터링크 계층
- 물리계층에서 사용되는 통신 매체를 통해 데이터 블록의 전송 에러 검출 및 에러 제어를 관리하고 규정하는 계층
- 대표 프로토콜 : HDLC, SDLC, LAP-B

③ 제3계층 : 네트워크 계층
- 통신망에 연결된 시스템의 데이터 전송과 교환 기능을 담당하는 계층
- 복수 개의 통신망을 이용하고 있는 시스템을 위한 계층
- 대표 프로토콜 : ITU-T 권고안의 X.25

④ 제4계층 : 전송 계층
- 링크 종점 간에 정확한 데이터 전송을 제공하는 계층
- 하위 계층과 상위계층의 인터페이스 역할
- 데이터 전송에 대한 오류검출, 오류복구, 흐름제어를 수행

⑤ 제5계층 : 세션 계층
- 사용자와 전송 계층 간의 인터페이스로 사용자 접속 장치를 제공하는 계층
- 세션 접속 설정, 데이터 전송, 세션 접속 해제 등의 기능
- 데이터 전송 도중 에러가 발생하면 통신을 중단하고 재전송 기능을 수행

⑥ 제6계층 : 표현 계층
- 응용 프로그램 사이에 서로 다른 정보의 형식과 설정과 암호화 등을 해독하여 서로연결이 가능하도록 하는 계층
- 데이터의 구문 검색, 코드변환, 재구성을 통해 구문상의 차이를 해결

⑦ 제7계층 : 응용 계층
- 최상위 계층으로 통신망으로 연결된 응용 프로세서들의 정보교환이 되는 계층

4. WWW

(1) 특징

하이퍼텍스트 기능을 기반으로 멀티미디어 정보를 제공해 주는 인터넷 서비스로 현재 인터넷을 확산시키는 데 가장 큰 영향을 줬다. HTTP(HyperText Transfer Protocol) 프로토콜을 사용하며 기존의 인터넷 서비스들이 거의 WWW (World Wide Web)에 통합되고 있다.

(2) URL(Uniform Resource Locator)

WWW에서 실제 정보가 있는 주소를 표기하는 방법이다. WWW에서 이용 가능한 문서에 대한 위치(주소)와 그 문서에 접근하는 방법(프로토콜)을 통합해서 기술하는 형식이다. 일관된 방식으로 기존의 여러 가지 인터넷 서비스를 이용할 수 있도록 해준다.

- 형식 : 프로토콜://서버주소(또는 포트-번호)/디렉토리명/파일이름
  ▶ http://my.dreamwiz.com/kim007/index.html

- 위의 URL을 분석해보면 my.dreamwiz.com라는 호스트에 /kim007 디렉토리 안에 있는 index.html 이라는 문서(파일)을 http라는 프로토콜을 이용하여 전송받을 수 있다는 뜻이다. 결국 모든 문서는 인터넷에 연결된 컴퓨터 내에 파일로 저장되어 있는 것을 여러 가지 프로토콜, 파일이 저장된 컴퓨터의 주소, 컴퓨터 내 파일이 저장되어 있는 디렉토리와 파일이름을 알아야만 문서를 가져올 수 있는 것이다.

구분	사용 예
WWW 접속	http://www.yahoo.com
Telnet 접속	telnet://chollian.net
FTP 접속	ftp://ftp.netian.com
메일 설정	mail:master@hanmail.net
유즈넷 접속	news:han.comp.internet

[표 6-6] URL 사용 예

(3) 웹 브라우저

WWW 서비스를 사용할 수 있도록 해 주는 프로그램이다. 하이퍼텍스트 기능을 지원하며, 플러그 인 프로그램을 설치하여 다양한 멀티미디어 정보를 즐길 수 있다. WWW이 폭발적인 인기를 끌게 된 주요 이유는 사용하기 편리한 브라우저가 나오면서 부터이다. 브라우저란 웹 서버에 접속하여 정보를 전송받아 와서 화면에 보여주는 프로그램을 말한다. 브라우즈(Browse)의 원래 뜻은 책 따위를 펼쳐보다는 뜻이다.

따라서 웹에서도 여러 문서들을 잠깐씩 펼쳐보는 도구라는 의미를 부여하여 브라우저(Brower)라고 한 것이다. 대표적인 브라우저로서 모자익(Mosaic), 네스케이프(Netscape), 링스(Lynx), 익스플로러(MS-Explorer) 등을 들 수 있다. 1989년 CERN에서 처음 월드 와이드 웹이 개발되었을 때는 크게 인기를 못 끌다가 모자익이 나오면서 폭발적인 인기를 끌었다. 모자익은 GUI(Graphic Interface)를 제공하는 브라우저로서 사용하기 쉽기 때문이다. 네스케이프는 모자익을 처음 만들었던 마크엔드리센이 네스케이프(Netscape Co.)라는 회사를 설립하여 만든 브라우저로서 모자익에 비해 기능이 다양하고 사용하기 편리하게 되어 있다.

WWW이 기존 인터넷 서비스를 통합해서 제공할 수 있는 이유는 브라우저들의 기능이 다양하기 때문이다. 모자익이 나오기 전에는 각 인터넷 서비스마다 각각의 클라이언트 프로그램이 있어야 했다. 그러나 모자익 이후의 브라우저들은 HTTP, FTP, Gopher 등의 여러 가지 기능(프로토콜)을 한 프로그램 (브라우저)에 모두 통합해서 구현한 것이다.

(4) 하이퍼링크(Hyperlink)

정보가 있는 곳을 연결해 주는 기능이다. 하이퍼텍스트(Hypertext) 내에서 다른 문서를 가리키는 지시자 역할을 한다. 브라우저로 보면 보통 밑줄이 그어져 있거나 눈에 띄는 색으로 되어 있다. 단어, 문장 또는 그림 등을 링크할 수 있으며 링크를 마우스로 클릭하면 연결되어 있는 문서를 보여준다.

(5) 플러그인(Plug In) 프로그램

웹 브라우저를 이용하여 소리, 동영상 등의 멀티미디어를 사용할 수 있도록 해 주는 프로그램으로 Real Player, Shockwave Player, Flash Player 등 여러 가지가 있다.

(6) 인터넷 관련 용어

① 윈속(Winsock)
- 네트워크 상에서 통신을 할 수 있도록 해 주는 프로그램

② HTML(HyperText Markup Language)
- 웹문서를 작성하기 위한 기본 언어

③ 게이트웨이(Gateway)
- 다른 네트워크를 연결하기 위한 장비나 소프트웨어

④ 북마크(Bookmark)/즐겨찾기
- 자주 방문하는 사이트를 쉽게 접속할 수 있도록 기억시키는 목록

⑤ 사이트(Site)
- 웹 상에서 특정 서비스를 위해 서버에 위치한 정보 전체를 총칭

⑥ 홈페이지(Homepage)
- 웹 사이트의 첫 번째 페이지

⑦ 웹서버(Web Server)

- 웹에서 정보를 제공해 주는 컴퓨터

⑧ 스팸(SPAM)

- 일방적으로 전달되는 광고성 전자우편

⑨ MIME(Multi-purpose Internet Mail Extension)

- 전자우편에서 다양한 멀티미디어 정보를 전송하기 위해 사용하는 규약

⑩ FAQ(Frequently Asked Question)

- 자주 발생하는 질문과 이에 대한 답변들을 모아서 정리한 것

⑪ 핑거(Finger)

- 현재 접속된 사람에 사용자에 대하 정보를 알아내는 명령어

⑫ 핑(PING : Packet InterNet Gopher)

- 특정 호스트 컴퓨터에 연결할 수 있는지 확인하는 명령어

⑬ 포털 사이트(Portal Site)

- 관문 사이트라는 의미를 가지는데 사용자들이 웹 서핑을 시작하는 주요 사이트로, 접속자가 오랫동안 머물도록 하기 위해서 전자우편, 쇼핑, 검색 등 다양한 정보를 제공한다.

⑭ 인트라넷(Intranet)

- 인터넷을 이용하여 회사업무에 필요한 네트워크를 구성한 것으로 목적은 회사의 정보나 자원을 직원들 간에 서로 공유하기 위해서이다.

⑮ 익스트라넷(Extranet)

- 인트라넷 중의 일부로서 고객이나 협력사, 공급사 또는 회사 외부의 다른 사람들에게 접근이 허용된 것이다.

5. 정보검색엔진

웹상에 있는 정보를 검색해 주는 사이트를 말한다. 웹상의 각 사이트에서 제공하는 정보를 수집하여 데이터베이스한 후 사용자가 요구하는 정보가 있는 사이트를 알려준다. 정보검색엔진의 유형별 특성들을 살펴보면 다음과 같다.

(1) 주제별 검색엔진

디렉토리형 검색엔진이라고도 하며 각 정보를 엔터테인먼트, 뉴스, 교육, 비즈니스, 예술, 스포츠 등 서로 연관된 주제별로 분류하여 제공한다. 원하는 정보의 주제를 선택하여 세분화된 하위 주제를 찾아가면서 검색한다. 정보의 질은 우수하지만 잘못된 주제로 들어가면 다시 처음부터 검색해야 한다. 대표적인 검색엔진에는 야후(www.yahoo.com), 갤럭시(www.galaxy.com), ZIP (www.zip.org) 등이 있다.

(2) 키워드 검색엔진

로봇 에이전트이라고 하는 정보 수집 프로그램을 이용하여 자동으로 자료를 모아서 데이터베이스를 구축한다. 찾고자 하는 정보를 직접 입력하여 검색하여야 하고 정보의 양이 많지만 적절한 검색어를 사용하지 않으면 정보를 찾기가 힘들다. 대표적인 검색엔진에는 알타비스타(www.altavista.com), 라이코스(www.lycos.com), 구글(www.google.com) 등이 있다.

(3) 메타 검색엔진

자체적으로 데이터베이스를 가지고 있지 않고, 검색어를 입력하면 다른 검색사이트에서 검색 결과를 가져온다. 한 번의 검색으로 여러 검색엔진에서 정보를 얻을 수 있지만 여러 검색엔진에서 찾아야 하므로 속도가 느리다. 대표적인 검색엔진에는 미스다찾니(www.mochanni.com), 메타크롤러(www. metacrawler.com) 등이 있다.

(4) 자연어 검색엔진

키워드 검색엔진의 경우에는 정확한 주제어와 연산자를 사용해야만 한다. 이러한 번거로움을 극복하기 위하여 질문과 같은 완전한 문장을 입력하여 정보를 검색하는 것이 자연어 검색엔진이다. 대표적인 검색엔진에는 엠파스(www.empas.com) 등이 있다.

(5) 대표적인 검색엔진 사이트

① 국내 검색엔진

검색엔진	주 소
네이버	http://www.naver.com
한미르	http://www.hanmir.com
엠파스	http://www.empas.com
심마니	http://www.simmani.com
야후 코리아	http://kr.yahoo.com
라이코스 코리아	http://www.lycos.co.kr
알타비스타 코리아	http://www.altavista.co.kr
미스 다찾니	http://www.mochanni.com
카인즈	http://www.kinds.or.kr

[표 6-7] 국내 검색엔진

② 외국 검색엔진

검색엔진	주 소
야후	http://www.yahoo.com
알타비스타	http://www.altavista.com
라이코스	http://www.lycos.com
익사이트	http://www.excite.com
마젤란	http://magellan.excite.com
올인원	http://www.allonesearch.com
Search.com	http://www.search.com
웹크롤러	http://www.webcrawler.com
GoTo.com	http://www.goto.com

[표 6-8] 외국 검색엔진

6. 정보화 사회와 인터넷 윤리

(1) 정보화 사회

컴퓨터와 통신의 결합을 통하여 대량 정보의 생산, 처리, 유통이 가능해진 정보산업 중심이 되는 사회를 말한다. 정보의 가치나 역할이 물질이나 에너지보다 높게 평가된다.

(2) 정보화 사회의 특징

① 정보가 대량으로 유통되는 환경이 만들어졌다.
② 컴퓨터와 통신수단의 결합을 통해서 정보의 유통이 원거리까지 가능해졌다. 조직에서는 전자 결재로 업무가 간소화되고 자동화되었다.
③ 인터넷쇼핑, 인터넷뱅킹 등을 통해 물건을 구매하는 형태가 변경되었다.
④ 전자우편을 통해 빠른 시간에 원거리에 있는 사람과 편지 송수신이 가능해졌다.
⑤ 재택근무가 확산되었다.
⑥ 통신과 인터넷을 통해 홍보 및 판매 활동이 증가되었다.
⑦ 정보 기술 인력의 수급이 확대되었다.

(3) 정보화 사회의 문제점

① 주 컴퓨터의 고장이나 오류로 인한 혼란
② 컴퓨터를 활용한 지능적인 범죄의 확산
③ 과도한 정보나 잘못된 정보로 인한 혼란
④ 정보의 과다한 노출에 의한 프라이버시 문제 발생
⑤ 인터넷을 통한 폭력물과 음란물 등의 무단 배포
⑥ 전자파 등에 의한 새로운 직업병 등장
⑦ 통신량의 폭주로 인한 일순간 정보 전송의 마비 초래

(4) 정보화 사회의 인터넷 윤리

① 개인의 사생활이나 지적 재산권, 국가의 기밀은 보호되어야 한다.
② 미풍양속을 해치지 않는 범위 내에서 정보를 사용해야 한다.
③ 공개되는 정보는 여러 사람이 서로 나누어 가져서 활용할 수 있도록 한다.
④ 인권을 존중하고 법을 준수하는 테두리 안에서 정보의 제공과 공유가 이루어지도록 해야 한다.
⑤ 개인의 창의력과 조직 사회의 능률을 향상시키기 위해서 정보가 사용되어야 한다.

7. 컴퓨터 범죄와 예방

(1) 컴퓨터 범죄의 유형

① 소프트웨어 불법 복제
- 소프트웨어를 정품으로 구입하지 않고 불법으로 복사하여 사용

② 불법 정보의 유통
- 불법적인 음란 정보나 폭력물 등을 유통
- 컴퓨터를 이용한 금품 횡령
- 프로그램이나 단말기 등을 조작하여 금품을 횡령

③ 개인 정보의 침해
- 전산 자료의 불법적인 취득으로 개인 사생활 침해
- 통신이나 인터넷을 이용한 명예훼손
- 바이러스의 제작, 배포

(2) 해킹과 크래킹

① 해커(Hacker)와 해킹(Hacking)

본래 해커는 컴퓨터와 네트워크 분야에 전문지식을 갖고 있는 사람을 의미했으나 최근에는 자신의 실력 과시나 개인의 이익을 위해 불법으로 프로그램에 악영향을 주는 사람을 지칭하고, 그러한 행위를 해킹이라고 한다.

② 크래커(Cracker)와 크래킹(Cracking)

컴퓨터에 접속하여 정보를 유출하거나 파괴하는 사람을 크래커라 하고, 이러한 행위를 크래킹이라고 한다.

(3) 컴퓨터 범죄 예방

① 정보 윤리에 대한 인식의 확대
② 네트워크를 통한 불법 침입을 막기 위해 보안 대책 수립
③ 정보가 유출되지 않도록 비밀번호를 부여하고 기간을 정해서 변경
④ 불법 복제 방지 기술, 보안 기술의 연구

연 습 문 제

1. 인터넷의 주요 서비스를 예를 들어 설명하시오.

2. 프로토콜의 유형별 특성들을 설명하시오.

3. WWW 특성들을 설명하시오.

4. 정보검색엔진의 유형별 특성들을 설명하시오.

5. 정보화 사회에서 컴퓨터범죄의 유형별 예방책에 대해서 생각해 보자.

제7장 멀티미디어 & 포토샵

1. 멀티미디어의 개요
2. 멀티미디어와 하드웨어
3. 멀티미디어 압축방식
4. 멀티미디어 재생 및 저작 소프트웨어
5. 멀티미디어 활용 분야
6. 포토샵 배우기

1. 멀티미디어의 개요

멀티미디어는 Multi + Media의 합성어이다. 문자, 그림, 소리, 애니메이션, 동영상 등 다양한 형태의 데이터를 디지털화해서 여러 매체를 통해 전달하는 다중 매체를 말한다. 컴퓨터 성능의 향상, 다양한 주변 장치의 발전, 인터넷 등 통신 기술의 발전에 따라 급속도로 발전하고 있다. 멀티미디어 데이터는 자료의 크기가 크기 때문에 압축하여 저장하는 경우가 많은데, 각 형태별로 자세히 살펴보도록 하자.

(1) 문자(text)

① 문자자료는 멀티미디어의 기본적인 구성 요소로써 컴퓨터로 의사를 표현하는 가장 단순한 수단이다.

② 문자 자료는 저장 공간을 적게 차지하면서도 많은 정보를 전달하고, 가장 많이 사용되는 자료 형식이다.

③ txt : 운영 체제에서 기본적으로 제공하는 문자 자료 편집기(메모장)를 사용하여 만들어진 파일 형식이다. 순수한 글자 코드와 줄 바꿈에 해당하는 CR 코드만으로 구성되어 있어 단순한 문자 자료 정보의 교환에 적합한 파일 포맷이다.

④ doc : Microsoft의 워드를 이용하여 작성된 문서를 저장하는 파일 포맷이다.

⑤ hwp : 한글 워드 프로세서를 이용하여 작성된 문서 포맷이다. 다른 윈도우용 워드 프로세서들은 윈도우의 완성형 체계를 따르지만 한글은 독자적인 조합형 체계를 따른다.

(2) 그림(image)

① 그림은 텍스트 다음으로 자주 사용되는 미디어로서, 정지되어 있는 영상이다. 그림 자료는 그래픽 프로그램을 이용하여 직접 그리거나 스캐너, 디지털 카메라 등을 통하여 만들 수 있다.

② BMP : BMP 파일은 윈도에서 기본적으로 지원하고 있는 파일 포맷이다. 데이터를 압축하지 않으므로 파일의 용량이 매우 크다.

③ GIF(Graphic Interchange Format) : 원본 그림을 손상시키지 않고 압축률이 우수하며, 256 가지 이하의 색상을 지원한다. JPG 포맷과 함께 웹에서 사용되고 있으며, 애니메이션 출력에 많이 사용되고 있다.

④ JPG : JPEG(Joint Photographic Experts Group) 압축을 사용하며, 만들어질 때 압축 품질의 범위를 사용자가 선택할 수 있는 그래픽 이미지이다. 사진 압축에 가장 많이 사용되고 있으며, 특히 웹에서 표준으로 널리 사용된다.

(3) 소리(sound)

① 텍스트나 이미지는 모니터 화면으로 전달되는데 비해, 소리는 스피커를 통해 들을 수 있는 정보를 제공하여 준다.

② 사운드는 주의력을 집중시키거나 오락의 현실감을 부여하여 주며, 음악을 재생, 편집, 합성하는 등의 방법으로 멀티미디어의 다양한 효과를 더해 줄 수 있다.

③ 우리가 듣는 소리는 아날로그 파형으로 컴퓨터, 마이크, 신디사이저 등의 장치를 이용하여 디지털 자료로 만들 수 있다.

(4) 애니메이션(animation)

① 애니메이션은 낱장의 그림을 한 프레임씩 촬영하여 연속적으로 보여 주어 그림이 마치 움직이는 것처럼 보이도록 표현하는 것이다.

② 만화 영화와 같이 어떤 형태의 움직임이나 모양의 특성을 강조하여 제작한 데이터를 애니메이션이라 고 한다.

③ 애니메이션은 동영상 카메라로 촬영이 불가능한 경우 또는 물체의 동작 원리를 설명하고자 하는 경우 매우 효과적인 표현수단이다.

(5) 동영상

① 카메라를 사용하여 촬영한 연속적인 이미지이다.

② 비디오카메라를 통해 얻어진 데이터를 디지털 자료로 만든 연속적인 이미지이다.

③ 동영상이 자연스럽게 보이기 위해서는 1초당 30개 이상의 프레임을 연속적으로 보여주어야 한다.

④ 동영상은 다른 미디어에 비해 매우 많은 메모리를 필요로 하기 때문에 정보를 보관하거나 전송할 경우 데이터를 압축하였다가 원래대로 복원하는 방법을 사용한다.

1-1. 멀티미디어의 특징

① 디지털(Digital) : 문자만이 아닌 소리, 이미지, 애니메이션, 동영상 등의 다양한 데이터를 아날로그가 아닌 디지털로 변환하여 처리한다.

② 쌍방향성(Interactive) : 정보를 제공하는 측과 사용자와의 상호작용에 의해서 동작될 수 있다.

③ 비선형성(Non-Linear) : 특성이 기존의 문자정보와 같이 한 방향으로 흐르는 선형이 아니라 사용자의 선택에 따라 소리나 이미지 등의 다양한 데이터로 처리하는 비선형 구조이다.

④ 정보의 통합성(Integration) : 여러 형태의 매체들이 통합되어 역동적인 정보를 전달할 수 있다.

1-2. 멀티미디어의 발전 단계

① Stand Alone : PC와 CD-ROM 등의 단편적 멀티미디어 도구와 멀티미디어 프로그램에 의한 멀티미디어

② Network Base : LAN을 통한 대화형 교육, VOD(주문형 비디오) 등으로 활용

③ World Wide : 초고속 정보 통신망을 이용하여 전 세계적인 서비스 제공

1-3. MPC 레벨

MPMC(Multimedia PC Marketing Council)에서 정한 멀티미디어 PC의 표준 규격이다.

구 분	MPC-1	MPC-2	MPC-3
운영체제	Windows 3.1	Windows 3.1	Windows 3.1/95
CPU	386 SX/16MHz	486 SX/25MHz 이상	펜티엄 75MHz 이상
메모리	2MB	2MB	8MB
하드디스크	30MB	160MB	540MB
CD-ROM	1배속	2배속	4배속
비디오 카드	VGA(640x480) 16 색상	VGA(640x480) 65,536 색상	SVGA(800x600) 16,772,256 색상
사운드 카드	8비트	16비트 신시사이저 미디 재생	16비트 웨이브테이블 미디재생 3W 출력 스피커
동영상 기능	규격 없음	규격 없음	MPEG-1 지원

[표 7-1] MPC 레벨

2. 멀티미디어와 하드웨어

(1) 하드웨어 구성 장치

① 입력 장치

: 스캐너, 디지털 카메라, 마이크, 비디오, 오디오, 캠코더, 음성 디지타이저 등

② 출력장치

: 모니터, 프린터, 사운드 카드, 비디오 카드, 스피커, 비디오, 영사기 등

③ 저장장치

: 하드디스크, CD-ROM, DVD 등

④ 영상보드

: 비디오 오버레이 카드, TV 수신 카드, MPEG 보드, 프레임 그레버 보드 (Frame Grabber Board) 등

⑤ 처리장치
: MPEG 인코더/디코더, DSP, MMX 등

- DSP(Digital Signal Processing) : 멀티미디어 데이터를 효율적으로 처리하기 위해서 CPU와 함께 사용하는 멀티미디어 전용 프로세서를 말한다.
- MMX(MultiMedia eXtension) : 멀티미디어 데이터를 효과적으로 처리하기 위한 기술로써 멀티미디어 처리를 위한 명령어를 추가하려 CPU에 탑재한 것이다.

⑥ 통신장치 : 모뎀 등

(2) 멀티미디어 시스템 구성

① 재생 시스템(Delivery System) : 멀티미디어 응용 프로그램을 사용하기 위한 것으로 오디오·비디오 출력 장치와 CD-ROM 드라이브 등을 장착한 MPC
② 저작 개발용 시스템(Authoring Development System) : 멀티미디어 응용 제품을 제작하기 위한 것으로 스캐너, VTR, 음성 디지타이저 등의 하드웨어

(3) 사운드 카드

① 특징 : 소리를 녹음하거나 편집, 재생할 수 있는 기능을 지원하는 장치이다.
② 재생 방식
- FM(Frequency Modulation) : 주파수 변조 방식에 의해 음을 재생
- PCM(Pulse Code Modulation) : 아날로그 신호를 샘플링하여 디지털 신호로 바꾸어 처리하는 방식으로 자연음에 가까운 소리 재생

③ WAV

마이크를 이용하여 녹음한 후 효과음으로 재생하는 방식이다. wav 파일 자체에 소리 신호를 담고 있기 때문에 사운드 카드를 통해 직접 재생이 가능하다. MIDI 파일보다 용량이 더 크며 PCM 방식으로 샘플링 한다.

④ MIDI(Musical Instrument Digital Interface)

악기 간의 디지털 신호에 의한 통신 또는 컴퓨터와 전자 악기 간의 통일 규약을 말한다. MIDI 장치가 음악을 연주하는 명령어를 포함하고 있다.

⑤ 샘플링(Sampling)

아날로그 데이터를 디지털 신호로 변환해 주는 방식이다. 8비트 사운드는 256(28)개의 음을 샘플링하고, 16비트는 25,536(216)개 음을 샘플링 한다. 샘플링 비율은 1초당 샘플링되는 횟수를 나타내는 것으로 Hz를 단위로 사용한다.

(4) 비디오 카드

① 특징

CPU의 처리 내용 및 과정을 화면으로 표시하도록 비디오 신호로 변환하는 장치이다. 비디오 램과 영상 제어 회로로 구성되어 있으며, 비디오 램의 용량이 클수록 화면 처리 속도가 빠르고 해상도가 향상된다.

② 비디오 카드 종류

- HGC(Hercules Graphics Card) : 흑백 비디오 카드
- CGA(Color Graphics Adapter) : 2색 또는 4색 표현
- EGA (Enhanced Graphics Adapter) : 16 색 표현
- VGA (Video Graphics Adapter) : 640×480 해상도에 16 색상 표현

- SVGA (Super VGA) : 800×600 해상도에 256 색상 표현
- 24Bits SVGA : 1024×1280 해상도에 16만 색상 표현
- 최근에는 3D 기능이 추가된 그래픽 카드를 많이 사용한다.

(5) CD-ROM

① 특징
- 레이저를 이용하여 자료를 저장한다.
- 최대 680MB까지 저장이 가능하다.
- 읽기만 가능하고 쓰기는 불가능하다.

② CD의 종류
- CD-DA(Compact Disk-Digital Audio)
  : 음악을 디지털 형태로 저장한 것으로 레드북(Red Book) 규격을 따른다.
- CD-G(Compact Disk-Graphic)
  : 음악과 그래픽을 함께 담은 것으로 동영상과 함께 음악을 들을 수 있는 형태이다.
- CD-E(Compact Disk-Erase)
  : 기록된 내용을 지우고 여러 번 다시 기록할 수 있다.
- CD-I(Compact Disk-Interactive)
  : 사용자가 대화형으로 조작할 수 있는 형태의 자료를 저장한 것으로 오디오나 TV에 연결하여 멀티미디어를 가능하게 해주며 그린북(Green Book)규격을 따른다.
- CD-ROM(Compact Disk-Read Only Memory)
  : 읽기만 가능하고 내용 수정은 안 되는 것으로 일반적인 디지털 정보를 기록하며 옐로우북(Yellow Book) 규격을 따른다.
- CD-R(Compact Disk-Recordable)
  : 내용이 없는 빈 공간으로 생성되어 한 번 기록이 가능한 형태로 오렌지 북(Orange Book) 규격을 따른다.

- CD-RW(Compact Disk-ReWritable)
  : 1000번 정도까지 새로운 내용을 저장할 수 있는 CD이다.

③ CD-ROM 드라이브 인터페이스
  : AT BUS, E-IDE, SCSI 방식 중 하나를 사용한다.

(6) DVD(Digital Video/Versatile Disc)

CD-ROM과 같은 크기로 양면을 모두 사용하여 최대 17GB(약 130~140분 분량)의 정보를 저장할 수 있다. 뛰어나 화질과 사운드가 제공되며 8개국 언어의 더빙과 32개국 언어의 자막 조합을 제공한다.

(7) 기타 하드웨어

① MPEG 카드

비디오 CD 등의 대용량의 동영상 파일을 볼 수 있도록 해주는 장치이다. 최근에는 소프트웨어로도 구현되기 때문에 많이 사용하지 않는다.

② TV 수신카드

컴퓨터 모니터를 통해서 TV를 수신할 수 있도록 아날로그 신호를 디지털 신호로 변환해주는 장치이다.

③ 비디오 오버레이 카드(Video Overlay Card)

모니터 화면에 작업 화면과 TV나 동영상 등의 화면을 동시에 나타낼 수 있도록 하는 장치이다. 주로 TV 수신카드에 기능이 추가되어 사용된다.

④ 프레임 그래버 보드(Frame Grabber Board)
동영상을 캡처해서 저장하고 편집할 수 있는 기능이 제공된다.

3. 멀티미디어 압축방식

① AVI(Audio Video Interface)
마이크로소프트에서 만든 윈도우에서의 표준 동영상 기술이며, 640×480의 해상도에서 1초에 최대 72프레임의 분량을 디스플레이 할 수 있다. 비디오 정보와 오디오 정보를 빠른 속도로 압축하거나 재생이 가능하다.

② MOV
애플에서 만든 동영상 파일 형식으로 AVI보다 압축률이 좋다. QuickTime For Windows를 통해 재생된다.

구 분	특 징
MPEG-1	- 디지털 저장 매체를 위한 표준이다. - CD-ROM과 같은 디지털 저장매체에 VHS 테이프 수준의 동영상과 음향을 최대 1.5Mbps로 압축·저장할 수 있다. - 비디오 CD와 CD-I에 사용
MPEG-2	- 통신, 방송 미디어에 적용할 수 있도록 개선된 표준이다. - 높은 화질과 음질, 높은 전송속도 처리로 향상시켰다. - DVD 등의 컴퓨터 멀티미디어 서비스, 직접위성방송·유선방송·고화질 TV 등의 방송서비스, 영화나 광고편집 등에서 널리 사용
MPEG-4	- 멀티미디어통신을 전제로 만들고 있는, 낮은 전송률을 가지고 고화질 비디오를 실현하는 영상압축기술이다. - 높은 압축률과 가변 전송율을 지원한다. - 멀티미디어 통신, 화상회의 시스템, 방송, 영화, 원격감시

[표 7-2] MPEG 표준안

③ MPEG(Moving Picture Experts Group)

동영상 압축을 위한 국제 표준이다. 여러 가지의 기술들을 사용하여 중복 성분을 제거함으로써 압축효율을 높인다.

참고

MP3 (MPEG-1 Audio Layer 3) : MPEG-1에서 규정한 고음질 오디오 압축 기술의 하나로, 음반 CD에 가까운 음질을 유지하면서 일반 CD의 50배로 압축이 가능한 장점 때문에 현재 인터넷 상에서 많이 사용되고 있는 파일 형식이다.

④ JPEG(Joint Photograph Experts Group)

사진 등의 정지 화상 압축에 대한 국제 표준이다. 압축률이 뛰어나고 고해상도(1,600만 색상)를 지원한다.

4. 멀티미디어 재생 및 저작 소프트웨어

(1) 멀티미디어 재생 소프트웨어

① Windows Media Player

- 다양한 형식의 동영상 파일과 오디오 CD 감상 기능을 제공한다.
- 현재 인터넷 방송에서도 많이 사용된다.

② Real Player

- 기본적으로 ra, ram, rm 파일을 재생해주는 프로그램이다.
- 인터넷에서 실시간 영상을 볼 수 있도록 해 준다.
- QuickTime For Windows
- mov 파일을 재생해 준다.

(2) 멀티미디어 저작 소프트웨어

주로 CD-ROM 타이틀이나 교육용 소프트웨어를 만드는 프로그램이다. 그래픽 환경으로 제공되기 때문에 프로그래밍 언어를 몰라도 쉽게 프로그램을 개발할 수 있다. 종류에는 디렉터, 툴북, 하이퍼카드, 칵테일(국산) 등이 있다.

5. 멀티미디어 활용 분야

컴퓨터 기술과 초고속 통신망의 발달로 여러 다양한 분야에서 멀티미디어 기술을 활용할 수 있다.

(1) 주문형 비디오(VOD : Video On Demand)

각종 영상 자료를 가정에서 전송 받아 TV나 컴퓨터 모니터로 볼 수 있는 영상 서비스 사용자에게 선택권이 주어진다.

(2) 화상 회의 시스템(VCS : Video Conferencing System)

서로 다른 곳에 떨어져 있는 사람들끼리 TV를 통해 상대방을 보면서 회의 회의가 끝난 뒤에 다시 볼 수 있다.

(3) 원격 진료 시스템

① 의학 영상 정보시스템(PACS : Picture Archiving Communication System) 의료 영상 전송

② 동영상 진료시스템 : 원거리에 있는 의사와 환자 간에 화면을 통해서 진료 보건원 종합관리시스템(HMIS)

(4) 언론

① 신문 : 온라인 기사 서비스에서 전자 신문 서비스로 발달
② 방송 : 대화형 방송과 사용자의 실시간 참여 가능
③ 출판 : 전자 책 개념 도입
④ 잡지 : CD-ROM 잡지 등장

(5) 가상현실(Virtual Reality)

컴퓨터의 그래픽과 시뮬레이션 기술을 이용하여 현실세계와 같은 가상의 세계를 체험할 수 있으며 게임, 과학, 실험 등 다양한 분야에서 사용된다. VRML 등의 가상현실 프로그램이 개발되어 사용되고 있다.

(6) CAP(Computer Aided Publishing)

① 컴퓨터를 이용한 출판 작업
② DTP(Desk Top Publishing) : 탁상 출판
③ CTS(Computer Typesetting System) : 인쇄에 관련된 체계를 전산화 시킨 것

(7) CAI(Computer Aided Instruction)

컴퓨터를 응용하는 자동교육 시스템이다. 다양한 방식으로 흥미를 유발하고 정보를 전달할 수 있도록 멀티미디어 정보를 많이 활용한다.

6. 포토샵 배우기

포토샵은 그래픽 전문회사인 Adobe사의 이미지제작, 편집 프로그램으로서 현재 전 세계에 걸쳐 가장 많이 사용되고 있는 이미지툴이기도 하다. 포토샵은 기본적으로 색상조정, 채도조정, 명도조정, 콘트라스트 조정, 레벨조정 등 사진이미지의 보정에 필요한 대부분의 조정기능들을 포함하고 있다.

또한 이미지 변형과 합성에 필요한 다양하고 뛰어난 기능들을 가지고 있다. 따라서 사진편집, 앨범작업, 아이콘 제작, 배너제작, 멀티미디어, 전자출판 등 포토샵의 활용은 아주 광범위 하다.

대부분의 전문 디자이너들이 포토샵만을 고집할 만큼 절대적인 위치를 구축하고 있고 필터라고 불리는 각종 효과들을 사용하면 간단한 조작으로도 특별한 결과를 얻을 수 있다. 포토샵은 이미 수많은 필터들을 내장하고 있지만 타 회사에서 제작한 다양한 필터들을 추가하여 사용할 수도 있다. 사용하고 싶은 필터를 포토샵 플러그인 폴더에 설치하기만 하면 사용이 가능하도록 만들어져 있다.[이하 HTML TUTOR 자료 제공 참조]

6-1. 포토샵의 화면구성

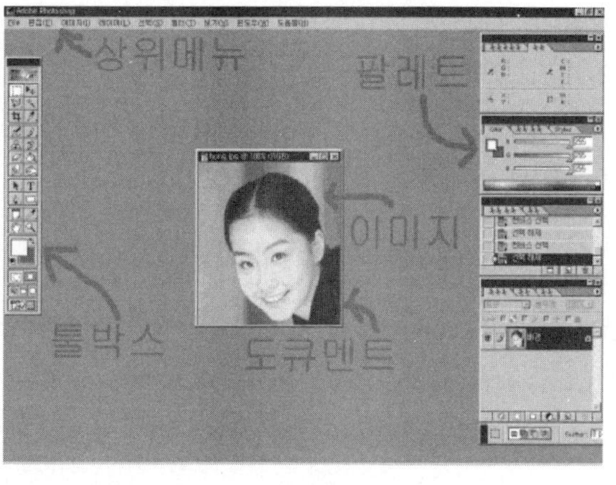

6-2. 이미지파일 포맷

이미지 파일은 이미지를 파일로서 저장하는 방식을 말한다. 중요한 것은 하나의 그래픽 프로그램이 하나의 포맷을 지원하지 않는다는 점이다.

또한 같은 이미지라 하더라도 어떤 포맷으로 저장하느냐에 따라 그 크기와 웹에서의 로딩속도에 차이가 난다. 그래픽 이미지를 저장한 파일은 일반 파일에 비해서 용량이 매우 큰 편이다. 특히 비트맵 이미지의 경우 파일의 용량이 매우 크기 때문에 압축을 지원하는 그래픽 포맷을 이용하는 것이 좋다.

(1) GIF(*.gif)

GIF(Graphic Interchange Format)는 미국의 CompuServe 사에서 이미지파일의 업로드와 다운로드에 사용할 목적으로 만들었으며 이미지 손실이 없는 LZW압축방식을 사용하며 압축률이 매우 좋다. 웹디자인을 위해 개발된 GIF 89a는 부분적으로 투명한 이미지나 애니메이션을 만들 수 있다. GIF포맷은 256색상을 지원하며 뛰어난 압축률로 배너나 아이콘 등의 저해상도 이미지에 주로 사용되고 있다.

(2) JPEG(*.jpg, *.jpeg)

JPEG(Joint Photographic Experts Group)에서 정한 파일 규약으로 Group이름의 약자이고, JPEG를 파일형식의 이름으로 사용한다. 일반적으로 JPEG 포맷은 JPEG 또는 JPG를 확장자로 사용한다. GIF 포맷은 비손실 압축인데 반해 JPEG 포맷은 손실 압축방식을 사용하여 이미지의 용량을 줄인다. 따라서 손실정도를 적게 할수록 화질이 뛰어나며 많이 할수록 용량이 줄어든다. 손실률을 줄일 경우 True Color를 지원하기 때문에 사진이나 그라데이션, 많은 수의 색상을 사용한 이미지에 적당한 이미지 포맷이다.

JPEG 포맷으로 이미지를 만들 경우에는 이미지의 용량과 손실의 정도를 적절히 조절하여 적정 수준의 결과물을 얻는 것이 중요하다.

(3) PNG(*.png)

PNG(Portable Network Graphics) 포맷은 1996년 월드 와이드 웹 협회(W3C : World Wide Web Consortium)에서 제정한 파일 형식으로 GIF 파일 형식에 대처하면서 그 문제점을 해결하고 확장된 기능을 제공하기 위해 제안되었다.

PNG 포맷은 그 이름에서도 알 수 있듯이 네트워크 환경에 적합하도록 고안된 이미지 형식이다. PNG에서는 GIF와는 달리 하나의 파일에 여러 개의 이미지를 저장할 수 없으므로 애니메이션으로 만들 수는 없다. PNG 포맷은 모든 브라우저에서 지원하고 있지 않지만 PNG 포맷을 지원하는 브라우저가 증가하는 추세이다.

(4) BMP(*.bmp)

Windows Bitmap으로 Microsoft 윈도우와 IBM의 OS/2에서 기본으로 사용되는 그래픽 파일 포맷으로 24bit 컬러까지 지원합니다. 화질이 좋아서 주로 윈도우 바탕화면에 많이 쓰이고 있지만 압축률이 좋지 않은 관계로 웹에서는 그다지 사용되지 않는다.

(5) Photoshop(*.psd, *.pdd)

포토샵 기본 포맷으로 포토샵에서 작업을 할 때 기본이 되는 파일이다. 고유의 비손실 압축포맷으로 용량은 크지만 화질은 좋다는 장점이 있다. 채널당 최고 16비트를 갖는 총 48비트컬러 이미지 저장이 가능하다. 알파채널과 레이어, 패스, 쉐이프, 텍스트 등의 정보를 포함하며 작업을 이어서 계속할 경우 이 포맷으로 저장해야만 나중에 수정할 수 있다.

6-3. 레이어(Layer)

포토샵에서 가장 중요한 개념이다. 레이어는 이미지의 합성, 특정 부분 편집 등 포토샵에서 모든 부분에서 요긴하게 사용되는 부분이다. 레이어란 층, 단계라는 의미이며 포토샵에서의 이미지는 하나로 보이지만, 작업을 하는 과정에서는 여러 장의 레이어를 만들어서 작업을 하게 된다.

숙달된 포토샵 작업자일수록 레이어를 효과적으로 관리한다. 우리가 그림을 그릴 때 실수를 하면 주위를 모두 수정해야 하지만 포토샵에서 레이어를 지정했다면 해당 레이어만 수정하면 된다. 이제부터 그림으로 살펴보도록 하자.

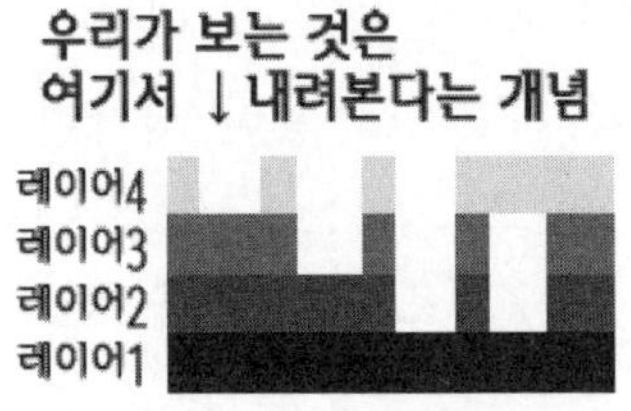

포토샵에서 하나의 이미지를 만들 때 저렇게 여러 장의 레이어를 사용해 작업을 한다. 예를 들어 캐릭터가 바다에서 휴양하는 이미지를 만든다고 하면 배경 레이어를 가장 아래에 깔고 그 위에 캐릭터 레이어를 얹는 원리이다. 그렇게 층으로 덮인 레이어는 최종 저장시에 레이어층을 위에서 내려다보는 모습으로 저장된다.

실수로 3번 레이어 작업을 잘못했다고 하자. 만약 레이어를 저렇게 나누지 않았다면 이미지 전부를 수정해야 하는 일이 일어난다. 하지만 레이어를 나눴다면 저렇게 간단하게 3번 레이어를 삭제함으로써 문제가 해결된다. 3번 레이어만 새로 만들어주면 되는 것이다.

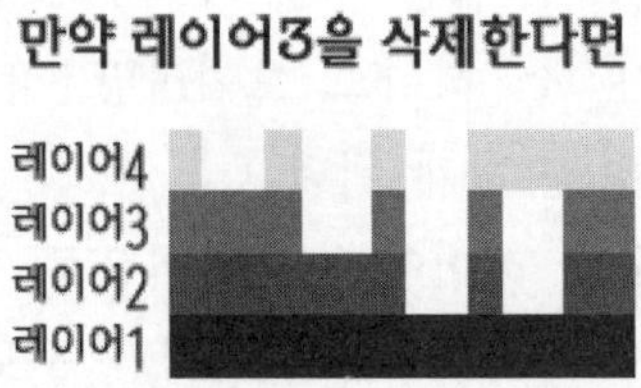

아래 그림은 3번 레이어 삭제시 이미지 모습이다.

레이어를 왜 지정해야 하는지 이유가 또 있다. 아래 그림처럼 같은 이미지를 배경만 다르게 색상별로 만들어야 하는 경우가 있다고 하자. 레이어가 없이 작업을 하면 일일이 배경을 다시 가져와서 색상을 다시 그려줘야 할 것이다. 그러나 배경 레이어가 따로 있다면 그것 색상만 바꿔주면 작업은 간단하게 끝이 난다. 캐릭터 레이어도 따로 지정되어 있다면 캐릭터만 가져와서 바꿔주면 된다.

레이어는 투명 필름위에 이미지를 정렬하는 것과 같은 것으로 하나의 이미지에서 필요에 따라 여러 개의 레이어를 만듦으로서 이미지제작에 편리함을 더해 준다. 레이어는 메뉴와 Layer Paltte에서 컨트롤되며 이미지의 제작시 레이어를 만들어 작업하면 맘에 들지 않는 부분은 그 레이어만을 버리면 되므로 기존에 했던 작업영역에 피해를 주지 않게 된다.

다른 이미지에서 Move툴로 이동해 오거나 Copy한 이미지를 붙여넣기를 할 경우 새로운 레이어가 자동으로 등록된다.

6-4. 레이어 작업창

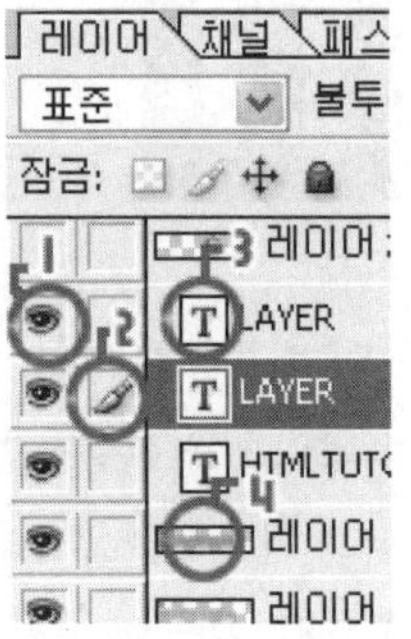

① 지금 해당 레이어는 보이게끔 해놨다는 뜻이다. 한 번 더 클릭하면 해당 레이어가 보이지 않게 해준다.

② 현재 작업 중인 레이어이다. 해당 층에서 작업을 하므로 그보다 위에 덮인 레이어가 가리고 있다면 작업을 해도 보이지 않는다.

③ 글자로 이루어진 레이어이다. 글자를 그림화 시키는 방법은 [레이어 ➡ 래스터화 ➡ 문자 래스터]를 선택하면 그림처럼 취급된다

④ 그림 레이어이다. 해당 레이어 장면만 나오며 전체 장면은 도큐먼트 자체를 보면 된다.

6-5. 포토샵 툴박스 소개

포토샵의 좌측 편에 위치한 여러 가지 도구메뉴를 지칭한다.

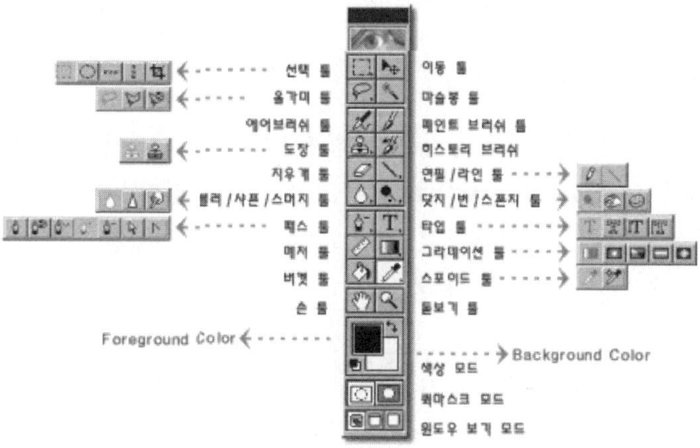

(1) 선택툴(marquee tools) : 

선택툴은 이미지의 일부분에만 효과를 적용하거나 특정한 작업을 하기위해 선택영역을 잡는데 사용한다. 사각선택툴과 원형선택툴은 마우스로 왼쪽부분을 클릭하면서 드래그하면 영역이 넓어진다. 만약 Shift 키를 함께 눌러줄 경우 정사각형이나 정원의 형태를 만들 수 있다. 뒤의 행선택툴과 열선택툴은 가로나 세로의 한 픽셀만 선택할 때 사용한다.

(2) 이동툴(move tools) : 

마퀴툴로 선택된 영역을 이동시키는 기능을 한다. 이동뿐 아니라 복사도 가능하다. Alt 키를 함께 누르면서 마우스를 이동시키면 선택된 영역을 복사하면서 가져오게 된다. 전체의 이미지를 이동시킬 때는 Ctrl + A 키를 누르면 전체 이미지가 선택된다.

(3) 올가미툴(lasso tools) :

선택툴과 같은 기능을 하지만 그 영역을 자유자재로 선택할 수 있다. 즉, 임의의 다각형이나 불규칙한 모양으로 선택이 가능하다. 숨은 도구로는 다각형라쏘툴(polygonal lasso Tool)과 마그네틱라쏘툴(Magnetic lasso Tool)이 있다.

(4) 마술봉툴(magic wand tools) :

다른 선택툴은 자신이 직접 영역을 정해주지만 이것은 마우스 버튼을 클릭한 곳의 색상을 중심으로 유사한 색상을 모두 선택할 수 있다. 즉, 한 이미지 내에서 선택하고자 하는 부분이 유사색으로 구성되는 경우가 대부분이라는 점에서 착안하여 포인터가 위치한 곳에서 인접한 유사색을 선택하는 툴이다.

(5) 에어 브러쉬툴(airbrush tools) :

가장 기본적인 브러쉬 계열의 툴 중 하나로 스프레이로 색상을 뿌린 듯한 효과를 나타내는 도구이다. 부드러운 칠이 가능하고 클릭하고 머무르고 있는 동안 계속해서 색이 적용되므로 색이 진해진다. 터치의 경계가 부드럽게 표현되므로 주로 이미지를 부드럽게 표현할 때 사용한다.

(6) 페인트 브러쉬툴(paintbrush tools) :

앞서 설명한 에어브러시 툴과 다른 점이 거의 없다. 에어브러시와 페인트 브러시의 필치의 차이를 제외하고는 거의 차이가 없다. 단, 페인트브러쉬툴은 드래그하는 속도가 선의 굵기와 진하기에 영향을 주지 않는다는 점, 에어브러시에서 압력(Pressure)조정 부분이 브러시에서는 불투명(Opacity)부분으로 되어 있다는 점만 약간 다를 뿐이다.

(7) 도장툴(stamp tools) :

도장툴은 이미지를 똑같이 복사할 때 사용하는 도구이다. 숨어있는 Pattern Stamp Tool은 같은 모양의 패턴을 여러 장 복사할 때 사용한다.

(8) 히스토리 브러쉬툴(history brush tools) :

히스토리 브러쉬툴을 이용하면, 실수를 해도 크게 문제되지 않는다. 복귀하고 싶은 부분에 가서 드래그만 하면 원래의 이미지로 돌아갈 수 있다.

(9) 지우개툴(eraser tools) :

이미지를 지워주는 기능을 가진 툴이다. 좀 더 정확히 표현을 하면 백그라운드 컬러로 지운 곳을 대치해 준다고 할 수 있다.

(10) 연필툴(pencil tools) :

연필툴은 자유롭게 그림을 그리는 브러시 계열의 도구이다. 단, Anti가 적용되지 않아서 터치의 경계가 조금 거칠고 딱딱하게 표현된다.

(11) 초점툴(blur tools) :

초점툴은 흐리게 해주는 기능을 한다. 마치 필터를 사용한 것 같은 효과가 나온다. 필터처럼 수치나 방향 따위로 효과를 보는 것이 아니라 같은 곳에 반복해서 드래그하면 효과가 더 많이 나온다.

(12) 닷지툴(dodge tools) :

닷지툴, 번툴, 스펀지툴로 이루어져 있다. 스펀지툴은 이미지의 채도를 높이거나 낮출 때 사용하고, 닷지툴과 번툴은 각각 사진용어로서 사진에 빛이 비춰지거나 비춰지지 않는 효과, 즉 밝음과 어두움을 표현해 준다.

(13) 펜툴(pen tools) :

자석모양이 펜촉 옆에 있는 Magnetic Pen Tool은 이미지의 칼라대로 자석이 붙듯이 실루엣을 선택하고, Freeform Pen Tool은 펜으로 그리듯이 그려나가면 그것이 점으로 연결된다. Add Anchor Point Tool은 이미 그려져 있는 선에 점을 추가하는 것이고, Delete Anchor Point Tool은 그 반대로 점선을 빼주는 것이다. Direct Selection Tool 과 Convert Point Tool은 이 툴로 선택된 점만이 움직이며 수정을 할 수 있다.

(14) 타이프툴(type tools) :

이미지에 글자를 입력할 때 사용하는 도구이다. 입력된 글자는 텍스트 레이어가 만들어지며 따라서 나중에 레이어 병합(윗쪽 레이어 메뉴에 있음)을 해줘야 할 필요가 있다.

(15) 측정툴(measure tools) :

측정툴(자툴)은 간단하게 특정 부분의 길이와 각도 등에 대한 정보를 알고자 할 때 사용한다.

(16) 그레디언트툴(gradient tools) :

그레디언트란 이미지 상에서 하나의 색상이 다른 색상으로 점진적으로 변해가는 것을 의미한다. 즉, 색상 사이의 색상 변화를 단계별로 표현하는 기능이다.

(17) 페인트버킷툴(paintbucket tools) :

선택된 영역을 특정한 색으로 채우는 도구이다. 선택영역을 지정하지 않으면 작업레이어 전체에 채워진다.

(18) 스포이드툴(eyedropper tools) :

스포이드 툴은 이미지 내의 특정 영역의 컬러를 추출해 준다. 마음에 드는 색상이 있을 때 어떤 색상인지 알 수 있게 해준다. 색상정보를 알고 싶은 지점에 가서 클릭만 해 주면 된다.

(19) 손바닥툴(hand tools) :

크기가 큰 이미지를 한정된 크기의 윈도우 안에서 한 번에 다 볼 수 없으므로 이 손바닥툴을 이용하여 원하는 그림의 위치로 이동할 수 있다. 손바닥툴을 더블 클릭하면 현재 화면에 있는 윈도우의 크기에 꼭 맞는 배율로 확대 또는 축소된다.

(20) 돋보기툴(zoom tools) :

돋보기툴은 이미지를 확대하거나 축소하는 툴이다. 한번 클릭할 때마다 일정한 비율로 확대되며, Alt 키를 누른 채로 클릭하면 반대로 일정한 비율로 축소된다.

(21) 색상모드 :

전경색상과 배경색상을 나타내는 상자이다. 전경색상이란 칠을 하거나 선을 긋는 등 배경위에 입혀지는 색상을 말하고 배경색상이란 이미지 자체에 깔리는 바탕색을 말한다.

(22) 퀵마스크모드 :

Mask Area는 퀵마스크를 지정하여 작업을 할 때 검정색은 선택되지 않고, 흰색은 완전히 선택되며, 중간색상은 그 명도만큼 선택된다. Select Area는 퀵마스크를 지정하여 작업을 할 때 흰색은 선택되지 않고, 검정색은 완전히 선택이 되며, 회색의 중간 명도는 그 명도만큼 선택된다.

(23) 스크린모드 :

어떤 방식으로 이미지를 나타낼 것인지를 정하는 모드로 Standard Screen Mode(표준 모드), Full Screen Mode with Menu Bar(메뉴바 모드), Full Screen Mode(풀스크린 모드)가 있다.

6-6. 포토샵 메뉴 사용법

(1) File 메뉴

▷ New : 새로운 이미지를 만든다.
▷ Open : 저장되어 있는 이미지를 불러온다.
▷ Open As : 이미지의 파일 포맷을 지정하여 불러온다.
▷ Close : 화면에 있는 이미지를 닫는다.
▷ Save : 이미지를 저장한다.
▷ Save As : 이미지를 새로운 이름으로 저장한다.
▷ Save a Copy : 이미지의 복사본을 만들어 저장한다.
▷ Revert : 가장 최근에 저장했던 상태로 바꿔준다.
▷ Place : AI, EPS 등이 파일 형식을 불러온다.
▷ Import : 다른 형식의 이미지를 불러온다.
▷ Export : 이미지를 다른 형식의 파일로 변환시켜 저장한다.
- GIF 89a Export : 이미지를 GIF포맷으로 저장한다.
- Path to Illustrator : 패스를 일러스트레이터 파일로 저장한다.

▷ Automate : 반복적으로 처리해야 할 작업을 자동적으로 처리해주는 기능.
▷ File Info : 이미지의 정보를 보여준다.
▷ Page setup : 인쇄할 페이지에 대한 설정이다.
▷ Print : 이미지를 인쇄한다.
▷ Preferences : 포토샵 작업환경을 설정해 준다.
- General : 통합된 환경을 설정한다.
- Saving Files : 파일 저장에 관련된 환경 설정이다.
- Display & Cursors : 디스플레이와 커서 설정이다.
- Transparency & Gamut : 투명레이어에 관한 설정이다.
- Unit & Rulers : 룰러(자)의 단위 등에 관한 설정이다.

- Guides & Grid : 가이드선과 그리드선에 관한 설정이다.
- Plug-Ins & Scratch Disks : 플러그인과 가상메모리에 관한 설정이다.
- Memory & Image Cache : 메모리와 이미지의 캐시에 관련된 설정.

▷ Color Settings : 컬러 모드에 관련된 설정이다.

▷ Adobe Online : Adobe사에 온라인 접속할 수 있다.

참고

웹페이지를 만들 경우 대부분은 GIF포맷을 사용한다. 그러나 포토샵을 갓 입문한 초보의 경우 작업을 한 이미지를 "Save"나 "Save as"로 저장하는 경우가 많은데 그렇게 되면 GIF포맷이 나오지 않는다. 그럴 때는 익스플로러 6.0 이상인 경우에는 "Save for web"을 클릭하면 된다.

(2) Edit 메뉴

▷ Undo : 한 번 실행시킨 작업을 취소한다.

▷ Redo : Undo로 취소시킨 작업을 되돌린다.

▷ Cut : 선택된 부분의 이미지를 오려낸다.

▷ Copy : 선택된 부분의 이미지를 복사한다.

▷ Copy Merged : 화면에 보이는 부분의 레이어를 모두 합쳐서 복사한다.

▷ Paste : Cut, Copy 명령으로 복사된 이미지를 붙여준다.

▷ Paste Into : 이미지를 선택한 영역으로 붙여준다.

▷ Clear : 선택된 부분의 이미지를 지운다.

▷ Fill : 선택된 부분에 색상이나 패턴을 채워준다.

▷ Storke : 선택 영역의 테두리에 선을 그어 준다.

▷ Free Transform : 이미지에 대한 변형 작업을 한 번에 자유롭게 실행시켜 준다.

▷ Transform : 이미지를 변형시켜주는 기능이다.
- Again : 한 번 수행한 변형작업을 다시 반복적으로 수행한다.
- Scale : 이미지 전체 크기를 조절한다.
- Rotate : 이미지 전체를 회전시켜 준다.

- Skew : 이미지 전체의 기울기를 조절한다.
- Distort : 이미지 전체의 꼭지점을 이동시켜 변형한다.
- Perspective : 이미지 전체의 원근감을 조절한다.
- Numeric : 변형작업을 수치로 정밀하게 조절한다.
- Rotate 180° : 이미지 전체를 180도 회전시켜 준다.
- Rotate 90° CW : 이미지를 시계방향으로 90도 회전시켜 준다.
- Rotate 90° CCW : 이미지를 반시계방향으로 90도 회전시켜 준다.
- Flip Horizontal : 이미지를 수평으로 대칭이동 한다.
- flip Vertical : 이미지를 수직으로 대칭이동 한다.

▷ Define Patten : 선택된 부분의 이미지를 패턴으로 지정해 준다.

▷ Purge : 메모리에 임시적으로 저장된 정보를 삭제한다.

- Undo : 실행취소에 관한 정보를 삭제한다.
- Clipboard : 클립보드에 저장된 이미지를 삭제한다.
- Pattern : 패턴으로 정의된 이미지를 삭제한다.
- Histories : 히스토리 팔레트에 등록된 모든 정보를 삭제한다.

▷ All : Undo, Clipboard, Pattern, Histories를 한 번에 모두 삭제한다.

(3) Image 메뉴

▷ Mode : 이미지를 구성하는 색상의 모드를 바꿔준다.

- Bitmap : 비트맵 이미지로 바꿔준다.
- Grayscale : 이미지를 흑백으로 바꿔준다.
- Duotone : 2가지 색상을 이용한 이미지로 바꿔준다.
- Index Color : 256가지 이내의 색상을 사용하는 이미지로 바꿔준다.
- RGB Color : RGB 이미지로 바꿔준다.
- CMYK Color : CMYK(인쇄 색상) 이미지로 바꿔준다.
- Lab Color : 채널을 a, b로 나눠준다.
- Multichannel Color : 다중 채널로 이미지를 바꿔준다.
- 8Bits/Channel : 1채널당 8비트(256컬러)의 색상으로 구성한다.
- 16Bit/channel : 1채널당 16비트(65536컬러)의 색상으로 구성한다.
- Color Table : 인덱스 컬러의 이미지에서 색상을 조절한다.

▷ Adjust : 이미지의 색상을 보정해 준다.

- Levels : 이미지의 레벨값을 조정한다.
- Auto Levels : 이미지의 레벨값을 자동으로 조정해 준다.
- Curves : 이미지의 색상을 커브로 조절한다.
- Color Blance : 색상의 혼합을 조절한다.
- Brightness/Contrast : 색상의 명도와 대비값을 조절한다.
- Hue/Saturation : 이미지의 색상, 채도, 명도를 조절한다.
- Desaturation : 이미지의 채도를 0으로 만들어 준다.
- Replace Color : 색상을 선택하여 다른 색상으로 만들어 준다.
- Selective Color : 어떤 색상의 잉크값을 조절한다.
- Channel Mixer : 채널을 조정하여 색상을 보정한다.
- Invert : 이미지의 색상값을 반전시켜 준다.
- Equalize : 명암의 단계를 조절한다.
- Threshole : 이미지의 색상을 흰색, 검은색으로 전환한다.
- Posterize : 색상의 단계를 수치로 나누어 단순화시켜 준다.
- Variations : 이미지의 색상과 명암을 쉽게 보정할 수 있다.

▷ Duplicate : 현재 작업중인 이미지를 그대로 복제한다.

▷ Apply Image : 같은 크기의 이미지를 합성한다.

▷ Calculations : 정밀한 옵션으로 이미지를 합성한다.

▷ Image Size : 이미지의 크기를 조절한다.

▷ Canvas Size : 이미지의 크기는 조절하지 않고 이미지 안쪽을 잘라 내거나 외곽에 여백을 준다.

▷ Corp : 이미지의 선택된 부분만 남기고 나머지 부분을 잘라 낸다.

▷ Rotate Canvas : 캔버스 자체를 회전시켜 준다.

▷ Histogram : 이미지의 색상 정보를 보여준다.

▷ Trap : 색상영역의 간격을 조절한다.

(4) Layer 메뉴

▷ New : 새로운 레이어를 만든다.

- Layer : 새로운 투명 레이어를 만든다.
- Adustment Layer : 새로운 어드저스트먼트 레이어를 만든다.

- Background : 새로운 백그라운드 레이어를 만든다.
- Layer Via Copy : 선택 영역을 복사하여 레이어로 만든다.
- Layer Via Cut : 선택 영역을 잘라내어 레이어로 만든다.

▷ Duplicate Layer : 선택된 레이어를 복사한다.

▷ Delete Layer : 선택된 레이어를 삭제한다.

▷ Layer Option : 선택한 레이어의 옵션을 조절한다.

▷ Adjustment Layer Option : 어드저스트먼트 레이어의 옵션을 조절한다.

▷ Type : 문자 레이어를 조절한다.

- Render Layer : 문자열 편집 속성 없애고 레이어 기능만 남긴다.
- Horizontal : 세로로 배열된 문자 레이어를 가로로 배열해 준다.
- Vertical : 가로로 배열된 문자 레이러르 가롤 배열해 준다.

▷ Add Layer Mask : 선택한 레이어에 레이어 마스크를 추가 시킨다.

- Revel All : 선택한 레이어의 이미지가 모두 보이도록 만든다.
- Hide All : 선택한 레이어의 이미지가 모두 숨겨지도록 만든다.
- Reveal Selection : 선택 영역만 보이도록 마스크를 만들어 준다.
- Hide Selection : 선택 영역만 숨겨지도록 마스크를 만들어 준다.

▷ Distribute Linked : 링크된 레이어들을 일정 간격으로 정렬시킨다.(단, 3개 이상의 레이어가 링크된 경우에만 가능)

- Top : 위쪽을 기준으로 일정한 간격으로 정렬해 준다.
- Vertical Center : 세로가운데를 기준으로 일정간격으로 정렬해 준다.
- Bottom : 아래쪽을 기준으로 일정한 간격으로 정렬해 준다.
- Left : 왼쪽을 기준으로 일정한 간격으로 정렬해 준다.
- Horizontal : 가로 가운데를 기준으로 일정 간격으로 정렬해 준다.
- Right : 오른쪽을 기준으로 일정한 간격으로 정렬해 준다.

▷ Effect : 문자 레이어에 필터와 같은 효과를 주는 기능을 한다.

- Drop Shadow : 레이어에 그림자 효과를 준다.
- Inner Shadow : 안쪽에 그림자 효과를 준다.
- Outer Glow : 바깥쪽에 빛이 퍼지는 효과를 준다.
- Bevel and Emboss.. : 입체감을 주는 효과를 적용한다.
- Copy Effect : 레이어에 적용된 Effect 효과를 복사한다.
- Paste Effect : 복사된 Effect 효과를 레이어에 적용한다.

- Paste Effect to Linked : 복사된 Effect 효과를 선택한 레이어와 링크된 레이어에 모두 적용한다.
- Clear Effect : 선택한 레이어에 적용된 Effect 효과를 없애준다.
- Global Angle : Global Angle이 체크된 레이어들의 Effect 효과 각도를 조절한다.
- Create Layers : 선택한 레이어에 적용된 Effect 효과를 분리하여 레이어로 만들어 준다.
- Hide All Effect : 모든 레이어에 적용된 효과를 잠시 숨겨준다

▷ Merge Down : 선택한 레이어를 한 칸 아래의 레이어와 합쳐서 하나의 레이어로 만들어 준다.

▷ Merge Visible : 화면에 나타나는 레이어들을 모두 합쳐서 하나의 레이어로 만들어 준다.

▷ flatten Image : 모든 레이어를 합쳐서 하나의 백그라운드 레이어로 만들어 준다.

▷ Matting : 레이어의 경계면을 부드럽게 처리하여 아래쪽 레이어와 잘 어울릴 수 있도록 처리해 준다.

참고

이미지에 type tool을 이용해서 타자를 칠 경우 다음 작업이 되지 않는 경우가 있는데 이는 글자의 레이어와 이미지의 레이어가 달라서 생기는 현상이다. 따라서 "Merge Down" 이나 "Merge Visible"을 클릭해서 둘의 레이어를 합쳐 주어야 한다.

(5) Select 메뉴

▷ All : 이미지 전체를 선택한다.

▷ Deselect : 선택을 해제한다.

▷ Reselect : Deselect로 해제했던 부분을 다시 선택한다.

▷ Invers : 선택영역을 반전 시켜준다.

▷ Color Range : 색상의 범위에 의해 선택영역을 지정한다.

▷ Feather : 선택영역의 경계를 부드럽게 선택한다.

▷ Modify : 선택영역의 모양을 수정한다.

- Border : 선택영역의 외곽선만을 선택한다.
- Smooth : 선택영역의 외곽 모서리 부분을 부드럽게 처리해준다.
- Expand : 선택영역을 바깥으로 넓혀 준다.
- Contract : 선택영역을 안쪽으로 축소 시켜준다.

▷ Glow : 선택영역을 확대 시킨다.

▷ Similar : 선택되어 있는 영역과 같은 색상을 이미지 전체에서 선택한다.

▷ Transform selection : 선택영역을 변형한다.

▷ Load Selection : 채널을 선택영역으로 불러온다.

▷ Save selection : 선택영역을 채널로 저장한다.

(6) Filter 메뉴

▷ Artistic : 이미지들을 그림으로 그린 듯한 효과를 내고 싶을 때 사용되는 필터

▷ Blur : 이미지의 초점을 흐릿하게 하여 뿌옇게 보이게 하는 매우 자주 사용되는 필터

▷ Brush Strokes : 이미지에 회화적인 효과를 주는 필터

▷ Distort : 이미지에 여러 가지 방법으로 왜곡을 주는 필터.

▷ Noise : 이미지에 인공적인 노이지를 뿌려주고 또 이미지에 있는 노이지를 제거하는 필터

▷ Pixelate : 픽셀들의 모양과 색상, 배열방식 등을 조절하여 이미지에 적용하는 필터

▷ Render : 이미지에 빛의 요소를 추가하여 특수한 효과를 만드는 필터

▷ Sharpen : 이미지의 선명함을 강조해주는 필터
▷ Sketch : 전경색과 배경색을 이용하여 이미지에 스케치 효과를 주는 필터
▷ Stylize : 이미지의 픽셀과 모양, 배열에 변형으로 이미지의 형태를 강하게 변화시키는 필터
▷ Texture : 이미지에 다양한 질감을 적용시키는 필터
▷ Video : TV, Video 등과 같은 방송용 장비에서 포토샵의 디지털 이미지를 처리하는 데 필요한 기능을 제공하는 필터
- De-Interlace : 컴퓨터에서 TV나 Video에서 캡처한 이미지의 라인을 제거하는 필터
- NTSC Color : RGB 이미지를 TV나 Video에서 표현할 수 있도록 NTSC Color로 교환하는 역할을 하는 필터

(7) View 메뉴

▷ New View : 같은 이미지를 하나 더 만든다.
▷ Preview : CMYK 색상으로 변환했을 때의 색상을 미리 보여 준다.
▷ Gamut Warning : 출력시 색상이 정확하게 표현되지 않는 부분을 표시.
▷ Zoom In : 이미지를 확대하여 보여 준다.
▷ Zoom Out : 이미지를 축소하여 보여 준다.
▷ Fit on Screen : 이미지를 화면에 표시되는 윈도우 크기에 맞게 확대다.
▷ Actual Pixels : 이미지 크기를 100%로 맞추어 보여 준다.
▷ Print Size : 이미지를 출력될 크기에 맞추어 보여 준다.
▷ Show(Hide) Edges : 선택영역의 표시선을 보여 준다(숨겨 준다).
▷ Show(Hide) Path : 패스를 보여 준다(숨겨 준다).
▷ Show(Hide) Rulers : 눈금자를 보여 준다(숨겨 준다).
▷ Show(Hide) Guides : 가이드선을 보여 준다(숨겨 준다).

▷ Snap to Guides : 레이어 등이 가이드선에 맞추어 움직인다.
▷ Lock Guides : 가이드선을 잠궈서 움직이지 않게 해준다.
▷ clear Guides : 모든 가이드선을 지워버린다.
▷ Show(Hide) Gride : 그리드선을 보여 준다(숨겨 준다).
▷ Snap to Grid : 레이어 등을 이동할 때 그리드선에 맞추어 이동한다.

(8) Window 메뉴

▷ Cascade : 윈도우를 계단식으로 정렬한다.
▷ Tile : 윈도우를 바둑판 모양으로 정렬한다.
▷ Arrange Icons : 아이콘을 정렬한다.
▷ Close All : 모든 이미지를 닫는다.
▷ Show(Hide) Tools : 툴 박스를 보여 준다(숨겨 준다).
▷ Show(Hide) Navigator : 네비게이터 팔레트를 보여 준다(숨겨 준다).
▷ Show(Hide) Info : Info 팔레트를 보여 준다(숨겨 준다).
▷ Show(Hide) Options : Option 팔레트를 보여 준다(숨겨 준다).
▷ Show(Hide) Color : Color 팔레트를 보여 준다(숨겨 준다).
▷ Show(Hide) Swatches : Swatches 팔레트를 보여 준다(숨겨 준다).
▷ Show(Hide) Brushes : Brushes 팔레트를 보여 준다(숨겨 준다).
▷ Show(Hide) Layers : Layer 팔레트를 보여 준다(숨겨 준다).
▷ Show(Hide) Channels : Channels 팔레트를 보여 준다(숨겨 준다).
▷ Show(Hide) Paths : Paths 팔레트를 보여 준다(숨겨 준다).
▷ Show(Hide) History : History 팔레트를 보여 준다(숨겨 준다).
▷ Show(Hide) Actions : Actions 팔레트를 보여 준다(숨겨 준다).
▷ Show(Hide) Status Bar : Status Bar 팔레트를 보여 준다(숨겨 준다).

연 습 문 제

1. 멀티미디어의 종류와 특성에 대해서 설명하시오.

2. 멀티미디어에 필요한 하드웨어에 대해서 설명하시오.

3. 멀티미디어의 다양한 활용 분야에 대해서 예를 들어 설명하시오.

4. 이미지파일의 종류와 특성에 대해서 설명하시오.

5. 포토샵에서 주요 기능의 이해를 통해 개성 있는 홈페이지 꾸미기에 활용해 보자.

제8장 HTML

1. 홈페이지와 HTML
2. HTML 기본 구성
3. 다양한 태그의 활용

1. 홈페이지와 HTML

먼저 홈페이지 제작에 들어가기 전 알아야 할 기본적인 상식과, HTML 관련 용어들에 대해서 살펴보도록 하자. 우선 가장 기본이 되는 것이 HTML 이다. 요즘은 워드프로세서처럼 쉽게 재작하는 웹에디터(나모 웹에디터, 드림위버, 프론트페이지 등) 등을 많이 이용하지만, 웹 제작의 기본인 HTML 태그 작성법을 먼저 배우는 것이 아주 바람직한 방법이라고 할 수 있다. 웹에디터를 배우게 되더라도 기본적인 HTML 태그 작성법을 알고 있으면 좀 더 세련되고 자유롭게 표현할 수 있고, 서버를 사용하여 데이터베이스에서 자료를 자동으로 입출력하려면 HTML을 모르고서는 어렵다. HTML의 기초를 배우는 데는 그리 긴 시간이 걸리지는 않지만, 기교를 마음껏 부리려면 한도 끝도 없을 정도로 방대하다.

1-1. HTML 문서

HTML은 HyperText Markup Language 로 아스키(ASCII)라고 알려진 일반 텍스트 양식의 문서이며 윈도우의 메모장 등과 같은 텍스트 편집기를 사용하여 작성할 수 있다. WWW(World Wide Web)의 문서는 거의 HTML로 작성하여 확장자가 "*.html" 또는 "*.htm"으로 지정된다.

1-2. 홈페이지

홈페이지란 HTML 형태의 문서로 작성된 것으로, 사용자가 자신의 정보를 다른 사람에게 알려주는 방법으로 표현한 기록을 웹문서(Web Page)라고 하고 웹페이지의 초기화면을 홈페이지(Home Page)라고 하지만, 일반적으로 모든 웹문서를 홈페이지라고 통용해서 부르고 있다. 텍스트, 그림, 동화상 등을 이용하여 자신의 홈페이지를 작성할 수 있으며, 이제는 단순한 HTML 문서에서 탈피하여 애니메이션, 3D 등이 지원되는 "자바" 등 여러 가지 고급 언어들이 등장하여 더욱 화려하고 다이나믹한 웹문서가 표현되고 있으며 앞으로도 계속 발전해 나갈 것이다.

1-3. WWW

World Wide Web(WWW)은 정보 자원들의 네트워크이다. 웹은 다음의 3가지 기능으로 넓게 분포된 대중들이 정보 자원을 쉽게 접속할 수 있게 한다.

① 통일된 웹 자원의 위치 지정 방법 : (예) URI(Uniform Resource Identifier), URL(Uniform Resource Locator)
② 웹 자원 이름에 접근하는 프로토콜(protocol) : (예) HTTP
③ 자원들 사이를 쉽게 항해 할 수 있는 언어 : (예) HTML

이들 3가지 기능의 상호적인 연결이 전 규격을 통하여 설명되어있다.

1-4. 웹에디터

웹에디터는 크게 두 가지 방식으로 나뉜다. HTML 소스를 직접 코딩하는 방식과 HTML 코드를 입력할 필요가 없이 워드를 사용하듯이 도표를 그리고 색상을 선택하는 위지웍 방식이 있다. HTML로 직접 코딩하는 방식은 소스가 깔끔하고 구현이 자유롭다는 장점이 있으나 HTML을 익숙하게 다룰 수 있어야 하며 사이트가 복잡하면 코딩하는데 어렵고 속도도 다소 느리다. 대표적인 툴로서는 에디트플러스(Editplus)와 윈도우의 메모장 등이 있다. 이와 반면에 위지웍 방식은 마법사를 이용하는 것처럼 홈페이지 만들기가 손쉽고 속도도 빠르며 HTML 태그에 대한 많은 지식이 없어도 가능하다. 하지만 위지웍 방식이란 자동으로 상응한 HTML 코드를 만들어 넣는데 불과하고 모든 필요한 효과를 제한된 메뉴로 나타낼 수가 없다. 특히 CGI 소스나 자바스크립트 등을 활용하려면 위지웍 방식보다는 코딩 방식이 더 편리하다. 많이 쓰이는 웹에디터는 나모 웹에디터, 드림위버, 프런트페이지 등이 있다.

2. HTML 기본 구성

2-1. 태그(tag)

<…>로 쌓여있는 것들을 태그(tag)라 하고, 시작태그와 종료태그가 있다. 그 안에는 "엘레멘트(element)"라는 명령 내용과 "애트리뷰트(attribute)"라는 그 엘레멘트의 특성 및 특성값이 들어가고, 종료태그는 시작태그에 /를 붙여 </…>로 하여 그 명령이 종료됨을 알려준다. 대부분은 종료태그를 가지지만 종료태그가 생략될 수 있는 것과 아주 없는 것도 있다.

2-2. HTML의 기본 구성

(1) <HTML>

브라우저에게 시작태그 <HTML>은 "HTML 문서의 시작"을 알려주고, 종료태그 </HTML>는 "HTML 문서의 끝"을 알려준다. 이것만으로는 빈 페이지가 되므로 그 안에 내용이 들어가야 완성된 문서가 된다. <HTML> 안에 포함되는 가장 기본적인 내용은 <HEAD>와 <BODY> 엘레멘트 이다.

(2) <HEAD>

이 태그는 제목을 포함하는 HTML 문서의 머리 부분임을 알려준다. 모든 HTML 문서는 <HEAD> </HEAD> 태그가 필요하다. 일반적으로 HTML에서는 대소문자를 구별하지 않아 <HEAD>와 <head>는 같다.

```
<HTML>
<HEAD>
</HEAD>
</HTML>
```

(3) <TITLE>

이 태그는 문서의 제목을 나타내고 전체적인 문서의 내용을 대표할 수 있는 주제어를 담게 한다. 이 제목은 문서를 표시하는 영역에는 나타나지 않으나, 웹 브라우저 윈도우의 일부(대체적으로 맨 위)에 표시되고 문서를 대표하는 목록, 북마크, 창 등에 표시되며 검색에서도 사용되므로 생략하지 않는 것이 좋다. 또 제목을 넣을 때는 함축적이고 문서의 내용을 가장 잘 표현할 수 있는 문구를 넣으면 좋다.

```
<HTML>
<HEAD>
<TITLE>문서 제목</TITLE>
</HEAD>
</HTML>
```

(4) <BODY>

HTML 문서에서 본문을 말하며 문서의 내용이 들어가는 주된 부분이다. 거의 모든 부분의 명령 엘레멘트들이 이곳에 들어간다. 이 <BODY> </BODY>는 <HTML> </HTML> 안에 <HEAD> </HEAD> 다음에 위치한다. 문서의 본문 자리에 필요한 다른 내용의 문장을 넣으면 그대로 표현된다. 이것으로 가장 보편적인 문서가 완전히 구성되는 것이다. FRAMESET 태그와 같은 특별한 경우를 제외하고는 이 <BODY> 태그를 다 갖게 된다.

```
<HTML>
<HEAD>
<TITLE>문서 제목</TITLE>
</HEAD>
<BODY>
문서 본문
</BODY>
</HTML>
```

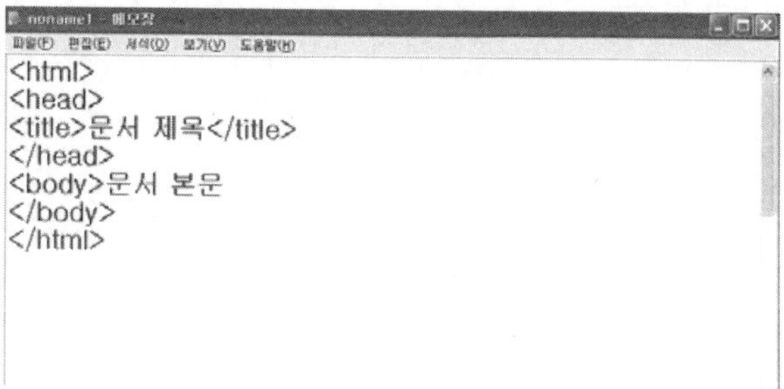

[그림 8-1] HTML의 기본 구성

(5) HTML 문서의 저장, 열기

문서가 작성되면 브라우저로 읽어 표현하기 위하여 HTML 문서로 저장하여야 한다. 저장 할 때는 반드시 "파일명.html" 또는 "파일명.htm" 으로 저장하여야 한다. 서버에 올리기 위해서는 서버에서 직접 화일을 복사하거나, FTP로 복사하거나 서버에 올리는 프로그램을 사용하여야 한다.

작성하여 저장한 HTML 문서를 열어 보려면 내컴퓨터에서 해당 폴더를 열어 그 파일을 더블 클릭하거나(기본 브라우저가 설정 되었을 때), 인터넷 익스플로러 등과 같은 웹브라우저 메뉴에서 파일 열기를 하면 된다.

3. 다양한 태그의 활용

3-1. 문자 표현

(1) 머리글자(Headings) : <Hn>

각 단계의 제목을 표시하는 것으로, <H1></H1>, <H2></H2>, <H3></H3>, <H4></H4>, <H5></H5>, <H6></H6> 6 단계가 있으며 <H1></H1>이 가장 큰 글자이다. 머리글자는 일반 문서의 글자에 비하여 크기가 크고 더 굵은 글자꼴로 표현되고, 제목들을 표시하기 위한 것이므로 앞의 문장과 뒤의 문장으로 부터 분리하기 위하여 자동 줄 바꿈을 한다. 머리글자 시작태그와 종료태그 안에 내용을 넣으면 된다.

▶ <Hn>머리글의 내용</Hn>

(2) <FONT>

글자의 표현 형태를 나타내며 여러 가지의 특성 및 값을 가질 수 있는데, 이를 애트리뷰트(attribute)라고 한다. HTML에서는 거의 모두 대소문자를 구별하지 않고 사용할 수 있다. 기본적인 애트리뷰트를 소개하면 size, color, face가 있고, 그 값들이 특성을 아래와 같이 결정하여 준다.

▶ <FONT size="4">내용</FONT>

여기서 수치는 1 에서 7 사이의 정수이다. 7이 가장 큰 것이고 1이 가장 작은 것이다. 상대적으로 기본 크기에서 +1 혹은 -1로 지정 한 수치만큼 조절 할 수도 있다.

▶ <FONT color="색상명">내용</FONT>
여기서 색상값은 색상명이나 색상번호가 되는데, 색상번호는 적색(red), 녹색(green), 청색(blue)을 나타내는 rrggbb 색상의 정도를 16진수로 표시한 것으로 높은 값이 ff, 낮은 값이 00이고, 색상명은 이들 색상 번호를 기억하는 대신 기억하기 좋은 영문으로 미리 정한 값이다. 상세한 내용은 색상표를 참조한다.

▶ <FONT face="굴림">내용</FONT>
여기서 글꼴을 지정하는데, 글꼴표(font face)를 참조한다.

▶ <FONT size="4" color="red" face="굴림">내용</FONT>
위와 같이 조합하여 사용할 수 있다.

3-2. 라인 및 블럭 표현

기본적인 글자 표현을 위한 머리글자와 <FONT>에 추가하여, 글자를 표현하는 데는 다음과 같은 태그들이 있다.

① <B></B>, <STRONG></STRONG>
태그 안의 글자를 굵게 또는 강조할 때 사용한다.

② <I></I>, <CITE></CITE>, <DFN></DFN>, <EM></EM>
태그 안의 글자를 기울인 이태리 글자로 표현할 때 사용한다.

③ <U></U>, <INS></INS>
태그 안의 글자를 밑줄 친 글자로 표현할 때 사용한다.

④ <DEL></DEL>, <S></S>, <STRIKE></STRIKE>
태그 안의 글자를 지운 글자로 표현할 때 사용한다.

⑤ ,
태그 안의 글자를 위 첨자(SUP), 아래 첨자(SUB) 글자로 표현할 때 사용한다.

⑥ <SMALL></SMALL>, <BIG></BIG>
태그 안의 글자를 작은 글자와 큰 글자로 표시

⑦ <KBD></KBD>, <CODE></CODE>, <TT></TT>
태그 안의 글자를 간격이 일정한 글자(특히 영어에서)로 표현할 때 사용한다.

3-3. 라인 및 블럭모드

이상에서 설명한 태그들은 자동적으로 줄 바꿈을 하지 않는데 라인모드(inline mode)라고 한다. 자동적으로 줄 바꿈을 하는 것은 여러 줄의 문장을 표현하기 위하여 제공되고 블럭모드(block type)라고 한다. 이와 관련된 몇 가지 태그들을 소개하면 다음과 같다.

①
페이지 내에서 줄을 바꿀 경우 사용한다.
을 여러번 사용할 경우 사용 횟수 -1만큼 빈 줄이 삽입된다.

② <P></P>
태그 안의 문장을 하나의 문단으로 표시한다. 시작과 끝에 빈줄을 삽입하면서 자동 줄 바꿈을 한다. <P>를 여러 번 사용하더라도 삽입되는 줄은 한 줄 뿐이다. 애트리뷰트는 align=left/right/center 를 사용할 수 있다.

③ <BLOCKQUOTE></BLOCKQUOTE>
태그 안의 문장을 들여쓰기 하는 하나의 문단으로 표시한다. 글을 인용할 경우에 많이 사용하며 시작과 끝에 빈 줄을 삽입하면서 자동 줄 바꿈 한다.

④ <ADDRESS></ADDRESS>
태그 안의 문장을 이탤릭 글자로 표현하는 하나의 문단으로 표시한다. 시작과 끝에 자동 줄 바꿈을 하는데 빈 줄을 삽입하지는 않는다.

⑤ <DIV></DIV>
태그 안의 문장을 하나의 문단으로 표시한다. 입력되는 여러 줄의 문단을 정렬할 경우 사용할 수 있다. <P> 태그와 비슷하나 <P> 태그는 마지막에 빈 줄이 생기는 단점을 보완했다고 할 수 있다.
애트리뷰트는 align=left/right/center 를 사용할 수 있다.

⑥ <PRE></PRE>
태그 안의 문장을 하나의 문단으로 표시한다. 시작과 끝에 자동 줄 바꿈을 하는데 빈 줄을 삽입하며, 이 태그 안에서는 빈 칸, 줄 바꿈, 탭을 모두 그대로 표현한다.

⑦ <XMP></XMP>
<PRE> 태그와 비슷하나 다른 태그를 중간에 넣었을 때 일반적인 글자로만 인식하고 태그의 기능을 수행하지 않는다.

3-4. 특수 문자

<HEAD>와 같은 글자를 표현하기가 쉽지 않을 것이다. 이는 HTML 문장에서 <HEAD>를 기술하면 HEAD의 시작 태그로 간주하기 때문에 그렇게 표현되지는 않기 때문이다. 이를 표현하기 위해서는 이것이 태그의 시작이 아니고 그렇게 표현하는 것이라는 지시가 필요한데 이때 사용되는 글자가 특수문자이다.

<(<)HEAD>(>); 로 표시하여야 <HEAD>로 표현된다. 특수문자는 일종의 기호문자이며 다음 두 가지 기능을 위하여 사용된다. 이처럼 특수문자를 표현하기 위해서는 왼쪽 꺽쇠 (<)는 태그의 시작으로, 오른쪽 꺽쇠 (>)는 태그의 종료로, 그리고 &는 특수문자의 시작을 알리는 등 HTML 문서에서 특수한 의미를 지니고 있으므로, 일반 문서 내부에서 표현을 위해서는 사용할 수 없다. 일반적으로 문서 편집기에 없는 문자를 표현하기 위하여 (예를 들어 π, σ δ Σ 등의 표현) 이중 따옴표(")는 "로 사용하여도 되며, 고급의 복잡한 문서에서 꼭 "로 사용하여야 될 경우도 있다.

이들 문자들을 HTML 문서에서 사용하려면, 그 문자들의 문자기호(escape 기능)를 사용해야 한다.

① < 혹은 < : (<)의 문자기호
② > 혹은 > : (>)의 문자기호
③ & 혹은 & : (&)의 문자기호
④   혹은   : ( ) 공간의 문자기호
⑤ © 혹은 © : (ⓒ) 저작권의 문자기호
⑥ ∫ 혹은 ∫ : (∫) 인테그랄
⑦ ∑ 혹은 ∑ : (Σ) 합계 (Netscape에서는 안됨)
⑧ Å 혹은 Å : (A) 라틴 대문자 A 표시(Netscape에서는 안됨)

일반적으로 대소문자를 구별하지 않는 HTML의 다른 부분과는 달리, 특수문자나 문자 기호들은 대소문자를 구별한다. 예를 들어, Å(A)와 å(a)는 다르고(Netscape에서는 안됨), Æ(Æ:대문자)와 æ(æ:소문자)는 다르다.

3-5. 문서 장식

HTML 문서를 더 보기 쉽고 멋있게 만들기 위하여 여러 가지 방법을 사용할 수 있는데, 여기서는 기본적인 장식 방법을 설명한다.

(1) <CENTER>

시작태그<CENTER>에서 부터 문서내용을 유용한 창의 수평 중앙에 위치시키고, 종료태그 </CENTER>까지 계속되며 애트리뷰트는 없다.

(2) <HR>

서류 내용을 구분하거나 장식을 위하여 수평줄을 넣을 때 사용된다. 가능한 애트리뷰트는 size, width, noshade, align, color 등이다.

① size
- 줄의 높이를 화면 소자 갯수(픽셀 : pixel)로 지정한다.
- 디폴트값(default : 애트리뷰를 지정하지 않았을 때 브라우저가 알아서 처리하는 기본값)은 브라우저에 따라 다르다.

② width
- 줄의 폭을 길이(length)로 표시한다. 이 값은 픽셀 또는 전체 유용한 수평 폭에 대한 백분율이 될 수 있다.
- 디폴트는 100%이다.

③ noshade
- 줄을 굵은(solid) 색상으로 표현한다.

④ color
- 줄의 색상을 색상값으로 지정한다. 브라우저에 따라 적용되는 것과 안 되는 것이 있다.

```
▶<HR width=50% size=4 color=silver>
▶<HR width=50% size=1 align=right>
▶<HR width=60% size=3 noshade>
▶<HR width=60% size=3 color=aqua align=left>
```

(3) bgcolor

bgcolor는 서류 전체의 배경(background) 색상을 지정하는데 사용된다. text는 서류 전체의 글자 색상을 지정하는데 사용된다. <BODY> 태그에 지정하는 것이므로 한 문서에서 한번 밖에는 지정할 수 없다.

▶ <BODY bgcolor="색상값" text="색상값">

```
<HTML>
<HEAD>
<TITLE>bgcolor와 text 예제</TITLE>
</HEAD>
<BODY bgcolor="#ffffdd" text="#00a0a0">
<CENTER>
<BR><BR>
<HR size=2 width=60% color=red>
</CENTER>
</BODY>
</HTML>
```

(4) background

background는 서류 전체의 배경에 깔리는 이미지 파일을 지정하는데 이미지가 바둑판식으로 좌우, 상하로 반복하여 표현된다. 파일명과 그 파일이 위치한 경로를 같이 표시하여야 하는데 이것을 URL(Uniform Resource Locator)이라 한다.

▶ <BODY background="이미지 파일명과 그 경로">

```
<HTML>
<HEAD>
<TITLE>background 예제</TITLE>

<meta http-equiv="Content-Type"
 content="text/html;charset =EUC-KR">

</HEAD>
<BODY background="../../gif/flower.gif">
<CENTER>
<BR><BR>
<H2><FONT color=green>background 예제</FONT></H2>
<hr size=2 width=60% color=blue>
한 개의 이미지<br>
<img src="../../gif/flower.gif" border=1>
<hr size=2 width=60% color=blue>
</CENTER>
</BODY>
</HTML>
```

3-6. 하이퍼링크

(1) 이미지 링크

HTML 문서를 더 보기 쉽고 멋있게 만들기 위하여 사진, 그림 등 이미지를 사용하게 되는데, 여기서는 기본적인 이미지 사용 방법을 설명한다. <IMG> 태그는 미리 만들어 놓은 파일을 필요한 위치에 넣고 필요에 따라 크기를 조절하는 등 더욱 효과적으로 표현할 수 있다. 사용가능한 애트리뷰트는 다음과 같다.

① src = 이미지 화일명과 경로: URL 설명을 참조하라.
② width = length : 이미지의 너비를 픽셀로 지정한다.
③ height = length : 이미지의 높이를 픽셀로 지정한다.
④ border = pixels : 테두리(border)의 폭을 픽셀(pixel)로 지정한다.
⑤ alt = text 이미지를 디스플레이 할 수 없는 사용도구에서, 애트리뷰트는 설명을 제공하는 대체 텍스트를 지정한다. 또한 마우스를 올려놓을 때 대체 텍스트가 나타난다.

▶ <IMG src="../../gif/dyu.gif">
: 본래 이미지 크기로 표현

▶ <IMG src="../../gif/dyu.gif" width=30>
: width나 height 하나 만 지정하면 지정하지 않은 것을 같은 비율로 계산한다.

▶ <IMG src="../../gif/dyu.gif" width=200 height=20 alt="dyu 이미지" >
: 이미지 위에 마우스를 올려보라.

이미지 파일은 여러 가지 양식이 있는데, 그 중 가장 많이 사용되는 양식이 *.gif, *.jpg 이며, 이들은 포토샵 등의 이미지 프로그램으로 제작한다.

이상과 같이 이제는 제목, 글자 형태, 줄 형태, 이미지, 중앙에 맞추기 등으로 홈페이지를 보다 보기 쉽고 멋있게 꾸밀 수 있게 되었다.

(2) 문서 링크

문서나 이미지를 HTML상에서 불러 표현하기 위해서는 해당 파일을 지정하여야 하는데 이때 태그를 사용한다. 사용 가능한 애트리뷰트는 다음과 같다.

① name <A>
현재 앤커(anchor)가 다른 연결과 구별되도록 이름을 지정하는 것이다. 부위 지정에 사용된다.

② href="URL"
웹 정보의 위치를 지정하여 지정한 파일을 연결시켜 준다. 절대 URL, 상대 URL, 부위 URL, 전자우편 연결이 가능하며, 양식은 일반적인 HTTP 뿐만 아니라, File, FTP, E-mail 등의 연결이 가능하다.

③ target=frame name
문서를 표현할 프레임 이름을 지정한다.

▶ <A href="http://www.dyu.ac.kr">동양대학교</A>
: 인터넷 주소에 연결

▶ <A href="http://att.co.kr/~single/gif/basunny.gif">인터넷 주소의 이미지 파일</A>
: 인터넷 주소의 이미지파일에 연결

▶ <A href="../html/cover.html">HTML 규격</A>
: 현재 위치에서 상대적인 주소의 파일에 연결

※ 이때 .(생략해도 됨)는 현재 폴더이고, ../는 한 단계 상위 폴더이다.

▶ <A href="ftp://ftp.dyu.ac.kr/">FTP</A>
: FTP 파일에 연결

▶ <A href="mailto:biggate@dyu.ac.kr" > 전자우편 </A> : 전자우편 보내기에 연결

3-7. 문서 목록

상위와 하위가 있는 체계화 된 목록을 만들 때 사용되면 그 종류는 정의 목록(DL : Definition List), 번호 없는 목록(UL : Unordered List), 번호 있는 목록(OL : Ordered List)의 3 가지가 있다.

(1) <DL>

정의 목록(DL : Definition List)의 태그이며, 그 내용으로 갖는 엘레멘트는 정의 목록 제목(DT : Definition Title), 정의 목록 데이터(DD : Definition Data)가 있다.

① <DT>

정의 목록의 제목(DT) 이다. 자동 줄 바꿈을 하고 들여쓰기는 하지 않는다. 종료태그는 선택적이다.

② <DD>

정의 목록의 데이터(DD) 이다. 자동 줄 바꿈을 하고 들여쓰기를 한다. 종료태그는 선택적이다.

```
<DL>
<DT>정의 목록 제목 1
  <DD>정의 목록 내용 1-1
  <DD>정의 목록 내용 1-2
<DT>정의 목록 제목 2
  <DD>정의 목록 내용 2-1
  <DD>정의 목록 내용 2-2
</DL>
```

(2) <UL>

번호없는 목록(UL : Unordered List)의 태그이며, 그 내용으로 갖는 엘레멘트는 목록 항목(LI : List Item)들이 들어간다.

- <LI> : 목록 항목(LI)이다. 자동 줄 바꿈을 하고 들여쓰기를 한다. 종료태그는 선택적이다.

<UL>와 <LI> 엘레멘트에서 공히 애트리뷰트로는 type이 있고 가능한 값은 아래와 같다. 물론 <UL>에 type이 지정되는 경우 그 하위 <LI>에는 모두 같은 type이 적용된다.

▶ <LI type=disc> 값이 "disc" 일 때 : 꽉 찬 원으로
▶ <LI type=circle> 값이 "circle" 일 때 : 원의 테두리로
▶ <LI type=square> 값이 "square" 일 때 : 네모꼴의 테두리로

각 값이 어떻게 나타나는지와 디폴트는 브라우저에 따라 다르다.

```
<UL type="disc">
  <LI>번호 없는 목록 항목 1
  <LI>번호 없는 목록 항목 2
  <LI>번호 없는 목록 항목 3
    <UL type="circle">
      <LI>번호 없는 목록 항목 3-1
      <LI>번호 없는 목록 항목 3-2
    </UL>
  <LI>번호 없는 목록 항목 4
    <ul type="square">
      <LI>번호 없는 목록 항목 4-1
    </UL>
</UL>
```

(3) <OL>

번호 있는 목록(OL: Ordered List)의 태그이며, 그 내용으로 갖는 엘레멘트는 목록 항목(LI)들이 들어간다. <UL>태그와 마찬가지로 목록 항목 <LI>가 들어간다. 자동 줄 바꿈을 하고 들여쓰기를 하고, 종료태그는 선택적이다. <OL>와 <LI> 엘레멘트에서 애트리뷰트로는 type이 있고 가능한 값은 아래와 같다. 물론 <OL>에 type이 지정되는 경우 그 하위 <LI>에는 모두 같은 type이 적용된다. <OL>의 추가적인 애트리뷰트로는 start="3" 이 있는데 이는 목록의 시작번호를 지정한다. <LI>에서 번호를 지정하려면 value="5"를 사용한다.

▶ <LI type="1"> : 아라비아 숫자 1, 2, 3, ... 디폴트이다.
▶ <LI type="a"> : 알파벳 소문자 a, b, c, ...
▶ <LI type="A"> : 알파벳 대문자 A, B, C, ...
▶ <LI type="i"> : 로마자 소문자 i, ii, iii, ...
▶ <LI type="I"> : 로마자 대문자 I, II, III, ...

▶ 예제를 보면 :

```
<OL type="A">
  <LI>번호 있는 목록 항목 1
  <LI>번호 있는 목록 항목 2
  <LI>번호 있는 목록 항목 3
    <OL type="i">
      <LI>번호 있는 목록 항목 4
      <LI>번호 있는 목록 항목 5
    </OL>
  <LI type="1">번호 있는 목록 항목 6
    <OL type="a" start="1">
      <LI>번호 있는 목록 항목 7
      <LI>번호 있는 목록 항목 8
    </OL>
</OL>
```

3-8. 테이블

표(TABLE)를 만들 때 <TABLE> 태그를 사용한다. 이 TABLE 엘레멘트에는 표의 줄(TR : Table Rows), 표의 칸(TD : Table Data), 표의 제목(TH : Table Title) 엘레멘트를 포함하게 된다. <TABLE> 태그에서 사용할 수 있는 애트리뷰트는 다음과 같다.

① bgcolor=색상 : 표의 바탕색을 색상값으로 지정
② width=길이 : 표의 너비를 백분율 혹은 픽셀로 지정
③ border=pixcel : 표의 테두리 두께를 픽셀로 지정
④ cellspacing=pixcel : 칸 사이의 간격을 픽셀로 지정
⑤ cellpadding=pixcel : 칸 안에서의 간격을 픽셀로 지정

<TABLE **border=10** cellpadding=0 cellspacing=0 bgcolor=ffbbbb width=80%>

1번 줄 - 1번 칸	1번 줄 - 2번 칸	1번 줄 - 3번 칸
2번 줄 - 1번 칸	2번 줄 - 2번 칸	2번 줄 - 3번 칸

border: 테두리의 두께

[그림 8-2] 표의 border 예시

<TABLE border=1 **cellpadding=10** cellspacing=0 bgcolor=ffbbbb width=80%>

1번 줄 - 1번 칸	1번 줄 - 2번 칸	1번 줄 - 3번 칸
2번 줄 - 1번 칸	2번 줄 - 2번 칸	2번 줄 - 3번 칸

cellpadding: 테두리와 내용(글자)와의 거리

[그림 8-3] 표의 cellpadding 예시

<TABLE border=1 cellpadding=0 **cellspacing=10** bgcolor=ffbbbb width=80%>

1번 줄 - 1번 칸	1번 줄 - 2번 칸	1번 줄 - 3번 칸
2번 줄 - 1번 칸	2번 줄 - 2번 칸	2번 줄 - 3번 칸

cellspacing: 칸과 칸의 공간 거리

[그림 8-4] 표의 cellspacing 예시

(1) <TR>

표의 줄(TR : Table Rows) 태그이며, <TABLE>과 </TABLE> 사이에 반드시 한 쌍 이상 있어야 한다. <TR>에서 사용할 수 있는 애트리뷰트는 다음과 같다.

① bgcolor=색상 : 표의 줄 바탕색을 색상값으로 지정
② width=길이 : 표의 줄 폭을 백분율 혹은 픽셀로 지정
③ height=길이 : 표의 줄 높이를 백분율 혹은 픽셀로 지정
④ align=left/center/right : 표의 줄에서 내용의 수평 정렬을 지정
⑤ valign=top/middle/bottom : 표의 줄에서 내용의 수직 정렬을 지정

(2) <TD>와 <TH>

표의 제목(TH: Table Title) 엘레멘트도 표의 칸(TD : Table Data)의 한 종류이며 그 특성들도 거의 같다. 단지, <TH>에서는 제목인 만큼 굵은 글자로 표현하고 칸의 중앙에 배열된다. <TR>과 </TR> 사이에 반드시 한 쌍 이상 있어야 한다. <TD>에서 사용할 수 있는 애트리뷰트는 다음과 같다.

① bgcolor=색상 : 표의 칸 바탕색을 색상값으로 지정
② background=URL : 표의 칸 배경 이미지를 URL으로 지정
③ width=길이 : 표의 칸 폭을 백분율 혹은 픽셀로 지정
④ height=픽셀 : 표의 칸 높이를 픽셀로 지정
④ align=left/center/right : 표의 칸에서 내용의 수평 정렬을 지정, left가 디폴트이다.
⑤ valign=top/middle/bottom : 표의 칸에서 내용의 수직 정렬을 지정, middle이 디폴트이다.
⑥ colspan=갯수 : 표의 칸에서 수평 통합 칸의 개수 지정
⑦ rowspan=갯수 : 표의 칸에서 수직 통합 칸의 개수 지정

▶ 1개의 줄과 칸을 갖는 표의 예제(1)

```
<TABLE border=1>
  <TR>
    <TD>표의 예제(1)</TD>
  </TR>
</TABLE>
```

▶ 제목 줄과 3개의 줄과 칸을 갖는 표의 예제(2)

```
<TABLE border=1 bgcolor=ddddff width=80%>
  <TR bgcolor=ddffdd>
    <TH width=30%>1번 칸 제목</TH>
    <TH width=30%>2번 칸 제목</TH>
    <TH wdith=40% bgcolor=ffdddd>3번 칸 제목</TH>
  </TR>
  <TR align=center>
    <TD height=40>1번 줄-1번 칸</TD>
    <TD>1번 줄-2번 칸</TD>
    <TD>1번 줄-3번 칸</TD>
  </TR>
  <TR>
    <TD>2번 줄-1번 칸</TD>
    <TD>2번 줄-2번 칸</TD>
    <TD>2번 줄-3번 칸</TD>
  <TR>
  <TD align=center>3번 줄-1번 칸</TD>
    <TD>3번 줄-2번 칸</TD>
    <TD align=right>3번 줄-3번 칸</TD>
  </TR>
</TABLE>
```

1번 칸 제목	2번 칸 제목	3번 칸 제목
1번 줄 - 1번 칸	1번 줄 - 2번 칸	1번 줄 - 3번 칸
2번 줄 - 1번 칸	2번 줄 - 2번 칸	2번 줄 - 3번 칸
3번 줄 - 1번 칸	3번 줄 - 2번 칸	3번 줄 - 3번 칸

[그림 8-5] 표의 예제(2)

(3) <CAPTION> </CAPTION>

표의 제목을 표현한다. <TABLE> 시작 태그가 시작 된 다음에 명시한다. 표의 칸 속에는 문장이나 이미지뿐만 아니라, 여러 단계로 네스팅 되면서 목록들이나 다른 표들을 가질 수 있다.

칸의 폭을 한번 지장하면 되지만 최소의 폭을 못 갖는 열이 있으면, 브라우저들은 표의 각 칸의 너비나 전체 표의 너비를 자동으로 조절하여 표현하므로 매우 편리하지만, 원하는 너비를 인위적으로 맞추기가 쉽지 않다. 브라우저가 각 칸의 너비를 어떤 기준에 의하여 자동 조절하는가는 HTML 규격에서 표의 표현을 참조한다.

▶ 칸을 통합하면 표의 칸 안에 다른 표가 들어간 예제(3)

```
<TABLE border=1 width=80%>
  <CAPTION>실험용 표(TABLE) CAPTION</CAPTION>
  <TR bgcolor=ddffdd>
    <TH width=30%>1번 칸 제목</TH>
    <TH width=30%>2번 칸 제목</TH>
    <TH wdith=40% bgcolor=ffdddd>3번 칸 제목</TH>
  </TR>
  <TR align=center>
```

```
      <TD rowspan=2>1번 줄-1번 칸<BR>2번 줄-1번 칸 통합</TD>
      <TD>1번 줄-2번 칸</TD>
      <TD>1번 줄-3번 칸</TD>
    </TR>
    <TR>
      <TD>2번 줄-2번 칸</TD>
      <TD>2번 줄-3번 칸</TD>
    <TR>
      <TD colspan=2 align=center bgcolor=eeffff>3번 줄-1,2번 칸 통합
        <TABLE border=1 bgcolor=ffffee width=90%>
    <TR><TD>3-1-1-1</TD><TD>3-1-1-2</TD><TD>3-1-1-3</TD> </TR>
    <TR><TD>3-1-2-1</TD><TD>3-1-2-2</TD><TD>3-1-2-3</TD> </TR>
    <TR><TD>3-1-3-1</TD><TD>3-1-3-2</TD><TD>3-1-3-3</TD> </TR>
  </TABLE>
      </TD>
      <TD><IMG src="../../gif/ictrio.gif"> 3번 줄-3번 칸
        <OL>
          <LI>3-3-1
          <LI>3-3-2
          <LI>3-3-3
        </OL>
      </TD>
    </TR>
  </TABLE>
```

<table>
<caption>실험용 표(TABLE) CAPTION</caption>
<tr><th>1번 칸 제목</th><th>2번 칸 제목</th><th>3번 칸 제목</th></tr>
<tr><td rowspan="2">1번 줄 - 1번 칸
2번 줄 - 1번 칸 통합</td><td>1번 줄 - 2번 칸</td><td>1번 줄 - 3번 칸</td></tr>
<tr><td>2번 줄 - 2번 칸</td><td>2번 줄 - 3번 칸</td></tr>
<tr><td colspan="2">3번 줄 - 1,2번 칸 통합<table>
<tr><td>3-1-1-1</td><td>3-1-1-2</td><td>3-1-1-3</td></tr>
<tr><td>3-1-2-1</td><td>3-1-2-2</td><td>3-1-2-3</td></tr>
<tr><td>3-1-3-1</td><td>3-1-3-2</td><td>3-1-3-3</td></tr>
</table></td><td>3번 줄 - 3번 칸
1. 3-3-1
2. 3-3-2
3. 3-3-3</td></tr>
</table>

[그림 8-6] 표의 예제(3)

3-9. 프레임

문서에서 전체 창을 몇 개의 부분 창으로 분리할 필요가 생긴다. 예를 들어 현재 창에서 좌측의 메뉴 부분과 위쪽의 메뉴 부분은 변하지 않고 오른쪽 아래 부분의 내용만 바뀌는데, 이는 부분 창으로 분리하였기 때문이다. <FRAME>의 사용 가능한 애트리뷰트는 다음과 같다.

① name="이름" : 프레임의 이름 지정하며, 후속 연결의 목표 지정에 사용

② src="url" : 프레임에 표현 될 초기(initial) 내용의 위치를 지정

③ noresize : 프레임 창의 크기를 조정 할 수 없음

④ scrolling=auto/yes/no : 화면 굴리기(scroll) 정보를 지정.

- auto : 필요할 때 화면 굴리기가 제공된다. 디폴트 값이다.
- yes : 화면 굴리기가 제공된다.
- no : 화면 굴리기가 제공되지 않는다.

⑤ frameborder=1/0 : 프레임 테두리(border)에 대한 정보를 사용도구에게 제공.

-1 : 이 프레임과 각 옆 프레임들 사이에 분리자(separator)를 그린다. 디폴트 값이다.

-0 : 이 프레임과 각 옆에 붙어있는 프레임들 사이에 분리자를 그리지 않는다.

⑥ marginwidth=pixels

: 왼쪽과 오른쪽 마진(margin)들 안에서 프레임의 내용 사이에 남아야 할 공간의 양을 지정. 1 픽셀보다 커야 한다.

⑦ marginheight=pixels : 위쪽과 아래쪽 마진들 안에서 프레임의 내용 사이에 남아야 할 공간의 양을 지정. 1 픽셀보다 커야 한다.

이와 같이 부분 창을 만들기 위해서는 다음과 같이 입력한다.

```
<FRAMESET>
<FRAME></FRAME>
<FRAME></FRAME>
</FRAMESET>
```

▶ 최초 화일 : hsfmset.html, <BODY> 태그가 없다.

```
<HTML>
<HEAD>
<TITLE>frameset 문서</TITLE>
</HEAD>
<FRAMESET rows="30%,*">
  <FRAME name="frame1" src="hs1frm.html">
  <FRAME name="frame2" src="hs2frm.html">
</FRAMESET>
</HTML>
```

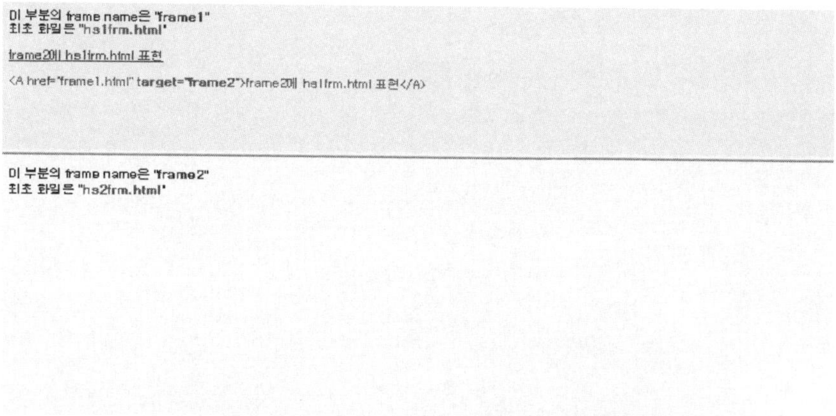

[그림 8-7] FRAME 상하(수평)분할

▶ FRAME1 화일 : hs1frm.html

```
<HTML>
<HEAD><TITLE>FRAME1 화일(hs1frm.html)</TITLE> </HEAD>
<BODY bgcolor=ddeeff>
<FONT size=-1>이 부분의 frame name은 "<FONT color=blue> frame1</FONT>"<br>
최초 화일은 "<FONT color=teal><B>hs1frm.html</B> </FONT>" <br> <br>
<A href="hs1frm.html" target="frame2" frame2에 hs1frm.html 표현 </A> <br><br>
<FONT color=brown>
<a href="frame1.html" target="frame2">frame2에 hs1frm.html 표현 </a> </FONT>
</BODY>
</HTML>
```

▶ FRAME2 화일 : hs2frm.html

```
<HTML>
<HEAD><TITLE>FRAME2 화일(hs2frm.html)</TITLE> </HEAD>
<BODY bgcolor=ffeedd>
<FONT size=-1>이 부분의 frame name은 "<FONT color=blue><B> frame2</B></FONT>"<BR>
최초 화일은 "<FONT color=teal><B>hs2frm.html</B></FONT>" </FONT>
</BODY>
</HTML>
```

이 때 <FRAMESET rows="30%,*">의 rows는 줄을 30%와 나머지(*)로 상하(수평)로 분할하라는 것이다. 백분율 대신에 절대 길이를 픽셀 수(rows="30,*")로 지정하여도 된다. 마찬가지로 <FRAMESET cols="30%,*"> 로 하면 좌우(수직)로 분할할 수 있다.

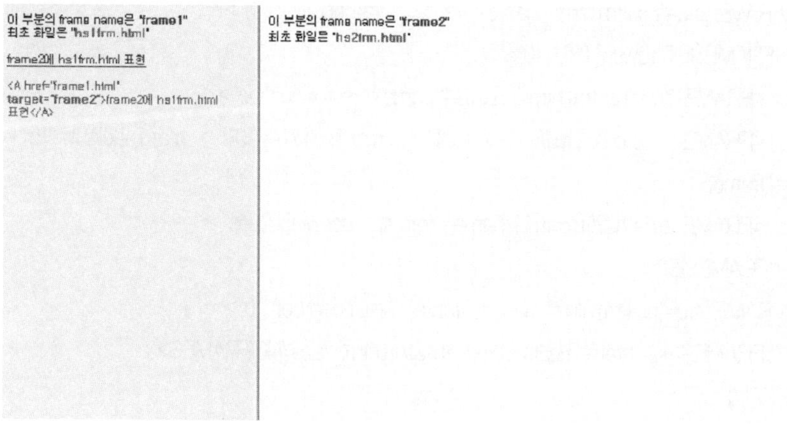

[그림 8-8] FRAME 좌우(수직)분할

첫 번째 프레임의 이름은 "frame1" 이고, 최초로 읽어 그 자리에 넣을 문서를 src="hs1frm.html"로 지정하였다. 두 번째 프레임의 이름은 "frame2" 이고, 최초로 읽어 그 자리에 넣을 문서를 src="hs2frm.html"로 지정하였다. 나중에 다른 문서를 열어 두 번째 프레임에 표현하려면 앤커에서 <A href="???.html" target="frame2"> 로 하면 된다.

<NOFRAMES></NOFRAMES>으로 표시되지 않는 정보를 전달할 수 있다. 프레임이 보이지 않는 브라우저에 대비하여 열 파일을 기재하는데 많이 사용된다.

한 프레임 안에 다시 프레임을 만들 수 있으며, 적절하게 네스팅하면 여러 단계의 여러 개의 프레임을 설정할 수 있다.

```
<HTML>
<HEAD>
<TITLE>FRAMESET 문서</TITLE>
</HEAD>
<FRAMESET cols="16%,45%,39%">
 <FRAME src="hs3frm.html" name="frame3" frameborder="0">
  <FRAMESET rows="150,*,40%">
    <FRAME src="hs1frm.html" name="frame1" scrolling="no">
    <FRAME src="../../gif/vmhome.gif" marginwidth="10" marginheight="15" noresize
name="frame5">
    <FRAME src="hs2frm.html" name="frame2" scrolling="yes">
  </FRAMESET>
 <FRAME src="hs4frm.html" name="frame4" frameborder="0">
<NOFRAMES><A href ="hs2frm.html">hs2frm.html</a></NOFRAMES>
</FRAMESET>
</HTML>
```

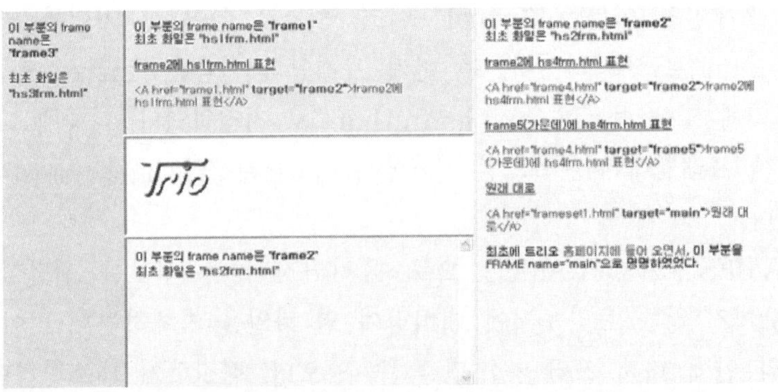

[그림 8-9] 여러 개의 프레임 설정 예시

3-10. 문서에서 입력 작업(FORM)

웹문서에 <FORM> 태그를 사용하여 어떻게 상호작용을 할 수 있도록 하는지를 보도록 하자. 이 <FORM> 태그는 여러분의 웹문서에 방명록, 주문양식, 설문조사, 피드백(의견조사) 등을 구하는 양식을 추가할 수 있다. 아래 엘레멘트들은 <FORM>과 </FORM> 사이에 위치하여야 하고 입력이 되고 송신될 때는 엘레멘트의 이름(name)과 값(value)이 짝을 지어 송신된다. 한 문서에 여러 개의 <FORM>이 나올 수 있는데 name은 반드시 각기 달라야 한다.

```
name='홍길동'
sex='남'
marry='미혼'
sel-member=selected
remark='엘레멘트 이름(name)과 값(value)을 임의로 넣은 예제'
```

중요한 엘레멘트는 다음과 같다.

① 입력 INPUT
: 가능한 애트리뷰트는 text, password, check box, radio, image, button, hidden 등이다.

② 단추 BUTTON
: 가능한 애트리뷰트는 name, value, type(submit, reset) 등이다.

③ 선택 SELECT, OPTION
: 가능한 애트리뷰트는 name, size, multiple 등이다.

④ 여러 줄 텍스트 입력 TEXTAREA
: 가능한 애트리뷰트는 name, rows, cols 등이다.

(1) 단순 텍스트(text) 입력: <INPUT type=text>

```
<FORM>
입력 필드 : <INPUT type="text" name="textname">
</FORM>
```

입력 필드:

<INPUT>의 디폴트는 type="text"이고, 데이터를 입력하면, textname의 value="입력 데이터"가 된다. 그러나 여기서는 이 데이터를 어떻게 처리하라는 지시가 없다. 이를 지시하기 위하여,

```
<FORM method=post action="mailto:trio@trio.co.kr"
        enctype="application/x-www-form-urlencoded">
```

이런 식으로 method와 action을 지정하여 어떻게 처리할 것인가를 알려준다. 여기서 enctype="application/x-www-form-urlencoded"는 해석하는 방법(encoding)으로 디폴트 된다.

입력 필드 이름(name)과 값(value)의 짝으로 송신된다. 최초값을 value="최초값"으로 지정할 수 있다. 입력 필드의 글자수 크기를 size=10 maxlength=20 으로 지정할 수 있다.

```
<FORM name="formname2" method="post" action= "mailto: biggate@dyu.ac.kr"
        enctype="application/x-www-form-urlencoded">
```

```
입력 필드: <INPUT type="text" name="textname1"
        value="최초값" size=10 maxlength=20>
</FORM>
```

입력 필드: 최초값

(2) 암호 텍스트(text) 입력: <INPUT type="password">

<INPUT type=text>의 텍스트를 입력과 같으나, 입력 중 문자 대신에 ***로 보여준다는 것 만 다르다.

```
<FORM name="formname3" method="post" action= "mailto: biggate @dyu.ac.kr">
암호 입력: <INPUT  type="password" name="passname"
        value="최초값" size=10 maxlength=20>
</FORM>
```

암호 입력: •••

(3) 체크박스(type="checkbox")와 라디오(type="radio") 단추 선택

체크박스(<INPUT type="checkbox">)와 레디오(<INPUT type= "radio">) 단추는 거의 같다. 단지 라디오 단추에서는 배타적으로 한 가지만 선택할 수 있는데, 같은 선택 항목들의 name이 모두 같은 반면, value가 각각 다르다.

같은 <FORM> 안에서 여러 개의 라디오 단추를 기재할 때 name이 다르면, 다른 범주의 선택사항으로 간주하여 같은 name을 가진 것 중에서 배타적으로 선택 된다. 그래서 name이 틀리지 않도록 주의하여야 한다. 이에 반해, 체크박스에서는 여러 가지, 전부 선택 혹은 하나도 선택하지 않을 수도 있는데, 필드의 name이 각각 다르지만 value는 모두 같다. 같은 <FORM> 안에서 name이 같으면 결과를 인식할 수 없게 되므로 name이 틀리지 않도록 주의하여야 한다. 최초값을 지정할 수 있는 checked를 태그 안에 명시하면 처음부터 선택된 것으로 인식한다. 물론 수정할 수 있으며, 결과로 입력 필드 이름(name)과 값(value)의 짝으로 송신된다.

```
<FORM name="formname4" method="post" action= "mailto: biggate@dyu.ac.kr">

현재 살고 있는 곳은?<BR>
<INPUT type=radio name="living" value="seoul" checked>서울<BR>
<INPUT type=radio name="living" value="pusan">부산<BR>
<INPUT type=radio name="living" value="daegu">대구
<BR> <BR>

결혼하였는가?<BR>
<INPUT type=radio name="marry" value="yes">결혼<BR>
<INPUT type=radio name="marry" value="no" checked> 미혼<BR> <BR>

가보고 싶은 곳은?<BR>
<INPUT type=checkbox name="cityrome" value="yes">Rome <BR>
<INPUT type=checkbox name="cityparis" value="yes" checked> Paris <BR>
```

```
<INPUT type=checkbox name="citylondon" value="yes"> London<BR>
<INPUT type=checkbox name="citynewyork" value="yes">New York
</FORM>
```

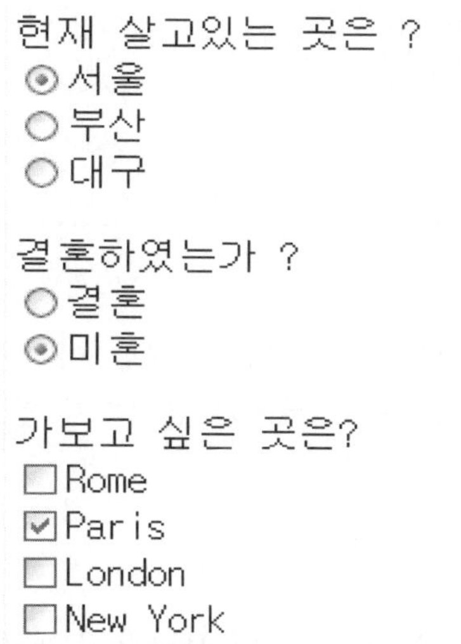

예제에서 위와 같이 선택되었다면, 송신되는 값은 다음과 같다.

living='seoul'
marry='no'
cityparis='yes'

(4) 단추(button) 입력과 이미지(image) 입력

<INPUT type="button">는 입력 단추를 만들고, <INPUT type= "image">는 이미지 연결을 하여 이벤트에 작동하게 한다.

```
<FORM name="formname5" method="post" action="mailto: biggate @dyu.ac.kr">
<INPUT  type="button" name="buttonname"
        value="단추 표시값"><BR><BR>
<INPUT  type="image" name="imagebutton" src="../../gif/ vtstudyu.gif">
<INPUT  type="image" name="imagebutton" src="../../gif/ vtstudyu.gif" border=0>
</FORM>
```

그러나 사각형이 아닌 각이 지지 않은 투명한 이미지에서는 테두리가 보이지 않는다. 또한 스타일쉬트 등으로 테두리가 표시되지 않게 미리 설정하는 방법도 있다.

(5) 감춤(hidden) 입력

<INPUT type="hidden">은 브라우저에 보이지 않게 변수를 전달할 때 사용 된다.

```
<FORM name="formname5" method="post" action="mailto : biggate@dyu.ac.kr">
<INPUT  type="hidden" name="hiddenname" value="감춰 전달되는 값">아무것도 안보임<BR>
```

```
<INPUT type="button" name="hiddenbutton" value="감춰진 값 보기" onClick="alert(formname6.hiddenname.value)">
</FORM>
```

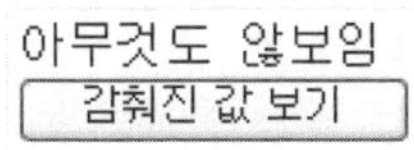

(6) 이벤트 처리

<BUTTON>에 type 이 지정 안 되면 일반 단추로 사용할 수 있는 것이 된다. 이 단추에는 onClick, onMouseOver, onMouseDown 등의 이벤트 처리로 다른 기능을 부여 할 수 있다.

이벤트 처리란 그 오브젝트(예를 들어 이 단추)에 어떤 조작을 하였을 때, Javascript, Visual Basic, C++ 등의 프로그램으로 작동하게 하는 것으로 자세한 설명을 참조할 수 있다. 어려운 언어라고 주저할 필요가 없고, Javascript로 아주 간단하게 처리할 수 있는 것들이 많이 있고 그냥 Javascript 예제에서 가져와서 쓰면 된다.

위의 예제에서 그 예비 단추에는 경고를 보내는 스크립트가 있어 onClick으로 경고를 보내는데 그 부분은 아주 간단하게 onClick="alert('이것은 예비 단추입니다.')"이다. 물론 이런 이벤트 처리는 다른 엘레멘트에서도 널리 사용할 수 있다.

① 선택 : <SELECT><OPTION></SELECT>

<SELECT></SELECT> 태그사이에 선택 항목 <OPTION>들이 들어가는데 선택항목의 복수를 위하여 multiple을 지정하고, 한 번에 보이는 항목 개수는 size=정수로 지정한다. 최초값을 지정하려면 selected와 value=값을 넣어준다.

```
<FORM name="formname2" method="post" action="mailto: biggate@dyu.ac.kr">
선택 사항<br>
<SELECT multiple size="5" name="compo-select">
  <OPTION selected value="선택 항목-1">선택 항목-1</OPTION>
  <OPTION>선택 항목-2</OPTION>
  <OPTION>선택 항목-3</OPTION>
  <OPTION>선택 항목-4</OPTION>
  <OPTION selected value="선택 항목-5">선택 항목-5</OPTION>
  <OPTION>선택 항목-6</OPTION>
  <OPTION>선택 항목-7</OPTION>
</SELECT><BR>
<INPUT type="submit" value="선택완료">
<INPUT type="reset" value="다시설정">
</FORM>
```

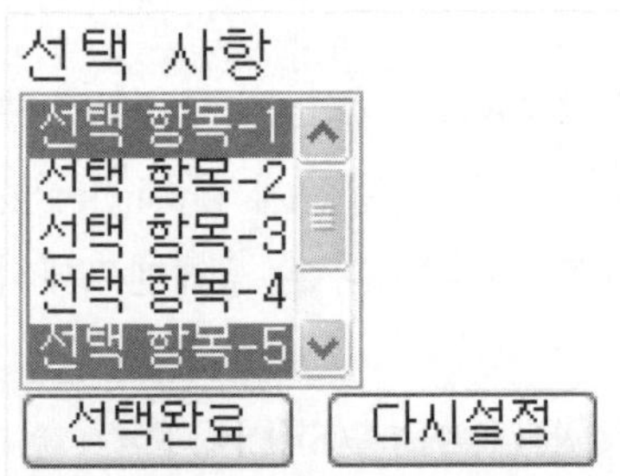

복수 항목을 선택하려면 Shift 키를 누르면서 마우스를 클릭하면 된다. 송신을 하기 위해서는 서버가 있어야 되는데, 일단 이과 같은 방식으로 작업된다는 것만 이해하고, 또한 메시지를 위와 같이 주는 것은 Javascript로 작성한 것인데 향후 Javascript를 배우면서 이해하기 바란다.

② 여러 줄의 텍스트 입력

<FORM></FORM> 태그 안에 <TEXTAREA></TEXTAREA>로 지정하는데, rows="줄의 수", cols="칼럼의 글자 수"를 지정하며, 초기값을 태그 안에 기술하면 된다. <INPUT type="text">와 거의 같다.

```
<FORM name="formname3" method="post" action="mailto: biggate@dyu.ac.kr">
입력 제목<br>
<TEXTAREA name="thetext" rows="5" cols="50">최초 텍스트의 첫째 열.
   최초 텍스트의 둘째 열 초기값. </TEXTAREA><BR>
<INPUT type="submit" value="입력완료"><INPUT type="reset" value="입력다시">
</FORM>
```

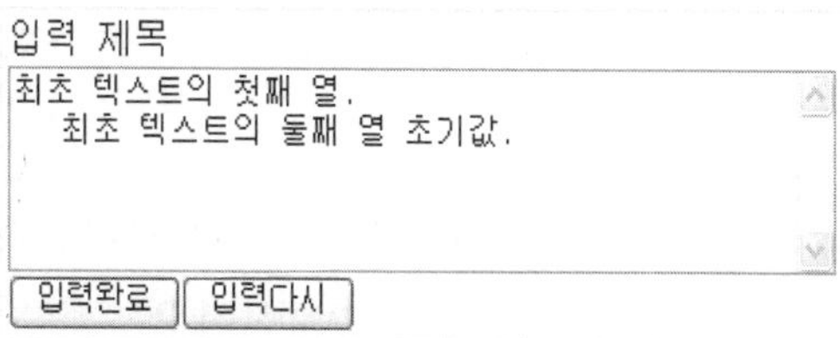

연 습 문 제

1. HTML 태그의 특성에 대해서 설명하시오.

2. HTML의 기본 구성 태그에 대해서 설명하시오.

3. 3행*3열의 테이블을 HTML로 구성해 보시오.

4. 여러분이 마음에 드는 이미지를 링크하여 웹 브라우저에서 보여지도록 HTML로 구성해 보시오.

5. 좌우(수직)분할을 70:30 비율로 하여 좌측에는 "메뉴.html"로 저장하고, 우측에는 "메인.html"로 저장하여 프레임셋을 완성하시오.

제9장 나모 웹에디터

1. 나모 웹에디터의 특성
2. 달라진 기능 상세 소개
3. 주요 기능 사용법

1. 나모 웹에디터의 특성

나모 웹에디터(2006)는 HTML 기본 기능에 충실한 WYSIWYG 방식의 웹저작 도구로서 초보자부터 전문가까지 작업의 편의성을 극대화 시킬 수 있도록 설계되어, 디자인에서부터 데이터베이스 연결, 컨텐츠 관리까지 웹컨텐츠를 제작하는 모든 과정을 해결할 수 있다. 인터넷 세상의 문서표준 HTML 문서 편집에 최적화하여 어떤 환경에서도 원하는 그대로 표현할 수 있다. 기존에 출시된 5.0, FX 버전에 비해서 향상된 기능들을 소개하면 다음과 같다.[이하 나모 웹에디터 2006 자료 제공]

(1) 세련된 웹디자인 기능

최신 유행의 세련된 웹디자인이 적용된 웹사이트를 만들기 위한 다양한 기능이 포함되어 있다.

- 강화된 그림효과로 간편하게 세련된 이미지 꾸미기
- 더욱 강력한 포토앨범
- CSS(Cascading Style Sheet) : 기능확장성, 양식의 모듈화, 간편성
- 바탕 레이아웃 이미지
- 속성 막대
- 전문가가 만든 라이브러리
- 스마트 클립아트 편집

(2) 코드편집 기능

웹 프로그래머들을 위해 더욱 다양하고 편리한 코딩 기능을 추가하여 강력하고 확장성있는 다양한 언어를 지원하며 깔끔한 코드를 생성해 준다.

- 빠른 태그 편집기
- 소스 자동 완성

- XHTML
- 코드 색깔 지정
- 태그 셀렉터
- HTML/CSS 레퍼런스

(3) 다양한 확장성을 가진 웹 컨텐츠 작성 기능

별도의 소프트웨어 없이 누구나 읽을 수 있는, HTML 문서만 있으면 인트라넷, 그룹웨어, 오피스 모두 호환 될 수 있다. 이

- 블로그에 글 등록하기
- 강화된 Microsoft office 태그 정리
- 표 계산 기능
- 외부문서 열기
- ASP, PHP, JSP 템플릿으로 저장

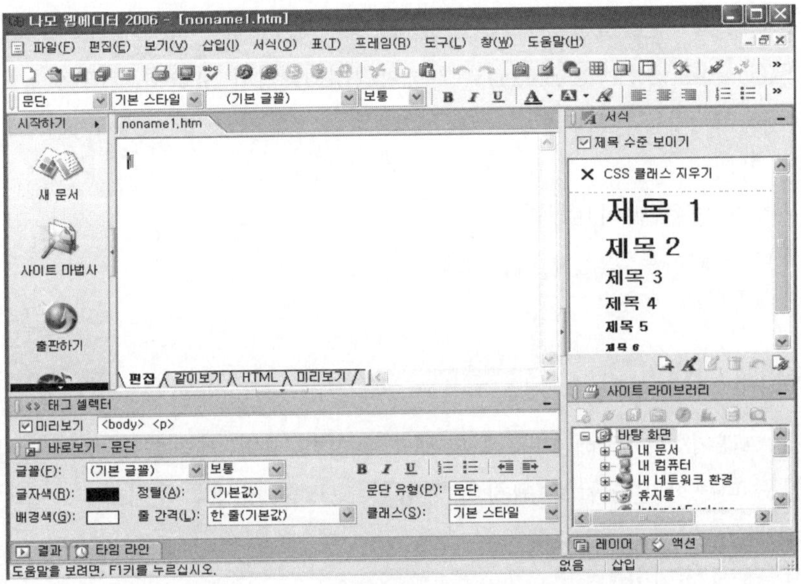

[그림 9-1] 나모 웹에디터 2006 초기화면

(4) 새로운 기능

Code Helper, Blog Posting, Quick Tag Editor, Visual Aids, Drawing on the Image, Calculating Value in a Table, Support XHTML, Tracing Image Support, Board System

2. 달라진 기능 상세 소개

2-1. 세련된 웹 디자인 환경

(1) 그림 효과 대화 상자에 그리기 기능 추가

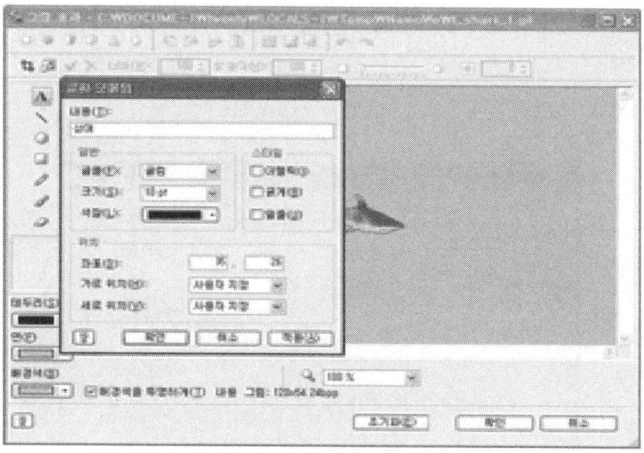

[그림 9-2] 웹디자인 환경

[그림 효과] 대화 상자에 그리기 도구를 추가하여 간단한 그림 작업을 할 수 있도록 하였다. 글자를 추가하거나 선, 원, 사각형 등의 개체를 추가할 수 있으며 선과 채우기의 색깔을 지정할 수 있다.

(2) 포토 앨범

이미 만들어 놓은 포토 앨범을 편집할 수 있도록 하였다. 기존에는 한번 만든 포토 앨범을 수정하려면 새로운 포토 앨범을 만들어야 했지만 2006에서는 새로운 포토 앨범을 만들 수 있을 뿐만 아니라 이미 만든 포토 앨범을 열어서 수정할 수도 있다.

[그림 9-3] 포토 앨범 마법사 시작 화면

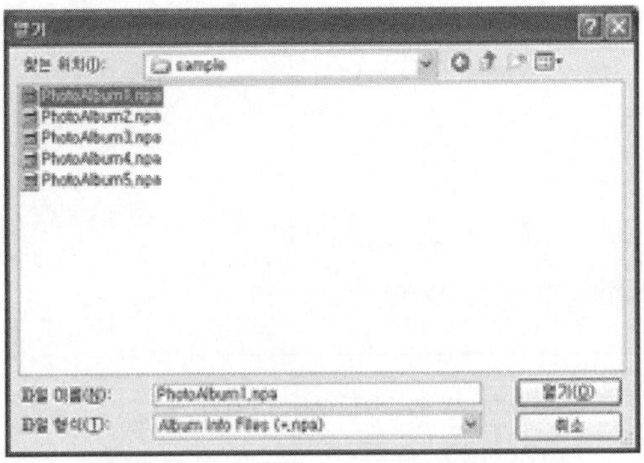

[그림 9-4] 앨범 설정 파일 열기

(3) CSS

CSS(Cascading Style Sheet)와 관련된 기능을 다음과 같이 대폭 개선하였다.

- 서식 패널에 현재 문단에서 사용 가능한 스타일뿐만 아니라 현재 선택한 태그에 적용 가능한 대부분의 스타일(CSS 클래스)을 표시해준다.
- [스타일 설정] 대화 상자에 문서 내부 스타일 시트의 스타일뿐만 아니라 외부 스타일 시트에 있는 스타일 목록까지 표시해준다. 외부 스타일 시트에 있는 스타일도 내부 스타일과 마찬가지로 편집할 수 있으며 변경 사항은 그 스타일을 포함하고 있는 외부 스타일 시트에 저장한다.
- [클래스/ID] 대화 상자에서 모든 스타일 시트에 정의된 스타일의 클래스 목록에서 원하는 클래스를 선택할 수 있다.
- [스타일 연결하기] 대화 상자에서 외부 스타일 시트의 순서를 조정할 수 있고, 스타일 목록에는 내부 스타일 시트도 나타난다.
- 여러 태그의 속성 대화 상자의 [스타일] 단추에 [클래스/ID] 대화 상자와 연결될 수 있는 메뉴를 추가하였다.

(4) 바탕 레이아웃 이미지

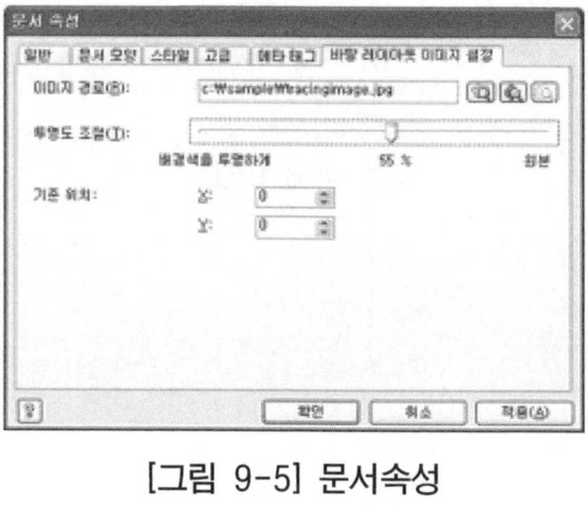

[그림 9-5] 문서속성

바탕 레이아웃 이미지를 사용하면 편집 창에서 개체 배치 등의 디자인 작업을 보다 편리하게 할 수 있다. 바탕 레이아웃 이미지는 편리한 페이지 디자인 작업을 위해 편집 중에 사용하는 것으로 출판한 후에는 보이지 않는다. 바탕 레이아웃 이미지는 [문서 속성] 대화 상자에서 지정할 수 있다.

(5) 속성 막대

작업 중인 표와 그림에 대한 간단한 정보를 보여 준다. 표를 선택했을 때에는 위쪽에 표와 셀의 너비 정보가 나타나며 그림을 선택했을 때에는 아래쪽에 현재 그림의 크기와 실제 원본 크기가 나타난다.

〈그림 속성 막대〉

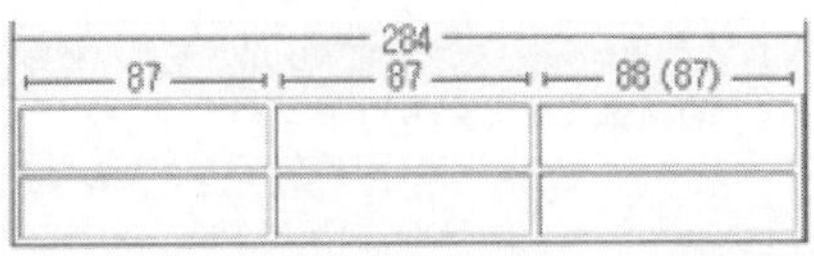

〈표 속성 막대〉

(6) 전문가가 만든 라이브러리

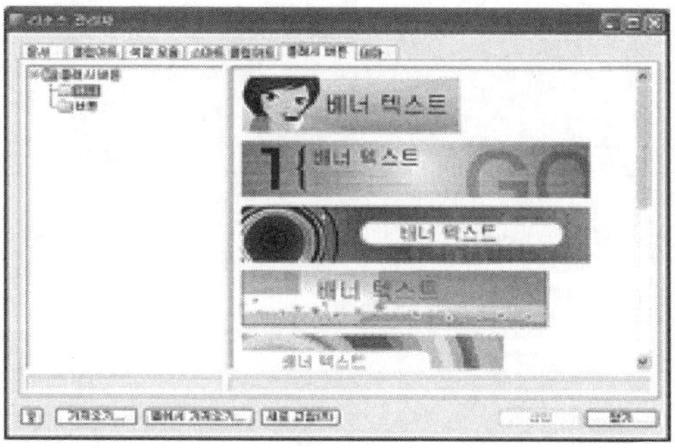

전문 그래픽 디자이너가 만든 플래시 버튼과 스마트 클립아트, 세련되고 다양해진 카드 템플릿과 테마를 사용하면 별도의 그래픽 작업 없이도 멋진 웹 사이트를 만들 수 있다.

(7) 스마트 클립아트 편집

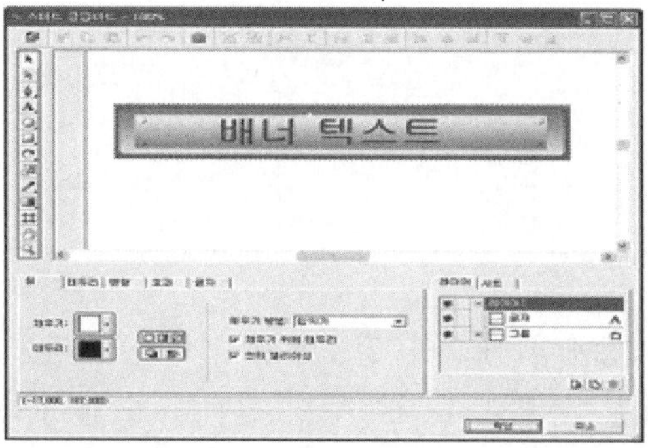

섬세하고 다양한 편집 기능을 갖춘 스마트 클립아트 대화 상자를 사용하면 개성있는 배너와 버튼을 쉽게 만들 수 있다. 또한 스마트 클립아트를 일반 이미지로 변환할 수도 있다.

2-2. 편리한 코드 편집

(1) 빠른 태그 편집기

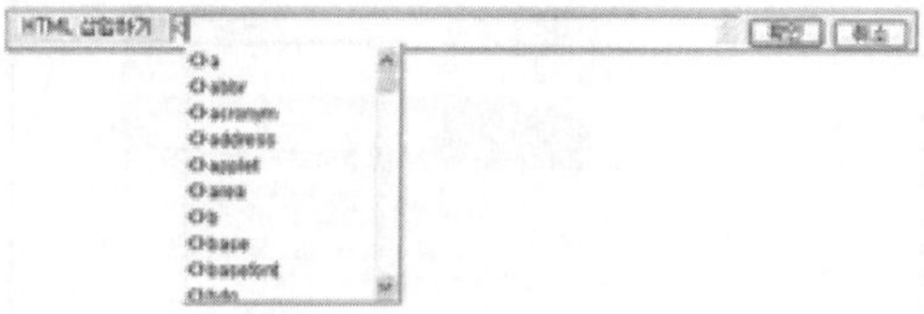

편집 창에서도 쉽게 HTML 태그를 확인하거나 편집할 수 있도록 빠른 태그 편집기를 추가하였다. 빠른 태그 편집기를 실행하려면 단축키 "Ctrl + Q" 키를 누르거나 메뉴에서 [편집 ➡ 빠른 태그 편집기]를 선택한다. 편집 창의 내용을 블록으로 지정하지 않고 빠른 태그 편집기를 실행한 경우에는 [HTML 삽입하기] 기능만 사용할 수 있다.

(2) 소스 자동 완성

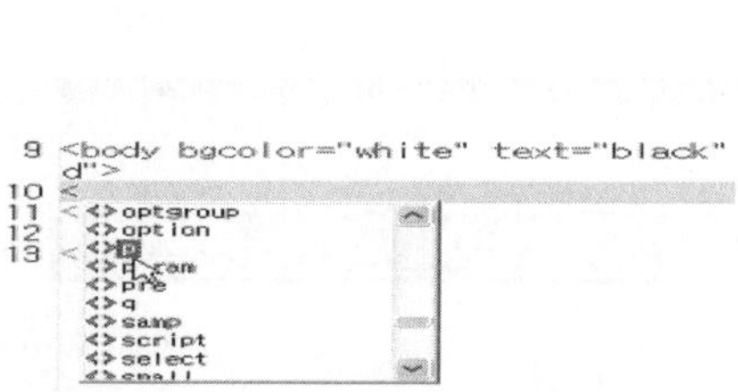

HTML 소스 편집 창에서 태그의 일부분만 입력하면 자동으로 HTML 엘리먼트와 속성, CSS 정보를 목록으로 보여주고 선택할 수 있도록 하는 기능이다. 또한 태그를 입력하면 자동으로 닫는 태그도 같이 입력된다.

소스 자동 완성 기능을 사용하려면 메뉴에서 [도구 ➡ 프로그램 설정]을 선택한 뒤 [소스 편집 창] 탭에서 [소스 자동 완성]을 선택하면 된다. 사용을 중지하려면 다시 [소스 자동 완성]을 선택 해제한다.

(3) 코드 색깔 설정

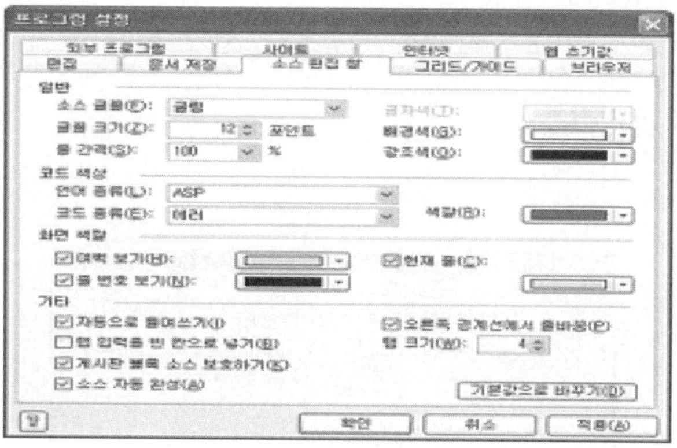

HTML 소스 편집 창에서 PHP, ASP, JSP, Javascript 코드가 있는 경우, 각 언어와 속성을 다른 색깔로 표시하여 쉽게 구분할 수 있도록 하였다. [프로그램 설정] 대화 상자의 [소스 편집 창] 탭에서 언어별, 코드별 색깔을 지정할 수 있다.

(4) XHTML 편집

XHTML 파일을 만든 뒤 편집하고 저장할 수 있도록 하였고, XHTML 요구 사항에 맞는 코드를 자동으로 입력하거나 정리해준다.

(5) 태그 셀렉터

태그 셀렉터에서 '스타일 보이기'를 선택하면 각 태그의 색깔, 글꼴, 테두리 등의 속성을 미리 볼 수 있도록 하였다. 또한 마우스 오른쪽 버튼을 클릭하면 나타나는 바로가기 메뉴에서 선택한 태그가 스타일인지 클래스인지를 확인해 볼 수 있도록 하였으며 선택한 태그에 대한 도움말을 쉽게 찾아 볼 수 있도록 하였다.

(6) HTML/CSS 레퍼런스

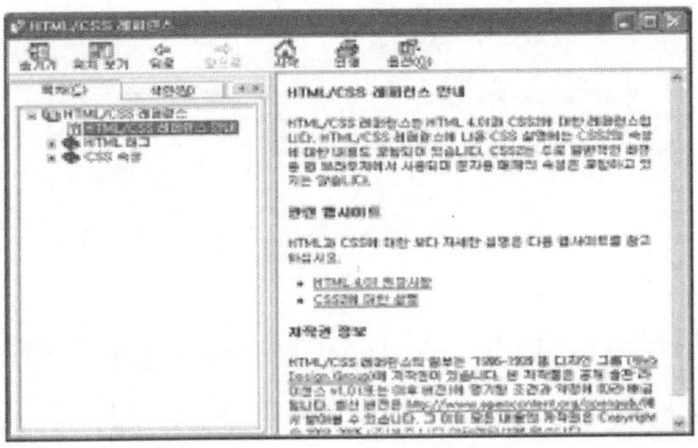

HTML/CSS 레퍼런스를 활용하면 HTML이나 CSS에 대한 정보를 편리하게 확인할 수 있다. 소스 편집 창이나 태그 셀렉터에서 원하는 태그나 속성에 커서를 놓고 "Shift + F1" 키를 누르면 HTML/CSS 레퍼런스의 관련 내용이 나타난다.

2-3. 다양한 확장성을 가진 웹 컨텐츠 작성 기능

(1) 블로그에 글 등록하기

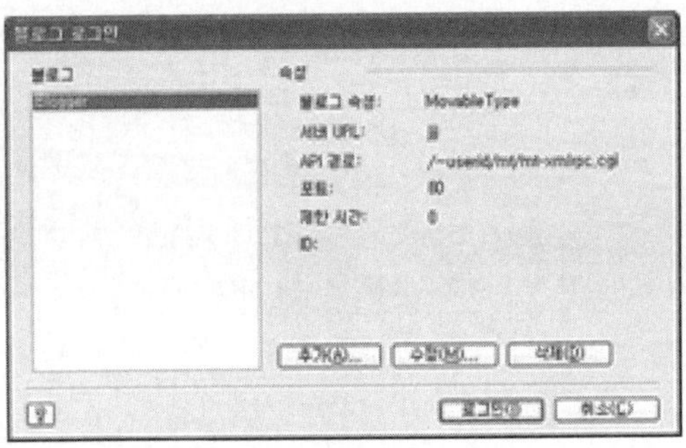

편집 중인 문서를 블로그에 등록하거나 블로그에 등록된 글을 수정한 뒤 다시 등록할 수 있는 블로그 관련 기능을 추가하였다. [블로그 관리하기] 대화 상자에서 미리 등록해 놓은 블로그 서버를 선택하여 접속한 뒤, 문서를 블로그에 등록할 수 있으며 접근 가능한 블로그 목록을 확인하고 블로그에 등록된 글을 관리할 수 있다.

(2) Microsoft Office 태그 정리

Microsoft Office 태그 정리 기능을 강화하였다. 기존에 있던 [Microsoft Office 전용 태그 없애기] 기능을 강화하여 Microsoft Office 에서 생성된 태그를 보다 깔끔하게 정리해준다.

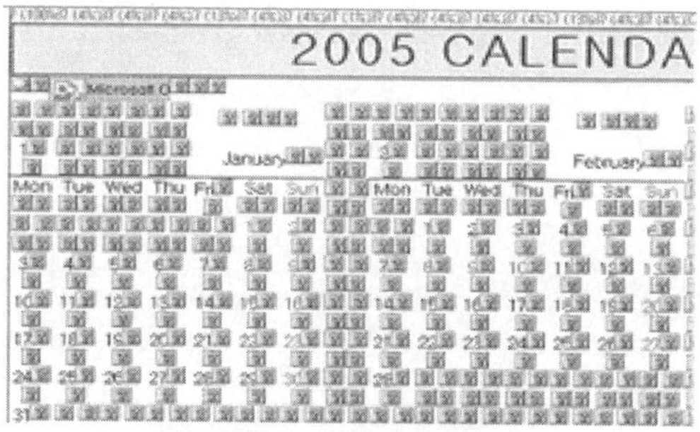

〈태그 정리 전〉

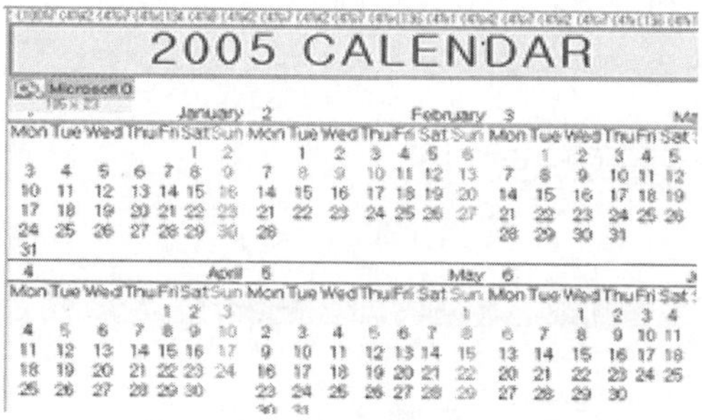

〈태그 정리 후〉

(3) 표 계산 기능

- 합
- 평균
- 최대값
- 최소값
- 분산
- 표준편차
- 선택한 줄/열/블럭의 셀 개수
- 선택한 줄/열/블럭에서 값이 들어 있는 셀의 개수

(4) 외부 문서 열기

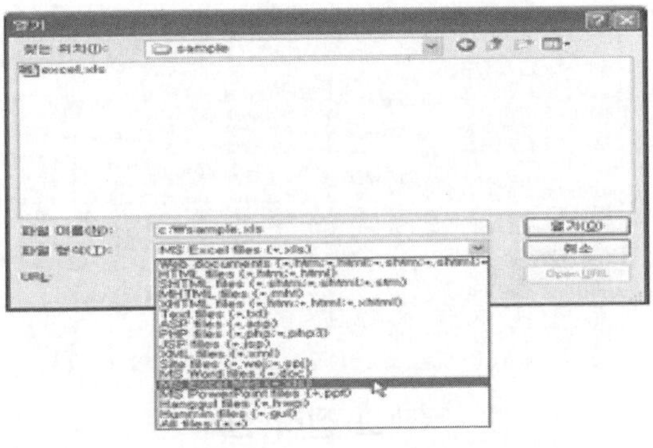

[열기] 대화 상자에서 *.doc, *.xls, *.ppt, *.hwp, *.gul 형식의 문서를 쉽게 가져올 수 있도록 하였다.

(5) ASP, JSP, PHP 템플릿으로 저장

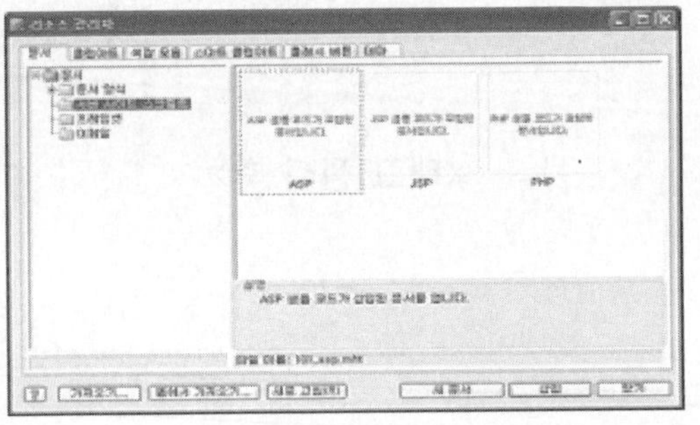

ASP, JSP, PHP와 같은 서버 사이트 스크립트를 포함하고 있는 문서를 템플릿으로 저장해 놓고 사용할 수 있다. [리소스 관리자], [문서] 탭의 [서버 사이드 스크립트]에서 원하는 종류의 스크립트 문서를 선택할 수 있다. [문서] 탭에서 제공되는 스크립트 문서에는 각 스크립트 언어의 샘플 코드가 포함되어 있으며 편집창에 문서를 연 뒤, 문서 안의 코드를 원하는 대로 편집하여 사용할 수 있다.

3. 주요 기능 사용법

3-1. 하이퍼링크

하이퍼링크란 웹 문서를 작성할 때 다른 문서(또는 그림 등의 개체)로 이동할 수 있도록 연결해 놓은 것을 말한다. 하이퍼링크는 글자나 그림에 연결할 수 있다. 글자 부분에 하이퍼링크를 만들면 하이퍼링크로 연결된 부분에 밑줄이 표시되며, 웹 브라우저에서 하이퍼링크 부분에 마우스 포인터를 갖다 대면 마우스 포인터가 손 모양으로 바뀐다.

나모 웹에디터 FX 이전 버전에는 하이퍼링크를 눌러 새 창을 띄우려면 [하이퍼링크 속성] 대화 상자에서 [새 윈도우 열기] 단추를 눌러 [스크립트 마법사-새 윈도우 열기] 대화 상자에서 열릴 문서와 그 밖의 옵션을 지정했으나 나모 웹에디터 FX부터는 그 방법이 아래와 같이 바뀌었다.

① 하이퍼링크로 지정할 글자나 그림을 선택한다.
② 기본 도구 막대에서 하이퍼링크 아이콘을 누르거나 마우스 오른쪽을 눌러 하이퍼링크 만들기 메뉴를 선택한다.
③ [하이퍼링크 만들기] 대화 상자에서 주소(URL)를 입력하거나 문서를 찾아준다.
④ 새 창으로 열기를 선택한 뒤, [선택 사항] 단추를 누른다.
⑤ 새 윈도우 열기대화 상자에서 윈도우 이름과 위치와 크기, 세부 선택 사항 등을 설정한다.
⑥ [확인] 단추를 누른 뒤, [하이퍼링크 만들기 대화 상자]에서 다시 [확인] 단추를 누른다.

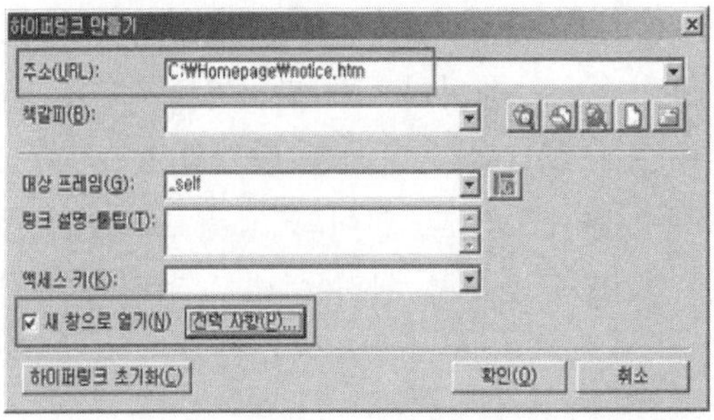

3-2. 표 꾸미기

웹 문서에서 표는 정보를 표시하거나 문서의 레이아웃을 정리하기 위해 가장 널리 사용된다. 하지만 표를 일일이 편집하는 하는 것은 매우 번거로운 일이다. 표 꾸미기는 이러한 표 편집 작업을 쉽고 빠르게 하기 위해 만들어진 기능으로 표, 셀의 속성, 표 안에 들어가는 글자의 모양 등을 미리 정의해 놓은 뒤에, 새로 만든 표에 한꺼번에 적용 가능하도록 표 편집 작업을 자동화시킨 것이다. 사용자는 전문가들이 미리 만들어 놓은 표 양식 중에서 원하는 것을 선택하여 마우스 클릭만으로 손쉽게 적용시킬 수 있다. 또한 직접 원하는 표 양식을 추가하여 필요할 때마다 사용할 수도 있다.

(1) 표 꾸미기와 리소스 관리자

표 꾸미기에 사용되는 표 양식도 클립아트, 스마트 버튼 등과 마찬가지로 리소스 관리자에 의해 관리된다. 리소스 관리자의 [표 꾸미기] 탭을 이용하면 표 양식을 복사하거나 삭제, 이동시킬 수 있다. 단, 기존의 표 양식을 편집하거나 새로 추가하는 작업은 리소스 관리자에서 바로 할 수 없으며, 표 양식 파일을 직접 수정해야 한다. 메뉴에서 [창 ➡ 리소스 관리자]를 선택하면 [리소스 관리자] 창이 나타난다.

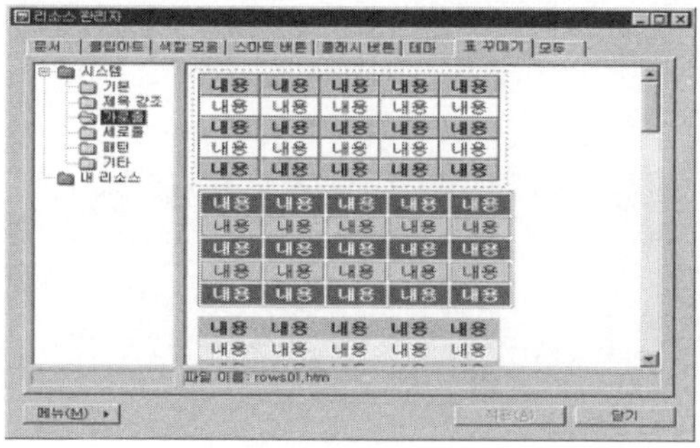

(2) 표 꾸미기 사용법

① 모양을 꾸밀 표 안에 커서를 놓는다.

	1999년	2000년	2001년
서울	56	78	91
부산	34	53	65
대전	25	48	79

② 메뉴에서 [표 ➡ 표 꾸미기]를 선택한다. 또는 메뉴에서 [창 ➡ 리소스 관리자]를 선택한 다음 [표 꾸미기] 탭을 연다.

③ 왼쪽 분류 목록에서 원하는 폴더를 선택한 다음, 오른쪽 미리보기에서 원하는 표 모양을 선택한다.

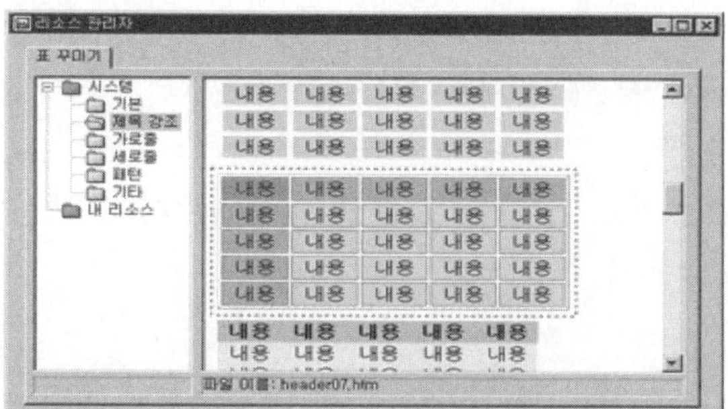

④ [확인] 단추를 누르면, 선택한 표 양식이 편집 중인 표에 적용된다.

	1999년	2000년	2001년
서울	56	78	91
부산	34	53	65
대전	25	48	79

3-3. 프레임셋

프레임셋이란 화면을 구성하는 각 프레임에 대한 정보를 가진 문서를 말한다. 프레임셋은 각 프레임의 이름과 속성 등 프레임 정보를 통합 관리한다. 프레임을 잘 이용하면 프레임셋 문서로도 해상도나 창크기와 상관없이 가운데로 정렬하여 보여줄 수 있다.

여기에서는 고정된 너비를 가진 프레임셋 문서를 화면의 좌우 중앙에 정렬 시키는 방법에 대해서 알아보자.

(1) 3단 프레임 예제

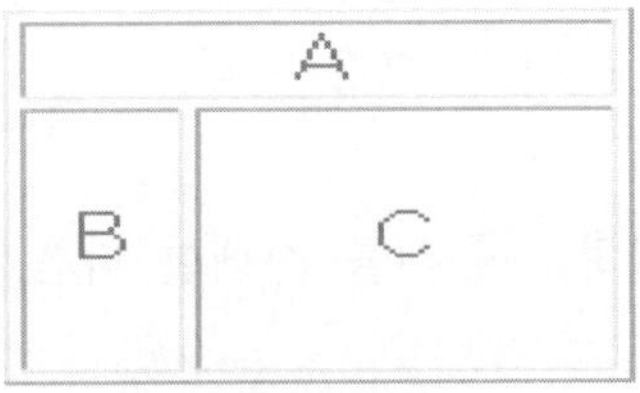

<3단 프레임>

① 메뉴에서 [프레임 ➡ 새 프레임 셋]을 선택한다.

② [리소스 관리자] 창이 열리면 프레임 셋폴더에서 프레임 4를 선택한 다음 [확인] 단추를 누른다.

③ 편집창에 아래와 같은 프레임이 열리면 2번 프레임에 커서를 두고 [프레임 ➡ 프레임 나누기 ➡ 아래쪽]을 선택한다.

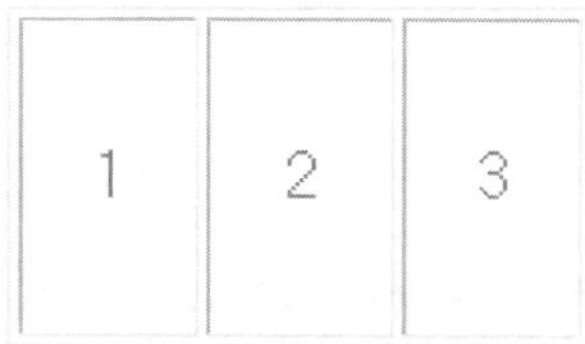

④ 아래와 같이 프레임 나뉘면 4번 프레임에 커서를 두고 [프레임 ➡ 프레임 나누기 ➡ 오른쪽]을 선택한다.

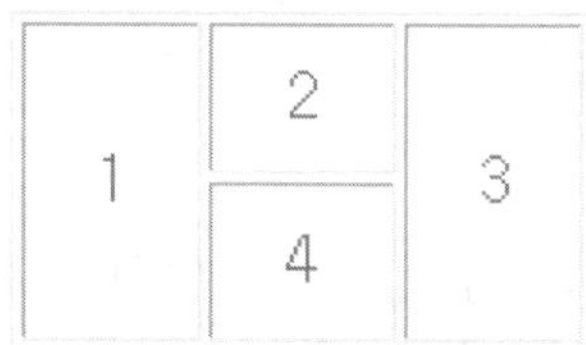

⑤ 나누어진 프레임을 사용목적에 따라 마우스로 적당히 크기를 조정한다.

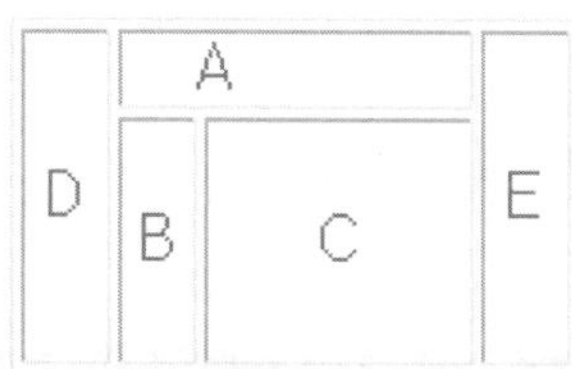

※ 위와 같이 나눠진 프레임에서 A, B, C가 기존의 3단 프레임을 사용되며 나머지 D와 E 프레임은 A, B, C 프레임을 해상도나 창 크기와 상관없이 중앙에 보여 질 수 있도록 하는 용도로 활용된다. 따라서 D와 E 프레임에는 일반적으로 아무런 내용을 집어넣지 않거나 고해상도 사용자를 위한 별도의 정보가 들어갈 수도 있다.

※ A, B, C 프레임을 고정하고 D와 E 프레임을 유동적인 형태로 두기 위해서는 각 프레임의 속성을 아래와 같이 조절해 주어야 한다.

⑥ A 프레임에 커서를 두고 [프레임 ➡ 프레임 속성]을 선택한 뒤 아래와 같이 설정하고 [확인]단추를 누른다.

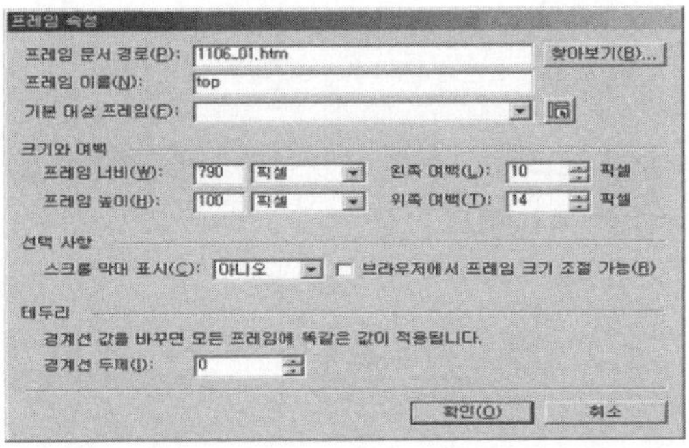

※ 800×600 해상도 사용자를 위해 A 프레임의 너비를 790픽셀로 고정한다. 높이는 100픽셀로 지정하되 내용에 따라 조절이 가능하다.

※ A 프레임은 주로 메뉴페이지로 활용하기 때문에 스크롤 막대는 표시하지 않는다.

⑦ B 프레임은 아래와 같이 설정한다.

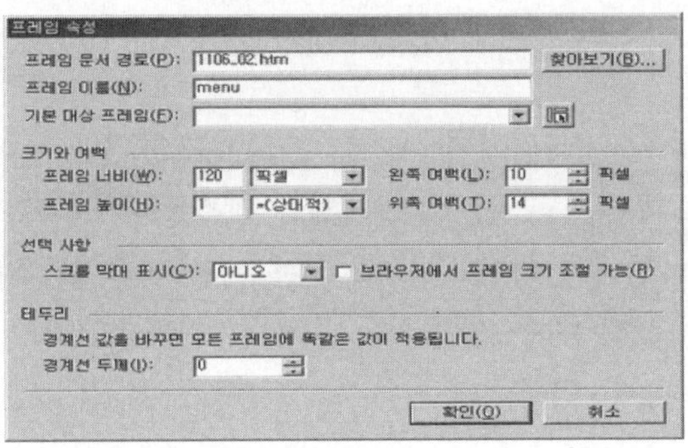

※ 너비는 120픽셀로 지정하고 높이는 상대값으로 지정한다. 상대값은 창의 크기에 따라 유동적으로 변할 수 있게 하는 부분이다.

⑧ C 프레임은 아래와 같이 설정한다.

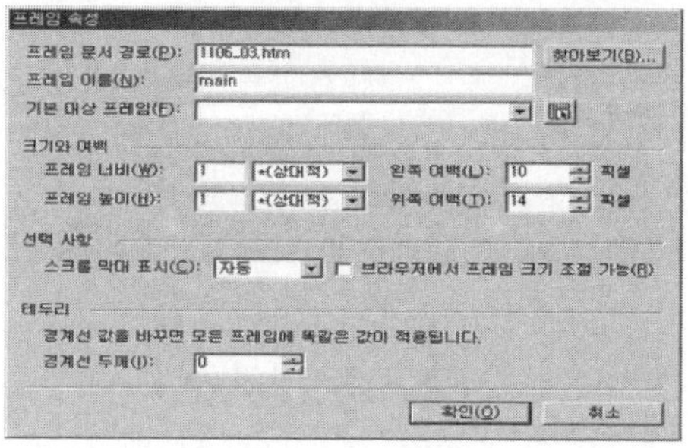

※ 너비와 높이를 각각 상대값으로 지정한다. C 프레임에서 너비 값을 상대값으로 지정했다고 해서 창의 크기에 따라 C 프레임의 너비가 변하는 것은 아니다. 이미 A 프레임의 너비가 790픽셀로 고정되어 있기 때문에 B 프레임의 120픽셀 너비값을 뺀 나머지가 C 프레임의 너비값으로 자동 지정된다.

※ C 프레임에는 주요 내용이 들어가는 부분으로 스크롤 막대를 자동으로 표시되게 설정한다.

⑨ D 프레임은 아래와 같이 설정한다.

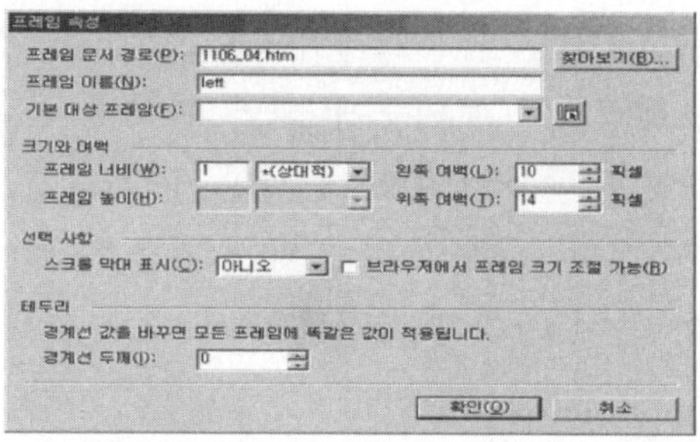

⑩ 마지막 E 프레임은 아래와 같이 설정한다.

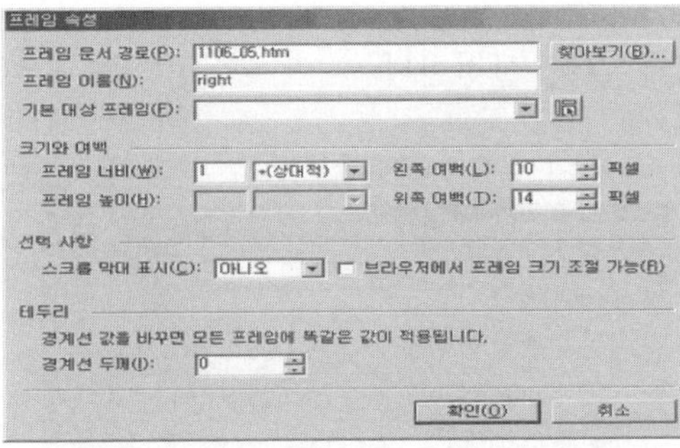

※ D와 E 프레임은 너비를 상대값으로 지정한다. 해상도나 창의 너비 크기가 변해도 A, B, C 프레임의 너비는 고정된 채 좌우 중앙에 정렬되어 보이지만 D와 E프레임의 너비는 해상도나 창의 크기에 따라 같은 비율로 크기가 변하게 된다.

⑪ 메뉴에서 [프레임 ➡ 모든 프레임 저장하기]를 선택한 후 [프레임셋 미리보기]에서 결과를 확인한다.

(2) 인라인 프레임

인라인 프레임이란 문서의 일정한 영역 안에서 다른 문서를 불러와 보여주는 역할을 하는 것으로 iframe 으로도 불린다. 인라인 프레임은 여러 용도로 활용할 수 있다. 여러 문서에 동일한 내용을 보여줘야 할 때 인라인 프레임을 이용하여 보여줄 수 있다. 즉, 여러 문서에 반복되어 들어가는 내용을 각 문서에 입력하는 것인 아니라 문서로 작성하여 인라인 프레임으로 보여주는 것이다.

이와 같이 인라인 프레임으로 보여주게 되면 문서에 동일하게 들어간 내용이 수정될 때 인라인 프레임 안에서 보이는 문서만 수정해 줌으로써 모든 문서에서 해당 내용이 자동으로 수정된 것과 같은 효과를 얻을 수 있다. 또는 인라인 프레임에서 게시판을 불러와 문서 안에서 게시판을 볼 수도 있다.

인라인 프레임을 삽입하는 방법은 다음과 같다.

① 인라인 프레임을 삽입하고 싶은 위치에 커서를 놓는다.
② 메뉴에서 [삽입 ➡ 인라인 프레임]을 선택한다.
③ [인라인 프레임 속성] 대화 상자가 열리면 인라인 프레임에서 보여줄 문서의 경로나 외부 주소(URL)를 파일 경로에 입력한다.
④ 크기와 선택 사항, 여백과 안쪽 여백에서 인라인 프레임 속성을 설정한 뒤, [확인] 단추를 누른다.

삽입한 인라인 프레임을 삭제하고 싶다면 삭제할 인라인 프레임의 테두리를 클릭하여 인라인 프레임을 선택한 뒤 Del 키를 누르거나 메뉴에서 [편집 ➡ 지우기]를 선택한다.

FX와 2006 버전에 있는 인라인 프레임 기능을 이용할 때 또 하나의 편리한 점은 인라인 프레임에 열린 문서가 사용자 컴퓨터에 저장된 문서일 경우 인라인 프레임 안쪽에서 문서를 바로 편집할 수 있다는 것이다.
인라인 프레임에 열린 문서 편집하는 방법은 다음과 같다.

① 인라인 프레임 안쪽을 클릭하여 인라인 프레임에 열린 문서에 커서를 놓는다.
② 다른 문서를 편집하는 것과 같은 방식으로 문서를 편집한다.

인라인 프레임 안에 커서를 놓은 상태에서 메뉴에서 [파일 ➡ 저장하기]를 선택하면 인라인 프레임을 포함하는 전체 문서가 아닌 인라인 프레임 안에 열린 문서만 저장된다.

3-4. 레이어

애니메이션을 구성하는 개체들은 마치 종이와 같은 가상의 공간 위에 겹쳐지듯이 만들어지는데 이러한 공간을 레이어라고 한다. 레이어를 사용하면 여러 개체들을 한데 묶어 쉽게 관리할 수 있다. 하나의 레이어 안에서 개체를 편집해도 다른 레이어의 개체에는 영향을 주지 않는다.

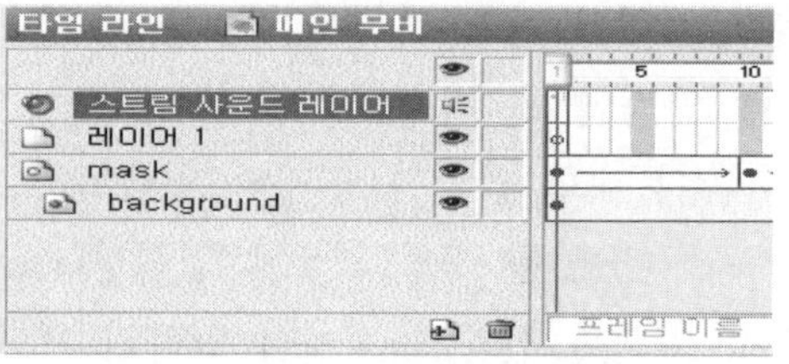

(1) 레이어의 유형

① 스트림 사운드 레이어 : 스트림 사운드 레이어는 나모 FlashCreator에서 미리 만들어 놓은 레이어로 무비에 스트림 사운드를 추가하는 곳이다. 스트림 사운드 레이어 앞에는 스피커 모양의 아이콘이 표시된다.

② 일반 레이어 : 기본적인 레이어로 일반 레이어 앞에는 모양의 아이콘이 표시된다.

③ 마스크 레이어 : 마스크 레이어 앞에는 모양의 아이콘이 표시된다.

④ 마스크 처리된 레이어: 마스크 처리된 레이어 앞에는 모양의 아이콘이 표시된다.

(2) 레이어 추가하기

이제 새 문서를 열고 레이어를 하나씩 추가하는 과정을 살펴보기로 하자.

① 새 문서를 열면 스트림 사운드 레이어와 일반 레이어(레이어 1)가 나타난다.

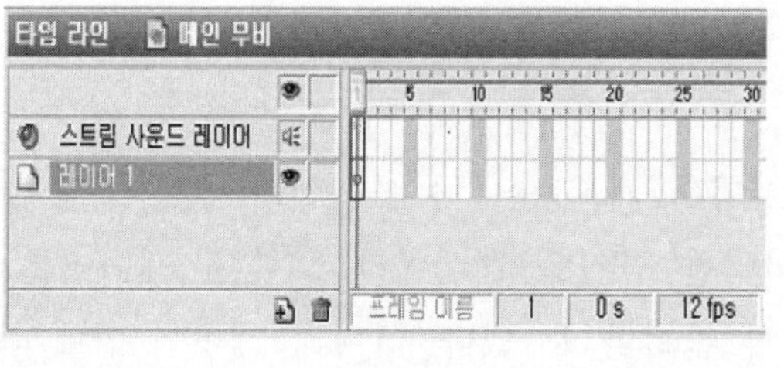

② 레이어를 구분하기 위해 레이어 1에 사각형을 그리고 레이어 1이라는 텍스트를 삽입한다.

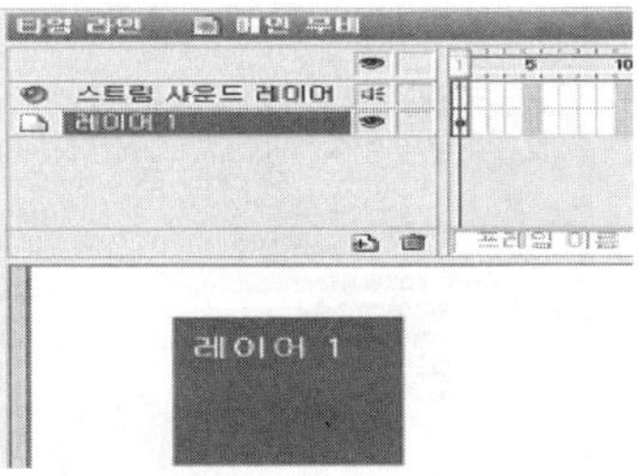

③ 레이어를 추가하기 위해 레이어 삽입 버튼을 누른다.

④ 레이어 2가 레이어 1 위에 삽입된다. 레이어 2를 선택한 상태에서 별을 그리고 레이어 2라는 텍스트를 삽입한다.

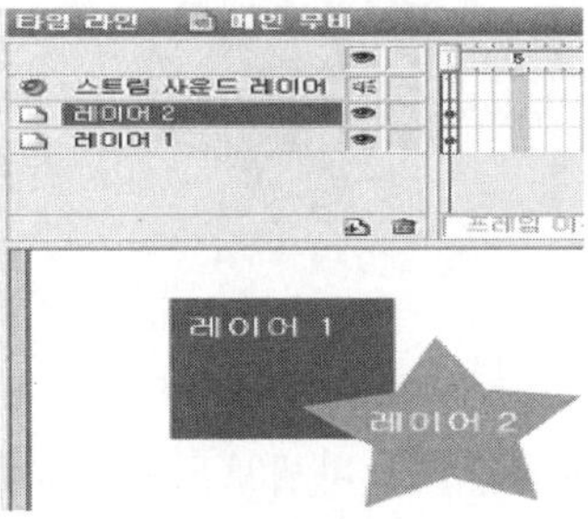

⑤ 레이어를 하나 더 추가한 뒤, 추가한 레이어에 원을 그리고 레이어 3이라는 텍스트를 삽입한다.

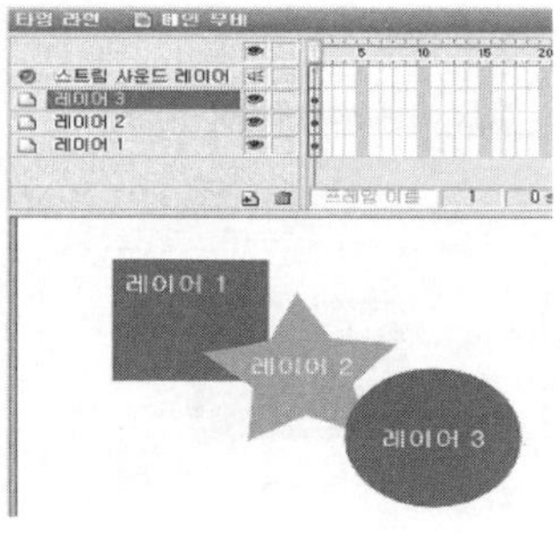

레이어를 추가하면 나중에 추가한 레이어의 개체가 가장 위에 나타나게 된다. 즉, 레이어 3에 있는 원은 레이어 2에 있는 별 위를 덮고 있고 레이어 2에 있는 별은 레이어 1에 있는 사각형을 덮게 된다.

아래 그림은 좀 더 쉽게 확인할 수 있도록 각 레이어의 개체를 이동해 본 것이다. 레이어 1의 사각형이 가장 아래 있고, 그 위에 레이어 2의 별, 가장 위에 레이어 3의 원이 있다.

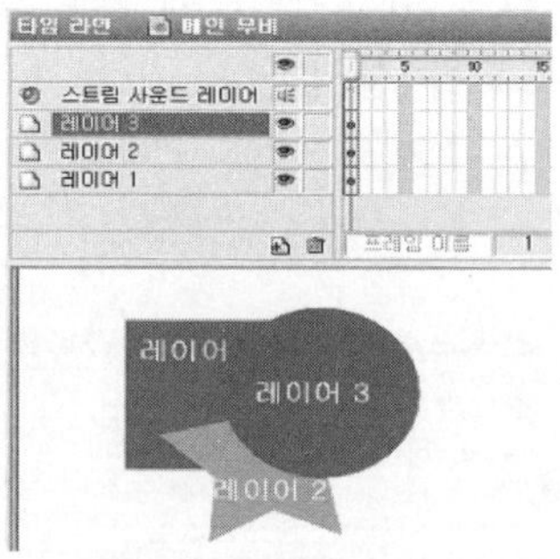

이제 레이어를 드래그하여 순서를 바꿔보도록 하자. 레이어의 순서를 바꾸려면 바꾸려는 레이어를 드래그하여 옮기면 된다. 아래 그림과 같이 레이어 1을 레이어 3 위로 드래그한다.

레이어 1이 가장 위에 오게 되고 각 개체들의 순서도 바뀌게 된다. 아래 그림을 보면 가장 아래 있던 사각형 개체가 이제 가장 위에 놓인 것을 확인할 수 있다.

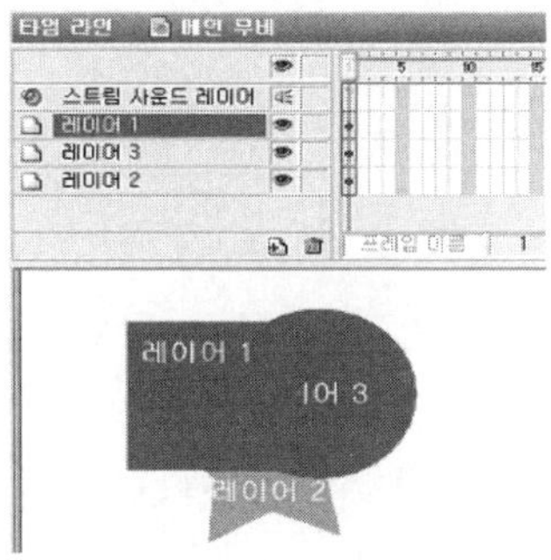

(3) 레이어 삭제하기

추가한 레이어를 삭제하려면 삭제하려는 레이어를 선택한 뒤, [레이어 삭제] 버튼을 누른다.

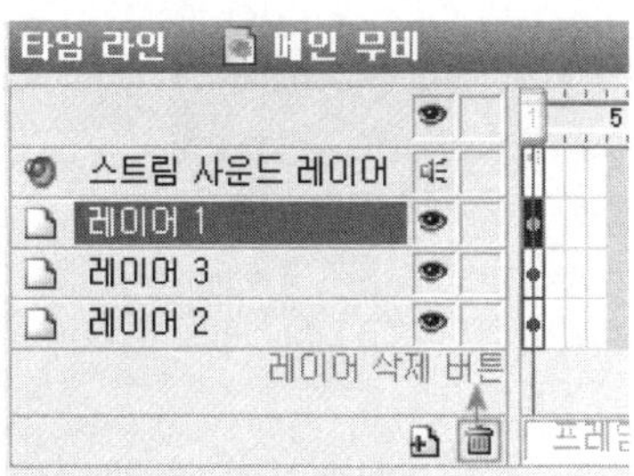

레이어 1이 삭제되면서 레이어 1에 있던 사각형 개체도 캔버스에 보이지 않게 된다.

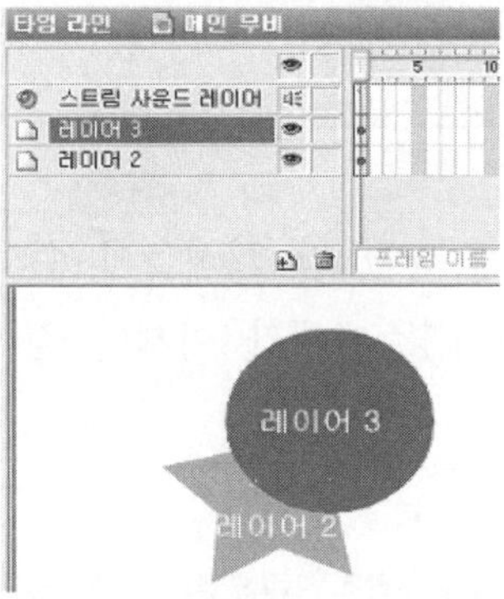

(4) 레이어 보이기/감추기

만약 일부 레이어의 개체만 보이게 하고 싶다면 레이어 보이기/감추기 기능을 이용하면 된다. 레이어를 감추면 감춘 레이어에 포함된 개체들은 캔버스에서 보이지 않게 된다. 레이어를 보이거나 감추려면 레이어 이름 옆의 눈 모양의 아이콘을 클릭하면 된다.

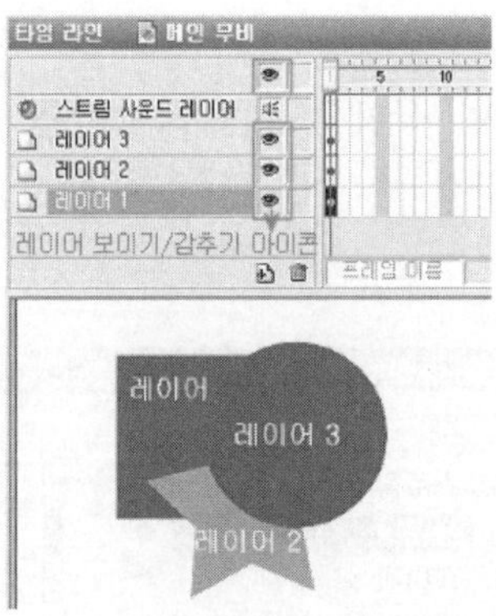

아래 그림은 레이어 1을 감췄을 때의 모습이다.

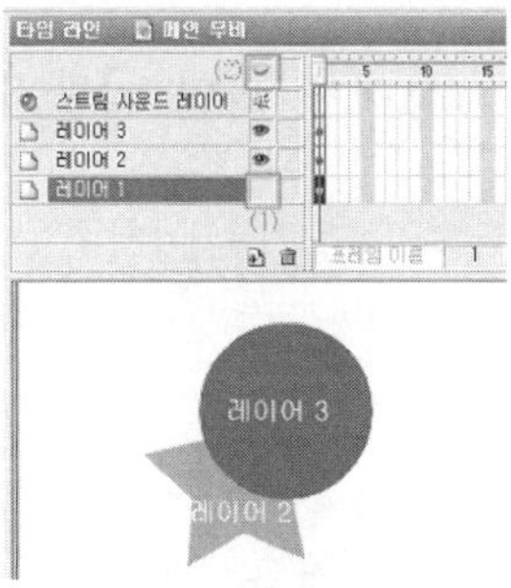

※ 레이어 1 옆에 눈 모양의 아이콘이 없는 것은 레이어 1이 감추기 상태에 있는 것을 의미하며, 캔버스에서도 레이어 1에 있는 사각형 개체가 보이지 않게 된다. 레이어 중 하나라도 감추기 상태가 되면 모든 레이어 보이기/감추기 아이콘이 회색으로 표시된다.

(5) 레이어 잠금/잠금 해제

기본적으로 모든 레이어는 활성화 되어 있다. 레이어가 활성화 되어 있어야 그 안의 개체들을 선택하고 편집할 수 있다. 만약 레이어의 개체를 선택하지 못하게 하려면 레이어를 잠금 상태로 만들면 된다. 레이어를 잠금 상태로 만들려면 눈 모양 아이콘 옆의 사각형 빈 부분을 누르면 된다. 잠금 상태인 레이어 옆에는 자물쇠 모양의 아이콘이 나타나게 된다.

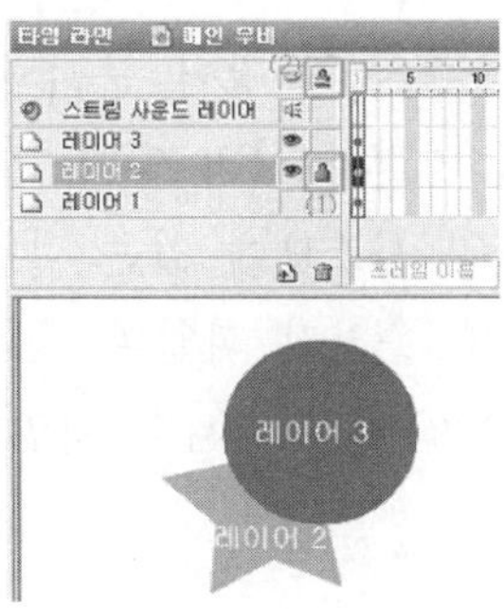

① 레이어 2 옆의 자물쇠 모양의 아이콘은 레이어 2가 잠금 상태임을 의미하며, 이때에는 캔버스에서 레이어 2에 있는 별 모양의 개체와 텍스트를 선택할 수 없게 된다.

② 레이어 중 하나라도 잠금 상태가 되면 자물쇠 중간이 나뉘어 있는 모양의 아이콘이 나타난다.

3-5. 출판하기

출판하기란 자신이 만든 웹 사이트를 다른 사람들이 인터넷을 통해 볼 수 있도록 파일들을 웹 서버로 업로드하는 것을 말한다. 로컬 컴퓨터에 저장되어 있는 파일을 출판하려면 해당 웹 서버에 자신에게 할당된 계정과 디스크 공간이 있어야 한다. 나모 웹에디터의 사이트 관리자를 이용하여 출판하기를 실행할 수 있다.

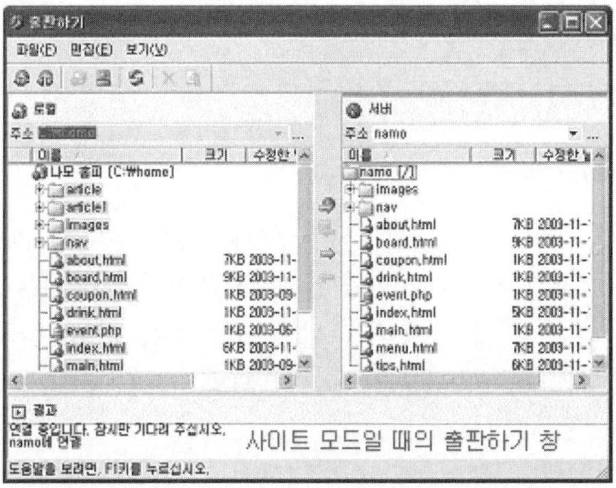

사이트 모드일 때의 출판하기 창

나모 웹에디터 FX부터는 [출판하기] 창이 분리되어 출판을 보다 편리하게 할 수 있다. [출판하기] 창은 로컬 영역과 서버 영역, 결과 영역으로 나뉘어 있다. 로컬 영역에는 사용자의 로컬 파일 시스템에 있는 파일과 폴더가 나타나며 서버 영역에는 출판에 성공하여 서버에 올려진 파일과 폴더가 나타난다. 결과 영역에서는 출판을 위한 연결 상태와 출판 뒤의 결과를 확인할 수 있다.

[출판하기] 창에서는 출판하려는 대상 파일을 탐색 모드와 사이트 모드로 나누어 선택할 수 있다. 탐색 모드에서는 사용자의 로컬 파일 시스템에 있는 모든 파일이 나타나며 사이트 모드에서는 사이트가 있는 폴더 아래에 있는 파일만 표시된다. 실행 중인 사이트 전체를 출판하려면 사이트 모드를 선택한다. 사이트가 열려 있지 않은 상태에서는 탐색 모드가 기본으로 활성화되며 사이트 모드에서도 탐색 모드로 전환하여 사용할 수 있다.

(1) 출판 정보 설정하기

파일을 출판하려면 출판할 서버의 정보를 미리 설정해 두어야 한다. 나모 웹에디터에서는 출판할 서버를 FTP 서버로 지정하거나 폴더로 지정할 수 있다. FTP 서버로 지정할 경우에는 미리 등록되어 있는 무료 웹 호스팅 업체 중에서 선택하거나 유료 웹 호스팅 업체에 가입하여 서버 공간을 사용할 수 있다. 사용자의 컴퓨터나 네트워크에 연결된 컴퓨터를 웹 서버로 사용한다면 출판 대상을 폴더로 지정할 수도 있다. 나모 웹에디터에 미리 등록되어 있는 웹 호스팅 업체를 선택하여 출판 정보를 설정하는 방법은 다음과 같다.

① 메뉴에서 [파일 ➡ 출판하기 정보]를 선택한다.

② [사이트 출판 정보 목록] 대화 상자의 사이트 목록에서 출판하려는 웹 호스팅 업체를 선택한 뒤, [수정하기]를 누른다.

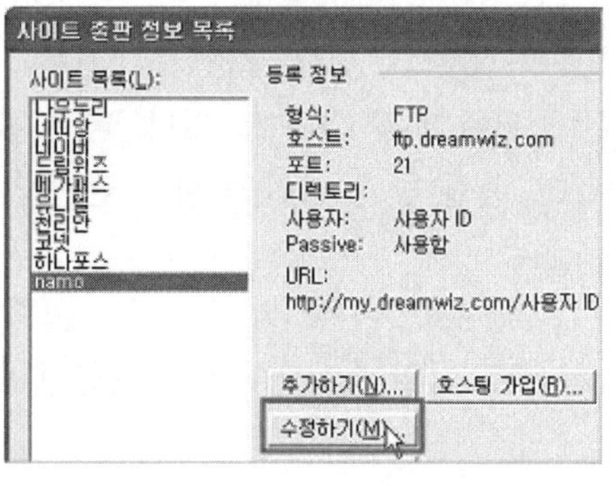

③ [사이트 출판 정보] 대화 상자의 사용자 이름과 암호에 해당 웹 호스팅 업체에 가입할 때 부여받은 ID와 암호를 입력하고, URL의 사용자 ID 부분을 자신의 ID로 바꾸어 입력한다.

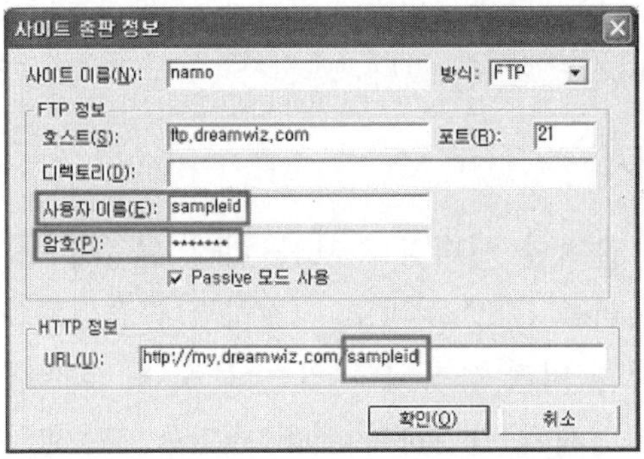

④ [확인]을 누른다.

⑤ [사이트 출판 정보 목록] 대화 상자의 등록 정보에서 설정한 정보가 맞는지 확인한 뒤, [닫기]를 누른다.

(2) 출판하기

출판할 서버의 정보를 설정하였다면 [출판하기] 창에서 파일을 출판한다. [출판하기] 창에서 서버에 연결한 뒤 로컬 영역에서 파일을 선택하고 출판하기⇨을 누르면 지정된 서버에 파일이 업로드 된다. 사이트가 열려 있는 경우에는 사이트 전체를 출판하거나 빠른 출판하기를 할 수도 있다. 빠른 출판하기를 이용하면 출판하기 창을 실행하지 않고 편집 중인 파일을 바로 출판할 수 있다.

(3) 사이트 전체 출판하기

웹 문서뿐만 아니라 사이트 파일 및 사이트에 포함된 모든 파일을 출판할 수 있다.

사이트 전체를 출판하면 웹 사이트를 구성하는 파일들을 하나씩 점검하지 않아도 되므로 편리하다. 사이트 전체를 출판한 뒤에는 수정한 파일 선택하기를 이용하여 이후에 수정한 파일들만 출판하면 된다.

① 출판할 사이트가 열려 있는 상태에서 [사이트 관리자] 메뉴의 [파일 ➡ 출판하기]를 선택한다.
② [출판하기] 창 메뉴에서 [파일 ➡ 연결하기]를 선택한다.
③ [사이트 출판 정보 목록] 대화 상자의 사이트 목록에서 사이트를 출판할 서버를 선택한 뒤, [연결하기]를 누른다.
④ 서버에 연결이 되면 [출판하기] 창 메뉴에서 [파일 ➡ 사이트 전체 출판하기]를 선택한다.

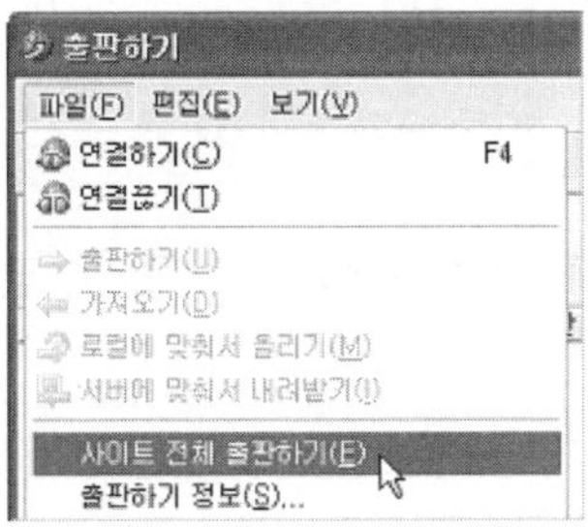

⑤ 출판이 성공적으로 끝나면 서버 영역에 출판한 폴더와 파일이 나타난다. 결과 영역에서 출판 결과를 확인할 수 있다.

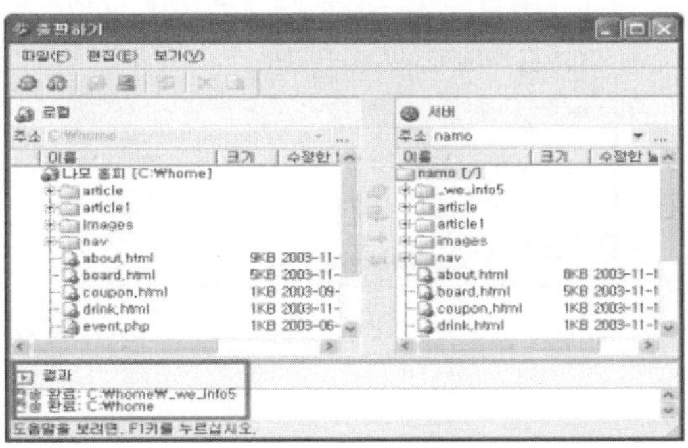

⑥ 사이트를 출판한 이후에 수정한 파일만 다시 출판하려면 [출판하기] 창 메뉴에서 [편집 ➡ 수정한 파일 선택하기]를 선택한 뒤, [파일 ➡ 출판하기]를 선택한다. 이밖에도 현재 선택한 HTML 문서에 포함된 그림 파일이나 기타 부속 파일들만 선택할 수도 있고, 서버나 로컬 영역 어느 한 쪽에만 있는 파일을 선택하여 출판할 수도 있다.

(4) 빠른 출판하기

문서의 일부를 수정하여 급히 출판하거나 자주 출판해야 하는 문서가 있을 때는 빠른 출판하기 기능을 이용하면 편리하다. 빠른 출판하기는 문서를 편집한 뒤 출판하기 창을 실행하지 않고 바로 출판할 수 있는 기능이다. 사이트 등록 정보에서 빠른 출판할 곳을 미리 설정해 둔 뒤, 문서를 편집 창에서 바로 출판하거나 [사이트 관리자]에서 파일을 선택한 뒤 바로 출판할 수 있다. 빠른 출판하기는 사이트에 포함된 파일을 대상으로 하며 사이트가 열려 있는 상태에서만 사용할 수 있다.

① [사이트 관리자] 메뉴에서 [파일 ➡ 사이트 등록 정보]를 선택한다.

② [등록 정보] 대화 상자의 빠른 출판할 곳 상자에서 미리 정보를 설정해 둔 서버 중 하나를 선택한다.

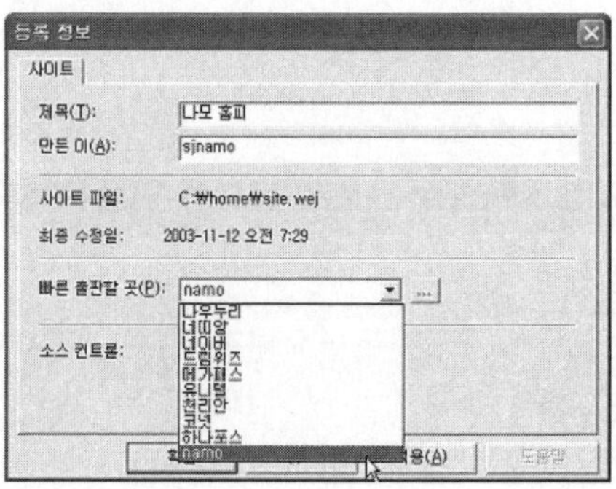

③ [확인]을 누른다.

④ 편집 창에서 편집 중인 문서를 빠른 출판하려면, 문서를 저장한 뒤 메뉴에서 [파일 ➡ 빠른 출판하기]를 선택한다.

⑤ 사이트에 있는 파일을 빠른 출판하려면, [사이트 관리자]의 사이트 파일 영역에서 출판할 파일이나 폴더를 선택한 뒤 [사이트 관리자] 메뉴에서 [파일 ➡ 빠른 출판하기]를 선택한다.

⑥ '빠른 출판이 성공적으로 끝났습니다' 라는 메시지 상자가 나타나면 [확인]을 누른다.

(5) 서버에 있는 파일이나 폴더 지우기

① [출판하기] 창 메뉴에서 [파일 ➡ 연결하기]를 선택한다.

② [사이트 출판 정보 목록] 대화 상자의 사이트 목록에서 사이트를 출판할 서버를 선택한 뒤, [연결하기]를 누른다.

③ 서버에 연결되면 서버 영역에서 지우려는 폴더나 파일을 선택한다. 메뉴에서 [편집 ➡ 서버에만 있는 파일 선택하기]를 선택하면 로컬 영역에는 없고 서버 영역에만 있는 파일을 선택할 수 있다.

④ [출판하기] 창 메뉴에서 [편집 ➡ 지우기]를 선택하거나 바로가기 메뉴에서 [지우기]를 선택한다.

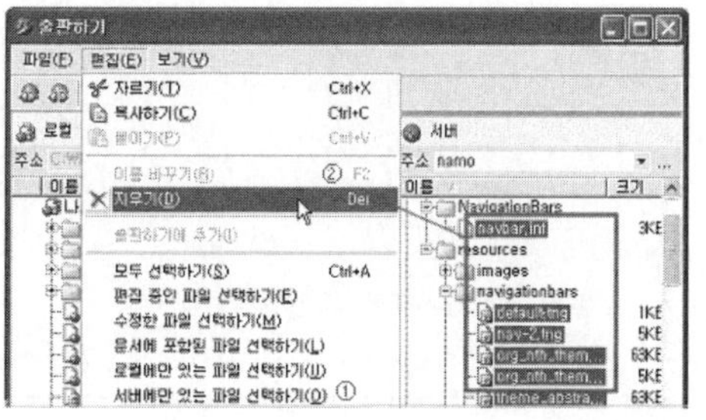

⑤ 서버에서 파일을 지우시겠습니까? 라는 메시지 상자가 나타나면 [예]를 누른다.

(6) 서버에 있는 파일이나 폴더의 권한 바꾸기

파일을 출판한 웹 서버에 관리자 권한이 있을 때는 서버에 있는 파일이나 폴더의 읽기와 쓰기, 실행 권한을 설정할 수 있다. 일반적인 웹 호스팅 서비스를 통해 서버에 파일을 출판한 경우에는 관리자 권한이 없으므로 이 기능을 사용할 수 없지만, 이 경우에는 웹 호스팅 업체 내에서 방문자가 웹 문서에 접근하는 데 문제가 없도록 적절하게 권한을 설정해 놓고 있다. 직접 웹 서버를 운영하고 있거나 특별한 이유로 파일의 접근 권한을 제한해야 할 경우 권한을 바꾸는 방법은 다음과 같다.

① [출판하기] 창 메뉴에서 [파일 ➡ 연결하기]를 선택한다.

② [사이트 출판 정보 목록] 대화 상자의 사이트 목록에서 사이트를 출판할 서버를 선택한 뒤, [연결하기]를 누른다.

③ 서버에 연결되면 서버 영역에서 권한을 바꾸려는 폴더나 파일을 선택한다.

④ [출판하기] 창 메뉴에서 [파일 ➡ 권한 바꾸기]를 선택한다.

⑤ [권한 바꾸기] 대화 상자에서 소유자와 그룹, 손님의 권한을 각각 설정한다. 빠른 설정에서 원하는 항목을 눌러 선택할 수도 있다.

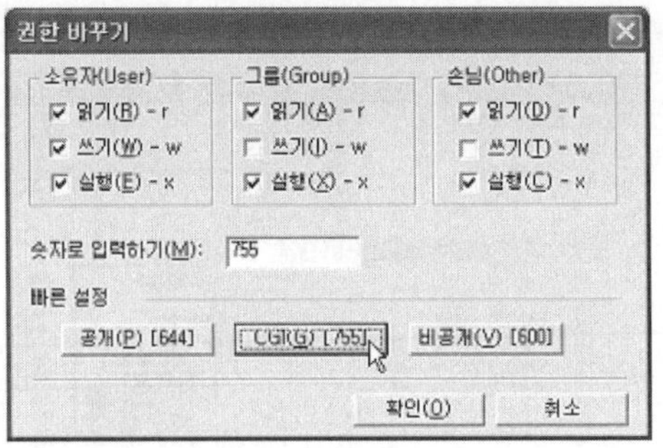

⑥ [확인]을 누른다.

폴더의 권한을 바꾸면 해당 폴더의 접근 권한만 바뀌고, 그 안에 포함된 파일이나 하위 폴더의 권한은 바뀌지 않는다.

(7) 서버에서 파일 바로 수정하기

출판한 파일을 다운받아 수정한 뒤 다시 출판하는 번거로운 과정 없이 서버에 있는 파일을 바로 수정하고 저장할 수 있다. 파일을 서버에서 바로 수정하려면 서버에 있는 파일에 대해 읽기/쓰기 권한이 있어야 한다.

① 메뉴에서 [파일 ➡ FTP에서 열기]를 선택한다.
② 사이트 목록 상자에서 수정할 파일이 있는 서버를 선택한다. 미리 리모트 서버를 설정하지 않았다면 ... 을 눌러 [사이트 출판 정보 목록] 대화 상자에서 리모트 서버를 설정한다.
③ 목록에서 원하는 파일을 선택한 뒤, [열기]를 누른다.

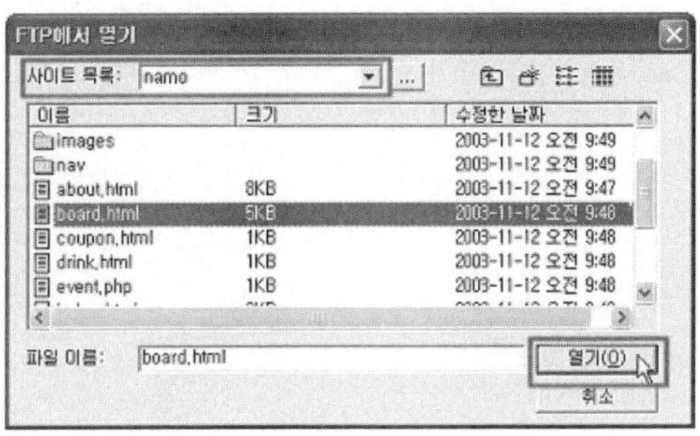

④ 편집 창에서 문서를 수정한다.
⑤ 메뉴에서 [파일 ➡ FTP에 저장하기]를 선택한다.
⑥ [FTP에 저장하기] 대화 상자의 사이트 목록 상자에서 파일을 저장하려는 리모트 서버를 선택한다.

⑦ 목록에 나타난 파일 중에서 원하는 파일을 선택하여 덮어쓰기 하거나 파일 이름 상자에 새로운 파일 이름을 입력한 뒤, [저장]을 누른다.

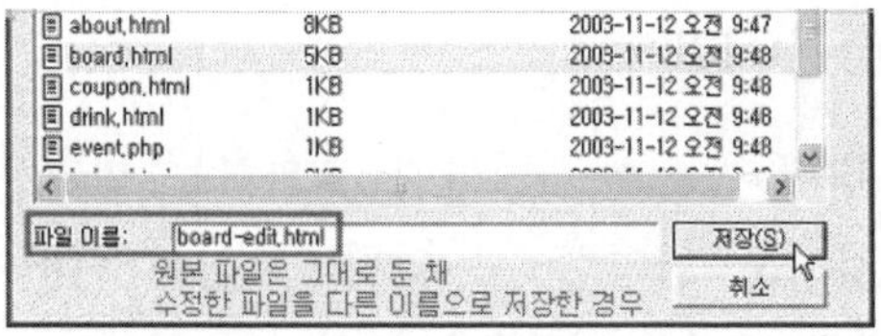

FTP에서 열기로 편집한 문서의 수정 사항을 서버에 저장하려면 반드시 FTP에 저장하기를 사용해야 한다. 서버에서 파일을 바로 가져오면 사용자의 하드 디스크 드라이브에 임시 파일이 복사된다. 메뉴의 [파일 ➡ 저장]으로 문서를 저장하면 이 임시 파일에 내용이 저장될 뿐 서버에 있는 파일은 업데이트되지 않으므로 주의해야 한다.

한대문은 고려대학교에서 경영정보학(MIS)을 전공하고 전자상거래 분야의 경영학 석사와 NURI e-biz 사업단 국비 연구원으로 국립 충북대학교에서 경영정보학(MIS)을 전공하고 e-CRM 분야의 경영학박사(Ph.D.)를 취득하였다.
국립 충북대 학부 및 대학원 석·박사 과정, 경동정보대, 구미1대 등에서 강의와 기업체 연수 특강 등을 하였으며, 대구광역시 정보화계획팀 선임연구원, 중소기업청 부속 벤처창업보육사업단 컨설턴트, 국립 충북대 기업정보화지원센터 선임연구원, 한민대학교 겸임교수 등을 역임하였다.
주요 저서와 연구논문은 『ERP & CRM (대경출판사, 2005)』, 『ERP & SCM (대경출판사, 2006)』, 『ERP 이해와 활용 (한올출판사, 2007)』 등이 있으며 국내외 학술지에 수십 편의 연구 논문을 발표하였다.
현재 (사)한국산업정보학회 이사, 동양대학교 초빙교수로 재직하고 있다.

이정호는 홍익대학교에서 전자공학을 전공하고 공학석사와 홍익대학교에서 전자공학을 전공하고 공학박사(Candidate)를 하였다. 경원전문대, 동서울대, 경원대, 국립 충북대 경영대학원 등에서 강의와 기업체 대상의 기술교육 특강을 하였으며, (주)하이브나라 CEO, 소프트엔테크 기술자문이사, 아트리 이사, 로보틱스 기술고문 간사, 국립 충북대 기업정보화지원센터 선임연구원, 시립 인천전문대 겸임교수 등을 역임하였다.
주 연구 분야는 초고속 반도체 소자 해석적 모델링, 마이크로프로세스 기반 시스템 설계, OLED (Organic Light Emitting Diode) 구동드라이브, RFID Reader 설계 등이며, ELSEVIER CAP (Current Applied Physics)를 포함한 국내외 학술지에 수십 편의 연구논문을 발표하였다.
현재 KT Inner Venture 이엔텔(주) 네트워크 연구소장, (사)한국산업정보학회 이사, 백석대학교 겸임교수로 재직하고 있다.

컴퓨터 @ 인터넷 활용

2007년 2월 27일 1판 1쇄 인 쇄
2007년 3월 2일 1판 1쇄 발 행

지은이 / 한 대 문·이 정 호
펴낸이 / 박 정 태

펴낸곳 / **광 문 각**

121-130
서울시 마포구 구수동 42-2 영풍빌딩 2층
등 록 / 1991. 5. 31 제12-484호
전화(代)/ 02) 713-2122
팩 스 / 02) 713-2125
E-mail / kwangmk@unitel.co.kr
홈페이지/ www.kwangmoonkag.co.kr

• ISBN : 978-89-7093-410-0 93560

값 18,000원